高职高专经济管理类“十二五”规划教材
高职高专会计专业（新准则）系列教材
校企合作项目化教改教材

会计制度设计

刘卫红　主　编
刘晓欧　陈　晨　副主编
孙海涛　初　红　参　编

上海财经大学出版社

图书在版编目(CIP)数据

会计制度设计/刘卫红主编．—上海：上海财经大学出版社，2015.6
高职高专经济管理类“十二五”规划教材
高职高专会计专业(新准则)系列教材
校企合作项目化教改教材
ISBN 978-7-5642-2111-9/F·2111

Ⅰ.①会…　Ⅱ.①刘…　Ⅲ.①会计制度-设计-高等职业教育-教材
Ⅳ.①F233

中国版本图书馆 CIP 数据核字(2015)第 022629 号

□ 责任编辑　顾晨溪
□ 封面设计　张克瑶

KUAIJI ZHIDU SHEJI
会计制度设计

刘卫红　主　编
刘晓欧　陈　晨　副主编
孙海涛　初　红　参　编

上海财经大学出版社出版发行
(上海市武东路 321 号乙　邮编 200434)
网　址：http://www.sufep.com
电子邮箱：webmaster @ sufep.com
全国新华书店经销
上海市崇明县裕安印刷厂印刷装订
2015 年 6 月第 1 版　2015 年 6 月第 1 次印刷

787mm×960mm　1/16　15.75 印张　352 千字
印数：0 001—4 000　定价：35.00 元

总 序

普通高等教育教学改革与建设的基本平台是科学建设,中小学教育教学改革与建设的基本平台是课程建设,高等教育教学改革与建设的基本平台则是专业建设。专业建设的核心是课程建设,课程建设的核心是教学内容改革与创新,教材则是教学内容的主要载体,是教学基本建设的重要内容,更是教学改革成果的具体体现。高等职业院校的教材建设应该与高等职业教育的需求相吻合,在全面考虑对应行业发展和教育类型、教育层次的基础上,全力体现职业教育的职业性、实践性和开放性。

会计专业是目前全国各高职院校设置较为普遍的专业之一,招生规模较大,在校生人数较多。近年来,全国高职会计专业的教材建设取得了长足的进步,各院校一线骨干教师在系统研究了国内外高职教育的特点、不断总结全国各高职院校成功教学经验的基础上,依托自身教学改革和专业建设推出很多高质量的教材。

丛书作者大多来自国家骨干高职院校建设单位——黑龙江职业学院,该校会计专业实力雄厚,有一支业务水平高、教学能力强、专兼结合、双师结构的优秀教师队伍。丛书作者依据各自的教学改革成果,结合高职教育人才培养目标和会计专业特点,联合合作关系良好的企业兼职教师,推出本套高质量会计专业主干课程教材,具有很强的实用性和科学性。

本套教材主要有以下几个特征:

1. 从职业能力出发,注重培养学生的职业技能

技术技能人才是高等职业教育的培养目标,会计职业技能则是学生立足社会之本。本套教材从会计工作实践入手,突出培养学生的实践动手能力,有机整合"知识、技能、素质"等教学目标,设置职业能力目标,明确典型工作任务,引导学生进行有效学习。

2. 注重学生可持续发展需要,拓宽学生的视野

在突出培养学生实践动手能力的同时,也兼顾学生的可持续发展能力培养。本教材的编写充分考虑学生职业发展需求和综合能力培养,注重专业理论知识的讲述,尤其是对与时间业务紧密结合的专业理论知识进行一定的拓展,为学生走上工作岗位的后续发展奠定基础。

3. 学做一体,与职业资格证书有效衔接

学做一体是高职教育教学组织的重要方式,配合教学形式的要求,本教材中设置相关内容,使学生在学习过程中能够进行即时训练,在每一学习情境后也设置训练内容,在进一步巩

固学生所学内容，有效与职业资格证书衔接的同时，对职业技能进行系统训练。

4. 校企合作，突出职业素养的培养

校企合作是高等职业教育永恒的主题，校企合作应该渗透在职业教育的各个方面，教材建设更是离不开企业人员的参与。在编写本套教材的过程中，我们积极把企业人员吸收进来，参与教材编写，尤其是实践环节的内容和处理方法由企业人员把关，使教材更具有职业性，能更好地培养学生的职业素养。

本套教材是相关院校教师以及企业时间专家的心血和结晶，无论是课程标准的开发，还是教学内容的把握、教学方法的运用、教学设计的创新，都凝聚了编写队伍多年的经验和心血。本套教材的出版，相信会为高职教育教材建设的不断发展提供新的助力。

编者

2015年7月

前言

“会计制度设计”是一门将会计基本理论和方法与企业具体业务相结合、实用性和应用性特点很强的课程，在高职院校会计专业一系列骨干课程中居核心地位。为适应现代高等职业教育教学改革的需要，培养高职会计人才，特编写本教材。本教材结合高职教育特点和教学要求，具有如下特征：

1. 符合高职教育目标

本教材从“理论够用为度，重在实践技能”的职业教育目标出发，以“培养应用型、技术型人才”为宗旨，旨在培养高职学生的实际动手能力、分析问题和解决问题能力，突出高职教育特色，满足培养高等会计技术应用型人才的需要。

2. 对接职业资格考试

在努力实现“理论够用为度，重在实践技能”的职业教育目标的同时，为满足学生日后实际工作的需要，在内容设置上与日后实际工作的内容对接，并配以典型实例，加强学生的学习效果，有利于培养学生的理解和实践能力，有利于学生日后的实际工作。

3. 满足“理论与实践一体化”教学的需要

本教材以国家最新颁布的《企业会计准则》与法规制度为依据，紧密结合我国企业会计核算工作的实际，选取企业会计工作典型岗位，以“模块引例”提出的问题牵出《企业会计准则》。实例符合工作过程，融理论与实践为一体，实用性强，满足“理论与实践一体化”教学的需要。

4. 体现教学改革成果

本教材结构合理，每个情境开头设有学习导航、模块引例、模块训练；章内理论阐述配有实力，具有可操作性；每个情境结尾附有模块小结，巩固学生所学知识。教材版面设计合理，条理清晰；文字表述准确、精炼，深入浅出、阐述透彻；实训突出、通俗易懂，体现近年来中国“会计制度设计”教学改革最新成果。

5. 满足多层次需要

本教材内容切合教学实际需要，能从教师和学生两个主体出发，符合教师教学方式和教学特点；符合学生的认知能力、心理特点和技能培养规律，既适合教师讲授，也便于同学自学。本教材既可作为高职高专院校会计及相关专业的教学用书，也可以作为经济管理人员和在职人员培训及自学的参考用书，适用面广，示范性强。

本教材由长期从事会计理论教学和会计实践工作的一线教师及企业工作者根据多年的教学经验和工作实践，考虑学生的学习特点和高职人才培养目标及社会需求编写而成。其中，刘卫红任主编并负责组织策划，并对全书进行统稿、修改、编写与定稿；刘晓欧、陈晨任副主编。具体分工是：刘卫红编写模块一、模块二、模块三、模块四、模块五、模块六、模块十一；刘晓欧编写模块十二、模块十三；陈晨编写模块八、模块九；孙海涛编写模块七、模块十，初红参与编写。

由于时间仓促，编者水平有限，教材中难免存在疏漏和不妥之处，恳请专家和读者批评指正。

编　者

2015 年 7 月

目　录

模块一

企业会计制度设计概述

学习导航

了解:会计制度设计的基本理论。

掌握:制度、会计制度与会计制度设计的定义,会计制度设计中会计法规体系、会计环境、内部控制制度的关系,会计制度设计的原则和主要内容。

运用:内部控制制度的设计。

模块引例

会计制度的演变

一、1978~1992年的会计制度变迁

自1978年在恢复和重建企业会计规章制度的基础上,先后多次对《国营工业企业会计制度》进行修订。随着外资企业的进入,财政部于1985年颁布了《中外合资经营企业会计制度》。

二、1992~1999年的会计制度变迁——“两则两制”

1993年财政部颁布第1号企业会计准则,该准则属于基本准则,为具体准则的制定提供了理论框架,标志着我国会计制度模式从计划经济向市场经济的根本转变,是我国会计制度改革历史上的里程碑。自1994年起,我国先后制定并颁布了《企业会计准则——关联方及其交易的披露》等16项具体会计准则,初步建立了我国会计准则的基本架构。

根据企业准则的要求,将国民经济各个部门划分为若干个行业,分别制定《工业企业会计制度》《商品流通企业会计制度》等13个全国统一的行业会计制度。

与会计相对应,当时也存在《企业财务通则》和分行业的财务制度。因此,这一阶段又被称为“两则两制”。

三、1999年至今的会计制度变迁

1999年10月31日重新修订并通过的《中华人民共和国会计法》明确要求国家实行统一

的会计制度。

《会计法》中第八条明确规定，国家实行统一的会计制度。国家统一的会计制度由国务院财政部门根据本法制定并公布。

2000 年 6 月 21 日国务院发布了《企业财务报告条例》，作为贯彻实施新会计法的要求，提供真实、完整的会计信息。2000 年 12 月 29 日财政部颁布的《企业会计制度》标志着我国的会计改革步入了一个成熟期，随后颁布实施的《金融企业会计制度》(2001 年颁布)、《小企业会计制度》(2004 年颁布)，共同形成了统一综合的会计制度。

2006 年 2 月 25 日颁布了一项基本准则和三十八项具体准则，在上市公司中执行，执行新准则的企业不再执行现行准则、企业会计制度和金融企业会计制度。新准则的实施，实现了与国际会计准则的趋同。

情境一　会计规范体系与会计制度设计的目标

一、会计规范体系的基本结构

(一)会计规范体系的含义

规范是约定俗成或明文规定的标准或法则，如行为规范、道德规范、法律规范等。

会计是伴随人类生产实践和经济管理的客观需要而生产并发展的一项管理活动，其本质是对企业的经济业务事项进行确认、计量、记录和报告，并通过所提供的会计资料做出预测、参与决策和实行监督。因此，会计的管理职能首先表现在企业内部，但任何一个单位的经济活动都不是孤立的，必然与各方面发生直接或间接的联系。从会计发展历程可以看出，社会环境对会计发展演变有决定性的作用。在影响会计制度的各种环境因素中，法律因素中的税法和公司法是非常重要的因素。例如，一个生产企业既要与供应单位、购货单位发生购销关系和债权债务关系，又要与银行、投资者分别发生信贷关系和权益关系，还要与政府有关部门发生税收征纳关系或管理和被管理的关系。这就是说，会计在处理经济业务事项时，所涉及的经济关系远远超出企业范围。会计如何处理这些经济关系，不仅影响本单位的财务收支和利益分配，而且影响国家、投资者、债权人、客户以及职工个人的经济利益。因此，为了保证会计处理过程的合法、合理性和会计处理结果的客观正确性，必须制定一套具有指导性和约束力的会计规范。

会计规范是指用来指导和约束会计实践工作与会计人员行为的各种会计法律、会计行政法规、会计规章制度及会计职业道德。由此按照一定的逻辑关系所组成的整体则为会计规范体系。会计规范体系具有三个方面的特征：一是结构性，即它是由各种会计规范构成的，各种会计规范之间具有一定的结构和内在联系；二是功能性，即各种会计规范都有其特定的作用，对会计工作都起着一定的指导和约束作用，且又具有明显的整体特征；三是互补性，即组成会计规范体系的各种规范之间相互联系、相互作用和相互补充，从而保证了这一体系的严密性和完整性。

中国会计规范体系的构成比较庞杂，从规范内容看，有会计核算方面的规范，如《企业会计准则》《小企业会计制度》《医院会计制度》《公会会计制度》等；有会计监督方面的规范，如《财务部门实施会计监督办法》、《会计法》中的第四章“会计监督”等；有会计机构和会计人员方面的规范，如《会计法》中的第五章、《会计基础工作规范》中的第二章“会计机构和会计人员”、《总会计师条例》、《会计从业资格管理办法》等；有会计工作管理方面的规范，如《会计档案管理办法》《会计电算化管理办法》等。从制定主体看，会计规范具有明显的层次结构，来自不同的制定机构。比较权威的是有关会计方面的立法，如《会计法》等。财政部作为主管全国会计工作的权力机关，是制定中国会计规范的主要机关。而上市公司信息披露，还必须遵循中国证监会发布的相关规章。

(二)会计规范体系的组成内容

笼统地讲，会计规范体系由会计法律制度和会计职业道德两部分组成。

1. 会计法律制度

会计法律制度包括会计法律、会计行政法规、会计规章制度。

(1)会计法律，是指调整我国经济生活中会计关系的法律总规范，如《中华人民共和国会计法》。它是会计法律制度的最高层次，是指导会计工作的最高准则，也是制定其他会计法规的依据。它由国家最高权力机关——全国人民代表大会及其常务委员会制定。

(2)会计行政法规，是指调整经济生活中某些方面会计关系的法律规范。它由国家最高行政机关——国务院制定发布，如《总会计师条例》《企业财务会计报告条例》等。

(3)会计规章制度，是指由主管全国会计工作的行政部门——财政部就会计工作中某些方面内容所制定的规范性文件，如《企业会计制度》《金融企业会计制度》《小企业会计制度》《会计基础工作范围》《会计档案管理办法》《会计从业资格管理办法》《企业内部控制范围》《企业会计准则——基本准则》以及各项具体企业会计准则等。作为会计法律制度的最低层次，会计规章制度必须依据会计法律和会计行政法规制定。

2. 会计职业道德

会计职业道德是社会道德规范在会计工作中的具体化，它存在于会计工作者的思想意识和社会舆论之中，既是会计工作者在长期会计实践中形成的共同认可并且遵守的规范，也是会计工作者发自内心的要求。与会计法律制度的成文性、强制性等特点比较，会计职业道德更多地表现为习惯性和自律性，它对会计法律制度的有效施行起着明显的促进作用。换句话讲，只有严密完善的会计法律制度而没有会计工作者较高的职业道德水平和道德决策能力，会计法律制度的作用将大打折扣，会计工作就很难规范有序地运行。因此，会计职业道德不仅自身属于会计规范，而且影响其他会计规范作用的发挥。

新中国成立以来，我国一直十分关注会计职业道德建设问题，尤其是20世纪90年代以来，会计职业道德建设取得了很大的成绩。1996年财政部颁布的《会计基础工作规范》，对会计职业道德提出了更加系统和具体的要求；1998年财政部颁布的《会计职业道德规范》中将我国会计人员的职业道德内容概括为：爱岗敬业、诚实守信、廉洁自律、客观公正、坚持准则、提高技能、参与管理和强化服务；1999 年 10 月，第九届全国人民代表大会常务委员会第十二次会议修订通过的《中华人民共和国会计法》，将“会计人员应当遵守职业道德，提高业务素质”作为一项法律要求确定下来；2000 年财政部颁布的《会计从业资格管理办法》，将遵守会计职业道德作为取得会计从业资格、从事会计工作的基本条件。可见，会计职业道德在会计规范体系中有着重要地位，对会计工作有着重大指导意义。

会计规范体系的组成内容如图 1—1 所示。

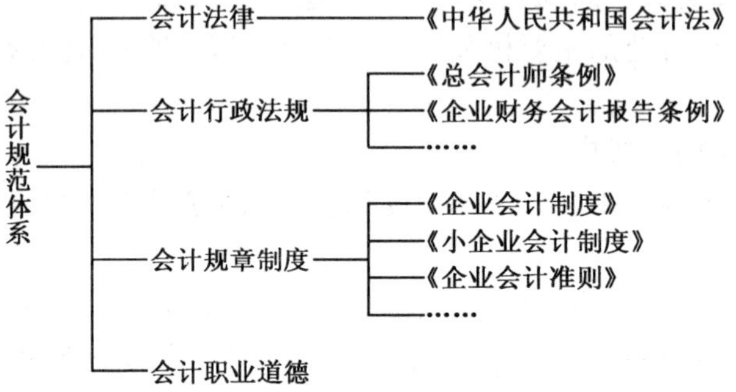

图 1—1 会计规范体系的组成内容

二、会计制度在会计规范体系中的地位

在会计规范体系中，会计制度处于基础地位，理由如下：

(一)会计制度是会计法律法规的具体说明和详细规定

会计法律法规是就会计活动的普遍规律所作的总结，是国家对国民经济活动中的会计共性问题做出的统一规定，因此它具有高度概括性。正因为如此，它也就很难兼顾不同部门、不同行业的特殊情况，难以满足会计实践的具体要求。换句话讲，如果只有会计法律法规而没有会计制度，会计法律法规的普遍指导意义就很难与会计实践的具体需求有机地结合，不可避免地会削弱会计法律法规的效力。因此，必须在会计法律法规的指导下制定会计制度，包括统一会计制度和单位内部会计制度。从这个意义上讲，会计制度实质上是会计法律法规的具体说明和详细规定，是指导会计实践工作、约束会计人员行为的直接依据和基本标准。

(二)会计制度是会计规范体系形成的先决条件

从会计规范的演变过程可以看出，最初的会计规范是带有自发性、随意性的会计制度，以后随着商品经济的发展、股份公司的出现、所有权与经营管理权的分离，各利益相关者对企业会计信息披露的要求越来越高，才出现了以会计准则为特征的会计规范。在此基础上，适应市场经济是法治经济的特点，又形成了以会计法律为指导的会计规范。会计规范从随意性制度阶段向有序性准则阶段，再向强制性法律阶段的转化，一方面表明会计规范体系的不断完善，另一方面也反映出会计制度始终是会计规范体系的基础内容，是会计规范体系形成的先决条件。

需要指出的是，建立以会计法律法规为指导、以会计准则和统一会计制度为核心、以单位内部会计制度为基础、以会计职业道德为保证的会计规范体系，是我国会计规范体系的发展趋势，这种发展趋势仍然不会改变会计制度在会计规范体系中的基础地位。

三、会计制度设计的目标

会计目标是会计理论体系的基础，整个会计理论体系和会计实务都是建立在会计目标的基础之上的。会计目标必须明确为什么要提供会计信息、向谁提供会计信息、提供哪些会计信息等问题。只有会计目标明确了，才能明确会计应当收集哪些会计数据，如何加工和处理这些会计信息，从而实现其为会计信息使用者提供有用的会计信息的目标。会计制度设计的目标就是通过设计的会计制度，规范企业的会计核算，真实、完整地提供会计信息，满足会计信息使用者的需要。

(一)实现财务会计目标

财务会计是以传统会计为主要内容，通过一定程序和方法，把企业生产经营活动中的大量业务数据经过记录、分类和汇总，编制成会计报表，向企业外部与企业有利害关系的集团或个人提供反映企业财务状况、经营成果和现金流量的会计报表。由此看出，财务会计的目标就是通过定期编制会计报表，提供能够反映企业财务状况、经营成果和现金流量的会计信息，以满足会计信息使用者的需要。在社会主义市场经济条件下，会计信息使用者通常包括财政机关、投资者、债权人、税务部门、证券监管部门和其他各方面。

首先，会计信息应当满足国家宏观经济管理的需要。会计信息是国家经济决策的依据，是国家宏观经济管理部门制定财政经济政策、进行宏观调控的依据。会计信息应当保证国家执行管理监督和宏观调控的需要。市场经济是法治经济，国家财政部门、税务部门、银行和证券监管部门要对企业执行法律、法规情况实施监督，会计信息应当满足对企业经济活动的合法性、合规性进行监督的需要。国家对市场经济实施宏观调控，政府部门要制定和实施财政政策、税收政策、货币政策、产业政策、福利政策等经济政策，会计信息应当为国家制定和实施财政政策服务。会计信息是国家制定税法、进行税收征管的依据，会计信息要满足国家税收管理的需要。

其次，会计信息应当满足企业外部各有关方面了解企业财务状况、经营成果和现金流量的需要。企业与其他方面有着密切联系，会计信息应当满足企业外部有关方面的需要，主要是：投资者进行投资决策的需要，债权人进行信贷决策的需要，供货单位和客户进行商业决策的需要。

再次，会计信息应当满足企业内部经营管理的需要。企业的经营管理水平在一定程度上决定着企业的经济效益、经营风险、竞争能力和发展前景，财务会计报告的企业财务状况、经营成果和现金流量信息，既是外部有关方面进行经济决策的信息来源，也是企业内部加强经营管理的直接信息来源。就企业内部经营管理而言，会计信息对于制定融资战略、产品和技术创新、市场营销等发展战略，对于加强财务、成本、人才、质量等管理，对于防范和化解经营风险等，都有重要作用。

(二)维护财经法纪，增强自我约束机制

建立会计制度的目的之一是维护财经法纪，增强企业的自我约束机制。我国改革开放的不断深入和社会主义市场经济的进一步发展对会计工作和会计制度建设提出了新的要求：社会主义市场经济的发展、经济体制改革的深入和对外开放的扩大，使会计工作的社会经济环境发生了很大变化，需要有规范有序的会计环境和有效的财经法纪支持；近年来出现的会计秩序混乱、会计信息失真严重等问题，迫切需要通过强化法律手段和健全自我约束机制加以解决。

维护财经法纪就是要在经济活动中认真贯彻国家的财政、经济、金融、税收等方面的法律和有关的规章制度，如《会计法》《公司法》《税法》《经济合同法》等。在会计管理和会计核算中严格执行《会计法》《企业会计准则》《会计制度》《会计基础工作范围》《会计档案管理办法》等会计法律规范，遵守国家制定的各项财经纪律。建立现代企业制度以后，实现了所有权与经营权的分离，企业拥有了经营自主权，就必须承担资产的保值和增值责任，也只有严格遵守国家财经法规，合法经营，如实反映经营成果，企业才能实现经营目标并履行承担的责任。增强自我约束机制就是要规范经营者的行为，使企业管理当局的经营行为长期化。建立企业自我约束机制的主要内容有：(1)责任约束。以责任书的形式落实经营者资产经营责任制，用奖惩办法激励经营者追求长期行为。(2)行政约束。对于经营者因管理不善而完不成指标任务，或者因为造假致使企业资产流失、骗取荣誉等，视情节给予法人代表或责任人以相应处分。(3)制度约束。对于经营者实行财产收入申报制度，建立重大投资和经营项目、重要人事任免等，向董事会、职代会定期汇报制度。(4)法律约束。对于因主观原因造成的大量资产流失或重大亏损，严重侵占企业资产的，依法惩处。(5)财产约束。对于经营者实行风险抵押金或财产抵押，完不成任务者不返还抵押金或财产。(6)分配约束。对于经营者收入实行分步兑现的方法，防止任期经营上的潜亏。(7)职业道德约束。对于经营管理不善造成的重大损失或主管侵占企业财产的，向社会公布并实行档案跟踪，限制聘用。

(三)健全内部控制制度，加强会计监督

《中华人民共和国会计法》(简称《会计法》)规定："各单位应建立、健全本单位内部会计监督制度。"企业内部的会计监督应当制度化，建立健全内部控制制度。

《会计法》第27条规定："单位内部会计监督制度应当符合下列要求：(一)记账人员与经济业务事项和会计事项的审批人员、财务保管人员的职责权应当明确；并相互分离、相互制约。(二)重大对外投资、资产处置、资金调度和其他重要经济业务事项的决策和执行的相互监督、相互制约程序应当明确。(三)财产清查的范围、期限和组织程序应当明确。(四)对会计资料定期进行内部审计的办法和程序应当明确。"

内部控制制度是单位内部各职能部门、各有关工作人员之间，在处理经济业务过程中相互联系、相互制约的一种管理制度。内部控制制度的内容包括：(1)确定单位内部行政领导和各职能部门的职权和责任。(2)明确办理每一项经济业务的程序、手续和方法。(3)制定处理一套经济业务的人员之间相互制约的办法。单位内部的经济业务涉及供应、生产、储存、销售、会计、行政部门等多个职能部门，因此，内部控制制度是由若干部门共同执行的管理制度。它融于企业其他有关制度之中，通过单位内部组织的正确分工与合理的办事程序来实现，如会计凭证的编制、审核、传递、登记等，以此来达到相互制约的目的。企业内部控制制度应围绕货币资金收付、购销业务、对外投资、资产处置等经济业务来设计，具体内容应包括货币资金及有价证券的内部控制，实物资产的内部控制，采购业务的内部控制，销售业务的内部控制，其他重要事项如对外投资、资产处置、分配制度等的内部控制。

会计监督是会计的重要职能之一，它是通过会计人员执行和处理具体的会计业务过程，对经济业务的合理性、合法性、真实性和效益性实施的检查和督促活动。我国现行的会计监督已逐步建立了以基层单位财务收支为对象，以国家监督、社会监督和单位内部会计监督为主要形式的会计监督体系。

1. 国家监督

国家监督是指财政、税务、审计、人民银行、证券监管、保险监管等部门依照有关法律、行政法规对各单位的财务会计工作进行的监督。(1)财政监督。它是指各级财政部门在资金积累、分配和使用过程中，对行政事业单位、部门、企业经济活动及其成果所实行的监督。税务机关依据国家税收法律和法规，通过日常征管工作，督促纳税人依法建账，正确计算和反映纳税所得额，督促纳税人依法纳税，纠正和查处违反税法的行为，保证各项财经法纪的贯彻实施。(2)审计监督。审计监督是各级人民政府审计机关依法对各级政府的财政收支、对国家的财政金融机构和企业事业单位的财务收支进行的审计监督。财政收支和财务收支是会计工作的重要内容，因此，审计监督是国家监督会计工作的手段之一。此外，在国家监督中还包括国家工商行政管理部门对工商企业会计报表和注册资本的检查监督，人民银行对企事业单位预算资金、货币资金、结算制度等进行的监督，国家证券管理委员会对上市公司财务报表的监督等。

2. 社会监督

社会监督是指注册会计师依法承办的社会审计。注册会计师依法接受委托，对有关单位的会计事项进行审计，如对记载和反映被审计单位财务收支、提供会计信息载体的会计凭证、账簿、报表等会计资料以及有关计划、统计、预算、经济合同等资料进行审计；对提供被审计单位的经营管理活动信息的载体，除上述资料外的经营目标、预测、决策方案、经济活动分析资料、技术资料等进行审计。出具法律公正性的审计报告，为委托人和有关方面服务。由于注册会计师是来自外部、对被审计单位财务会计资料进行的社会审计，因此其审计也是会计监督体系之一。

3. 单位内部会计监督

单位内部会计监督是指各单位会计机构、会计人员对本单位的各项经济活动及会计核算的全过程实施的会计监督。单位内部的会计监督要由会计人员通过对记账凭证的审查、财务收支的审核、会计账簿的登记、财务报告的编制等提供合法、真实、准确、完整的会计信息，保证财务会计活动和经济活动在法定范围内有序地进行。多年来,我国单位内部的会计监督在促进单位内部强化管理、保证经济活动依法进行方面发挥了积极作用。建立单位内部会计监督制度,要解决以下几个问题:(1)要树立实行内部会计监督是企业加强内部控制和经营管理需要的观念。(2)明确内部会计监督的主题和对象。(3)实行内部会计监督的依据。(4)建立健全内部控制制度。(5)建立健全财产清查制度。(6)建立健全内部审计制度。(7)对会计事项的监督。(8)对财产物资的监督。

(四)加强经营管理,提高经济效益

在社会主义市场经济条件下,随着企业的规模不断扩大,经营业务日益复杂,经营地点日趋分散,管理层次逐渐增多,企业最高管理人员已不能亲临现场和控制职责范围内的所有生产经营活动,只有实行分权管理。特别是科学技术的进步、信息传递的加快、国际市场竞争的激烈,迫切要求企业通过建立一定的规章制度,加强内部的生产经营管理,提高经济效益,保证企业的生存和发展。一个现代化的基本生产经营组织,没有一定的内部规章制度作保障,不仅生产经营活动会陷入混乱和无序状态,而且单位自身的生存和发展也会因为某些人员或部门的违纪行为而受到威胁。因此,建立科学严密的规章制度,对于强化企业的经营管理、提高经济效益具有重要作用:(1)保证生产经营活动正常进行。一项生产经营活动的有序进行,必须建立在严密分工和有序的基础之上,还要有一系列规范严谨的纪律约束,才能使单位内部成员各司其职,各负其责,保证单位生产经营效率得到最大限度的发挥。(2)保证单位利益不受侵犯。一个单位有了科学的规章制度、严密的办事程序和严谨的纪律约束,可以使生产经营活动中渎职、贪污、浪费现象的发生频率及可能性降至最低限度。(3)保证单位内部信息沟通的完备、及时和流畅。(4)保证单位生产经营功效。单位在激烈的市场竞争环境下能否获得生存和发展,取决于单位的决策效率和生产经营效率的高低,以及技术水平、产品质量、产品性能、新产品的开发能力等。这些都需要通过强化内部管理、建立并完善企业内部规章制度来实现。

(五)保护企业财产安全与完整

企业的各项财产物资是企业赖以生存和发展的物质基础,必须保证其质量良好、数量完整、形态无损,才能充分发挥其使用效果。会计作为经济管理的重要组成部分,要充分发挥其反映、监督、核算和控制作用,就必须通过制定货币资金的管理措施和实施各项实物资产、无形资产的采购、供应、使用、保管的规章制度,有效地防止贪污盗窃、损失浪费或积压闲置,充分发挥其使用效率。在会计核算中,对于一切财产物资都必须进行账簿记录,一切财产物资的增减变动都必须办理会计手续,建立定期的财产清查制度,保证实物与账簿记录相符。

情境二 会计制度设计的概念和意义

"没有规矩,不成方圆",会计工作亦是如此。制度是一种导向,好的制度可以使坏人变好,坏的制度可以使好人变坏。会计制度是指导会计工作、规范会计行为的法则,是会计工作应遵循的原则、方法、程序和规程等的总称,是经济管理制度的重要组成部分。作为会计规范体系的组成部分，会计制度是随着会计的发展而不断演变并且日趋完善的，为使会计工作有组织、有秩序地进行，各企事业单位应该按照一定的标准建立相应的会计机构，聘用合格的会计人员，选择适用的账务处理程序，定期编制和提供会计报告。这就涉及会计制度设计问题。会计制度设计作为会计管理的重要组成部分，是会计主体进行会计工作的前提，会计制度设计是会计主体以会计法律法规、会计准则为依据，根据系统控制的理论、方法，结合本主体实际需要，运用文字、图表等形式对会计机构和会计人员的职责、会计事务、会计处理程序进行系统规划的工作，是建立和完善现代企业制度的重要渠道，是进行会计工作的前提，是发挥会计管理作用的基础，是实现会计目标的保障。会计制度设计的依据主要有三点：一是会计法律法规，二是会计学的基础理论，三是科学的设计程序。会计制度设计的优劣直接影响企事业单位的会计实物工作。

一、会计制度的概念和分类

会计制度是指由政府有关部门和企事业单位制定的用来约束会计具体工作的一种会计规范，是由会计主体按一定的程序制定的具有一定强制性的会计行为规范和准则。会计制度是制度的一种类型，是单位管理制度中最根本的制度。依据会计制度组织会计工作、规范会计核算和会计行为，是保证会计工作质量的主要依据。

会计制度有广义和狭义之分。广义的会计制度包括会计核算制度（如《小企业会计制度》《企业会计准则》等）、会计组织制度（如《总会计师条例》《会计档案管理办法》等）、内部控制制度（如《企业内部控制基本规范》《内部控制配套指引》等），狭义的会计制度仅指会计核算制度。另外，会计制度还可按内容、性质、制定机构分类（如图 1—2 所示）。

二、会计制度设计的概念及分类

设计是某项工作开始之前，根据一定的目的和要求，预先筹划、系统制定出相应的方案等。会计制度设计是会计主体以会计法律法规、会计准则为依据，根据系统控制的理论、方法，结合本主体实际需要，运用文字、图表等形式对会计机构和会计人员的职责、会计事务、会计处理程序进行系统规划的过程。会计制度设计是一项理论性、实践性和创新性都很强的高层次管理活动，是会计管理工作的重要组成部分，是建立和完善现代化制度的重要渠道。

会计制度设计可按设计内容和设计主体等的不同进行分类（如图 1—3 所示）。

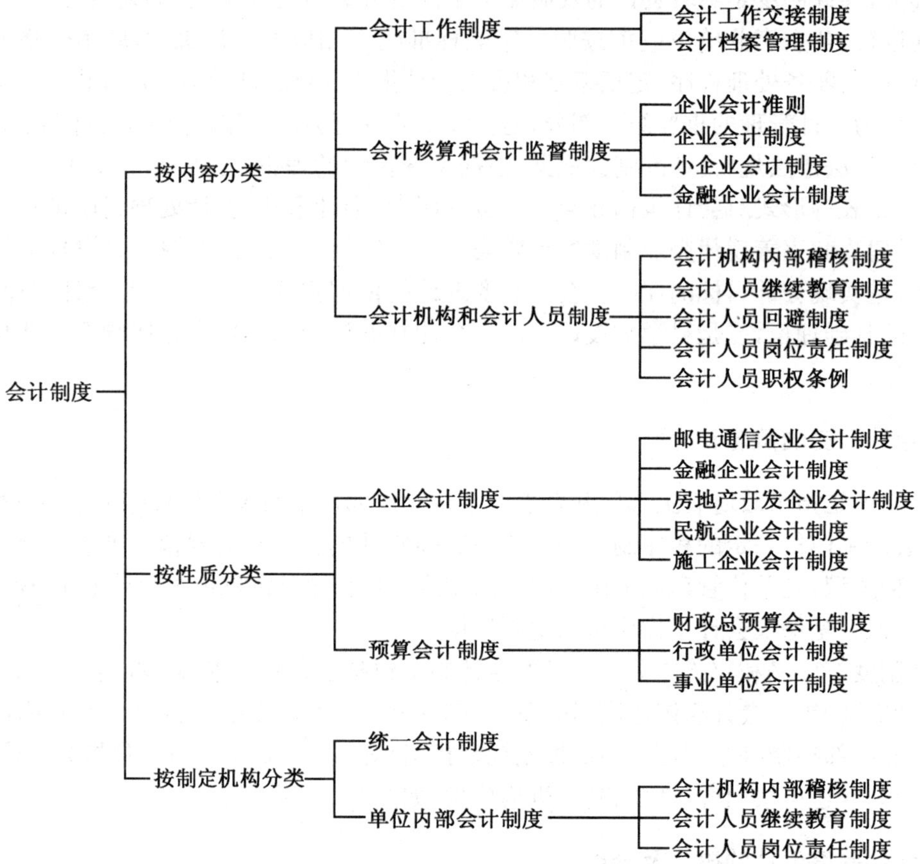

图 1—2 会计制度的分类

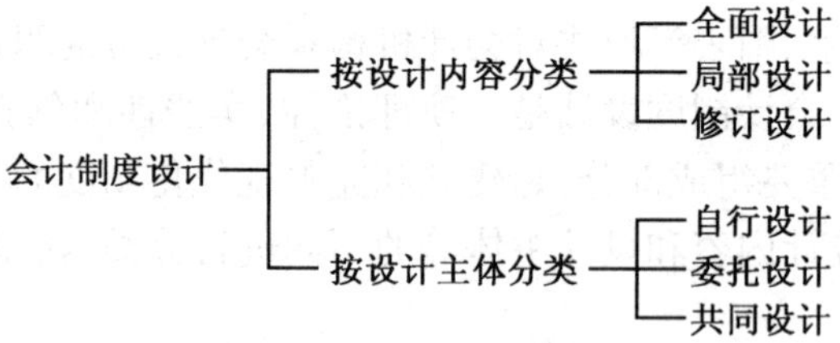

图 1—3 会计制度设计的分类

按照会计制度设计的范围和内容不同，会计制度设计可分为全面性会计制度设计、局部性会计制度设计和修订性会计制度设计三类。

(一)全面性会计制度设计

全面性会计制度设计是指对会计工作所应遵循的一切规范进行的设计，通过设计构成会计制度的基本框架，并产生一套完整的会计制度体系。例如，应当设计哪些会计报表？会计报表所需要的各种数据资料如何通过会计凭证的记录和账簿的登记得到？采用何种会计核算形式才能最大限度地减少会计无效劳动？设置哪些会计科目才能保证经济业务的系统分类、会计资料的准确可靠？采用哪种成本计算方法才能真实反映各种产品的实际耗费？各种经济业务的会计处理程序和手续如何制定才能完善内部控制制度，并提高会计工作效率和会计信息质量？等等。

由于全面性会计制度设计内容复杂、涉及面广、难度大、质量要求高、头绪比较多，因此，设计时应由总体设计到具体设计。总体设计是对所要设计的会计制度内容和范围进行总体规划；具体设计是在总体设计的基础上，采用具体的方法和程序来完成总体设计的要求，并用文字或表格等形式作出详细具体的规定。总体设计和具体设计，是两个紧密联系的环节，可以说，总体设计是“纲”，具体设计是“目”，不进行总体设计，无法勾画出会计制度的“蓝图”，对设计的全部内容难以做到心中有数，难免出现顾此失彼或返工的现象。不进行具体设计，无法将“蓝图”变为现实，无法形成会计制度。

(二)局部性会计制度设计

局部性会计制度设计是指对会计工作的部分规范，主要是对部分经济业务的会计处理程序和方法进行的设计。设计的内容一般是原会计制度中不具有的，其需求大多是由经营规模的扩大、经营范围的拓宽、经营方式的改变和管理要求的提高等引起的。例如，企业实行内部结算，就需要设计内部结算制度；企业进行股份制改造，就需要设计“股本”方面的会计核算办法；企业实行会计电算化，就需要设计电算化会计制度等。

(三)修订性会计制度设计

修订性会计制度设计是指对原有的会计制度予以修改而进行的设计，如材料的实际成本计价改为计划成本计价、固定资产的直线折旧法改为加速折旧法、坏账损失的直接冲销法改为备抵法、材料领用的先进先出法改为加权平均法、长期投资收益核算的成本法改为权益法等。通过设计，更新会计制度的部分内容。

局部性会计制度设计和修订性会计制度设计，一般涉及面较小，设计内容较简单，因此主要是做具体设计。但在设计时，必须注意与原有会计制度内容的协调配套。

情境三　会计制度设计的原则和方法

一、会计制度设计的原则

会计制度设计是一项复杂而严肃的工作，是由感性认识到理性认识的过程，设计质量的高低直接决定制度实施的功效，是会计主体根据本主体的实际需要依法设计会计制度时所依据的法则。

会计制度设计的原则，主要包括以下几个方面：

(一)合法性原则

合法性原则要求会计制度设计必须符合国家的法律、法规和政策的规定，设计的会计制度必须体现政策的要求。合法性原则是会计制度设计的首要原则。

(二)同一性原则

会计制度设计应能满足国家宏观调控的要求，能够满足利益关系人了解会计主体相关财务状况的需要，能够满足会计主体内部管理的需要。同一性原则可视为会计制度设计的标准化原则。

(三)成本效益原则

会计制度设计必须注重会计工作的运行质量和工作效率。设计的制度收益应大于制度成本。制度成本通常包括设计成本与运行成本。制度收益是指某种制度实施、运行后产生的好处。如果实施时耗费的制度成本大于制度效应，说明设计的会计制度存在缺陷。例如，当货币资金收支频繁，业务量很大时，企业可以设置收入和支出两个出纳岗位，实行收、支两条线，这样能更好地起到内部控制作用，但当货币资金业务不多时，设置两个出纳岗位可能不符合成本效益原则。当然，多数情况下制度设计的成本效益不易直接评价，需要站在更高、更长远的角度来进行综合评估。

(四)内部控制原则

内部控制是对影响企业目标实现的各种风险和不确定因素进行管理和控制，以帮助企业实现组织目标的过程。设计会计制度时要把会计控制和行政管理结合起来，要把内部控制方法、措施和程序科学地设置在会计机构、会计处理程序和会计报告中，落实内部控制要求。

(五)前瞻性原则

会计制度一经建立，应保持较长时期的相对稳定，制度变更不宜过于频繁。因此，设计会计制度时，需要对企业未来一定时期内的发展情况做出恰当预测和估计，使设计出来的会计制度具有一定的适应能力，能涵盖规模扩张等的需要，能够知道新出现的业务，以确保会计制度在较长时间内的稳定。

(六)适应性原则

会计制度设计必须满足企事业单位的生产经营特点和经营管理要求，不能脱离实际，这是会计工作的基本出发点，也是检验会计制度设计是否合格的标准。会计主体实际情况的不同导致为特定主体设计的会计制度存在特色，同时又要符合国家方针、政策、法律、法规的规定等。也就是说，设计的会计制度应当满足国家宏观管理的要求，满足有关各方了解企业财务情况、经营成果和现金流量的需要，满足企业加强内部经营管理的需要。

二、会计制度设计的方式、方法

根据企业会计人员的业务素质、知识水平状况，会计制度的设计可以采用不同的方式。

(一)会计制度设计方式

1. 自行设计

自行设计是指由本企业的会计人员独立组织进行的设计，是设计会计制度的主要方式。其优点是设计人员了解企业的各方面情况，熟悉企业供、产、销各种业务和人、财、物各种要素，容易得到企业各职能部门和有关人员的支持与配合，且能够节省设计时间和减少设计费用，便于会计制度的贯彻落实。其缺点是设计人员容易受传统习惯的影响，不利于大胆革新，不利于借鉴吸收新知识、新经验、新做法，如果设计人员的学识水平达不到要求，难以提高会计制度的质量。

2. 委托设计

委托设计是指设计会计制度的企业委托会计师事务所等中介机构为企业设计会计制度。无论是国内还是国外，无论是现在还是将来，为企业设计会计制度都是会计师事务所的一项重要业务。委托设计的优点是设计人员对国家的法规制度理解较深刻，业务水平较高，知识面较宽，创新精神较强，便于通过制度的设计促进企业的会计工作；缺点是不易得到企业各方面人员的配合，对企业的了解较少，难免使制度的某些内容脱离企业的实际，从而削弱会计制度的实用性。

3. 共同设计

共同设计是指以企业的会计人员为基础，聘请会计制度设计专家作指导共同设计企业的会计制度。这样做有利于充分发挥自行设计和委托设计的优点，克服各自的优点，相互配合，取长补短，使企业会计制度设计得更加科学完善，把会计发展的最新动向和相关知识与企业的实际情况充分体现在企业的会计制度设计中。

(二)会计制度设计方法

会计制度设计方法是指会计制度设计人在进行会计制度设计时解决问题的思路和程序。会计制度的内容需要用一定的形式反映出来，一般有文字说明法、流程图法和表格法等。在会计制度设计的过程中，同一会计制度的设计往往采用多种会计制度设计方法。

1. 文字说明法

文字说明法是使用语言文字来描述和说明会计制度有关内容的方法，是最基本、使用最多的方法。文字说明要能恰当地表达有关内容，应做到行文规范、定义严谨、语言确切、通俗易懂、表达完整，不宜使用口语化、个性化的语言。慎用省略语，即使使用省略语，首次出现时应给出全称。文字说明法既可以单独使用，如会计制度的总体说明、会计科目及其使用说明、内部控制要点等，也可以与图标结合使用，如对会计组织机构及岗位职责、凭证、账簿、报表的使用说明，对各类业务会计处理程序的说明等。

2. 流程图法

流程图法是指设计人将为会计主体设计的会计制度用既定的图形、表格、线条或标志描述的一种设计方法。流程图法要求：简明扼要、流程清晰、图标明显和指示准确。采用流程图法，会计主体的会计机构设计、岗位职责划分、业务流程设计等均以图表的形式体现。

3. 表格法

表格法是用表格形式反映会计制度的有关内容。表格法主要用来反映会计制度中使用的凭证、账页和报表等。应用表格法时应注意以下问题：

(1)表格尺寸尽量统一。会计凭证、账页和报表的尺寸及用纸规格应尽量分类统一。统一会计凭证尺寸，有利于会计凭证的编制和装订保管；统一账页尺寸，便于账页登记和装订保管；统一报表尺寸，既便于报表编制、装订、保管，又便于使用者阅读。为保证表格尺寸统一、用纸节约，企业有关部门可明确用纸规格，以便设计人员能在相对集中的用纸规格中选择合适尺寸。会计凭证设计可以使用一式多联。

(2)表格划线要标准。在会计工作中使用的表格，其划线方法通常有如下惯例：

①表格空边的划线。表格一般由表首、表体和表尾组成。表首反映表的名称、填制日期等内容；表体以线条划分项目、金额等内容；表尾用于反映相关人员的签章，必要时可加注释进行填制说明。表格空边则是表体与纸张边缘的空间，设计时，要对表格空边做出统一规定，通常表格装订部分空边与表格表首空边要留宽一些。此外，表体部分的划线也要统一规定，如表体外围用粗线，标题内部标题用次级粗线，表体内部空格用细线。当然，还可以对表格划线的颜色做出规定，以规范醒目。

②表格栏次的划线。表格栏次的划线主要有垂直线与横线。垂直线应该是最显著的线，如用垂直线将账页的金额划分为借方、贷方及余额栏。在金额栏中，不同货币单位的线应有所区别，如元与角之间、百元与千元之间、十万元与百万元之间等可用粗线，其他可用细线，以便记账人员定位。表格中的横线在较多、较密的情况下，可每隔五条线采用一条粗线，这样既可以防止记录串行，又便于统计记录的笔数。

(3)表格中的文字应规范。表格中的文字应注意字体、字号。表首文字应加黑，大一些。字母和数字应使用新罗马字体(Times New Roman)。

会计主体规模的不同，设计要求的不同，决定采用的主要设计方法有所不同。

情境四　会计制度设计的内容和程序

会计制度设计是为会计工作制定规范和标准，要求根据会计工作的一般原理，用系统的理论和方法将会计科目、会计凭证、会计账簿、会计报表的种类和格式以及内部控制制度、成本核算制度、会计核算形式等加以规范化，组成一套可以实施的会计程序和方法。不同企业在组织形式、行业特点、业务类别、经营范围、规模大小、管理模式等方面存在着差异，毋庸置疑，现实中并不存在一套适用于所有企业的会计制度，但在设计会计制度时，存在一些共性的理论基础和原则理论。企业在设计会计制度时，应遵循这些共同的基础和原则，同时充分考虑不同企业的具体特点。

在企业里，应当设计哪些会计制度主要取决于两个因素：一是企业会计活动内容的繁简，二是企业会计管理要求的程度。一般来讲，会计内容复杂、管理要求高的企业，需要设计的会计制度内容就较多；反之则较简单。

一、会计制度设计的内容

总体来说，会计制度设计的内容可以概括为以下几个方面：会计信息系统设计、内部控制系统设计、会计组织系统设计、其他方面的制度设计（如图 1—4 所示）。

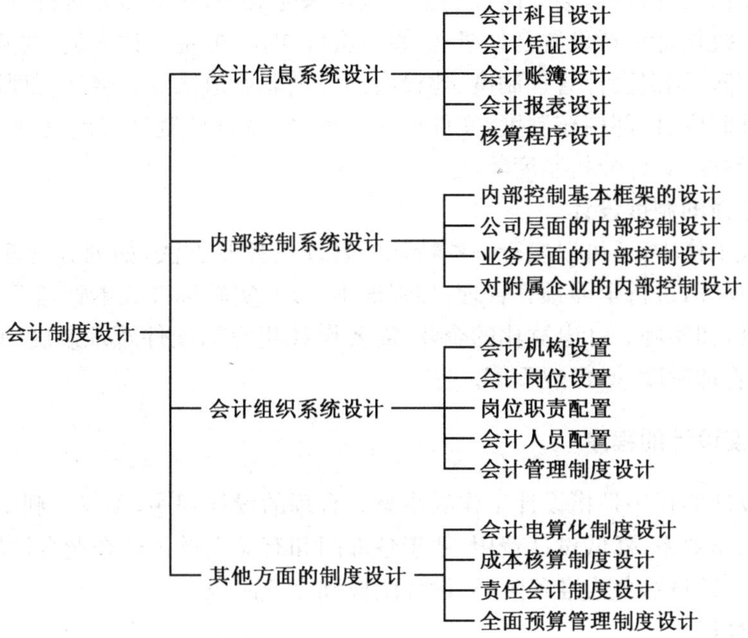

图 1—4　会计制度设计的内容

（一）会计信息系统设计

会计是以提供会计信息为主的信息系统，对企业各种交易或事项产生的原始数据，按照特定的方法与程序，通过确认、计量、记录和披露等环节，加工成会计信息并对外提供。会计信息系统的设计就是规划提供会计信息的诸多方面，主要内容包括：一是会计科目名称、编号和使用说明的设计，会计科目设计是对会计对象具体内容的分类，是对会计数据分门别类进行处理的依据；二是会计数据和会计信息载体的设计，主要有设计原始凭证、记账凭证、会计账簿、会计报表等的种类、格式、使用说明等；三是会计业务处理程序的设计，主要是设计会计数据收集、整理、加工、处理、输出的程序，也就是会计核算组织程序。从原始凭证到记账凭证，再到会计报表，需要经过一系列的处理程序，不同的处理程序，其效率与效果不同，需要根据企业的实际情况选择合适的程序。

（二）内部控制系统设计

内部控制不仅仅是一种制度安排，而且是由一系列要素构成的整体框架，是一种完整的管理体系。因此，内部控制设计并不是单纯的制度设计，而是要帮助企业建立有效的内部控制框架。主要内容包括内部控制基本框架的设计、公司层面的内部控制设计、业务层面的内部控制设计、对附属企业的内部控制设计等。业务层面的内部控制设计涉及货币资金、采购、存货、销售、投资、固定资产、无形资产、研发、筹资、担保、工程项目等业务处理程序的设计。

(三)会计组织系统设计

会计工作是由会计机构、会计岗位和会计人员来完成的,这就需要进行会计组织系统的设计。会计组织系统设计包括设置会计机构、设置会计岗位、配备会计人员、划分岗位职责、界定会计人员职责权限、制定会计管理制度、建设会计人员职业道德等。会计管理制度的设计应覆盖会计岗位责任制度、内部稽核制度、文件记录制度、定额管理制度、计量验收制度、财产清查制度、收支审批制度、会计分析制度等。

(四)其他方面的制度设计

在会计管理工作中,还可以实行一些特殊的管理或控制方法,如划分责任中心,进行责任会计管理;编制预算,进行全面预算管理;加强成本管理,实施标准成本管理等。这就需要设计相应的管理制度,如实施会计电算化的企业,需要设计相应的硬件管理制度、软件开发与维护制度、数据安全管理制度、操作规程等。

二、会计制度设计的程序

会计制度设计的程序是指设计工作的步骤。合理的设计程序,不仅有利于保证设计质量,而且可以提高工作效率,降低设计费用,便于各部门和有关人员了解企业会计制度。会计制度设计的程序具有阶段性,分为准备阶段、设计阶段和完善阶段。

(一)准备阶段

准备阶段是会计制度设计程序中的基础阶段。设计人接受会计制度设计任务后,须首先开展对后期设计极为必要的准备工作。准备阶段是会计制度设计不可或缺的阶段,一般分为以下三个工作步骤:

1. 研讨设计要求、确定设计重点

设计人在准备阶段首先要研讨会计主体的设计要求,结合会计法律法规和会计科学发展的态势确定会计制度设计的重点。

研讨设计要求、确定设计重点的意义在于通过该项作业,设计人可深入理解会计主体的制度设计意图,界定本次设计工作的重点。

2. 收集相关资料、开展调查研究

根据研讨设计要求的体会和确定的设计重点,对会计主体的有关业务活动进行调查研究,掌控与制度设计相关的各种情况。

收集相关资料、开展调查研究的意义在于通过该项作业,设计人可掌控会计主体与制度设计相关的实际情况,做到心中有数、有的放矢。

以企业为例,收集相关资料、开展调查研究工作的内容包括:

(1)会计主体现行规章制度;

(2)企业生产经营基本概况;

(3)现代企业制度的建立情况;

(4)经营管理制度现状;

(5)经济业务会计处理程序及方法;

(6)生产经营部门和管理人员对设计的要求;

(7)其他需要调查的内容。

3. 拟定工作提纲、规划设计方案

设计人完成收集相关资料、开展调查研究的作业后即可拟定工作提纲、规划设计方案。该项工作的主要内容为:编制会计制度设计的总体规划、工作日程表,安排工作进度。

(二)设计阶段

设计阶段是会计制度设计程序中的主体阶段。设计人如能按照一定的先后顺序进行制度设计,便可以使设计工作井然有序。

以企业为例,会计制度设计可采用的一般顺序为:

(1)设计会计机构和会计岗位;

(2)设计内部控制制度;

(3)设计会计科目、会计凭证、会计账簿;

(4)设计会计报表项目;

(5)设计会计核算组织程序;

(6)设计各类业务的处理程序;

(7)设计电算化业务处理程序;

(8)进行全面调整,拾遗补缺,形成完整体系;

(9)形成正式的书面会计制度草案。

在实际的设计工作中,设计人可以根据会计主体的实际情况选择或变更制度设计的顺序。无论哪一种设计程序都必须按总体设计的有关要求进行。

设计阶段有以下四个工作要点:

(1)合法性:设计的会计制度要符合会计法律法规的规定,不能与之相抵触。

(2)全面性:设计的会计制度要全面、具体、适用、言之有物,并且要与会计主体的实际联系紧密。

(3)内控性:设计的会计制度应能够充分体现内部控制的特点。会计人员分工实行"回避原则"。

(4)实用性:设计的会计制度必须适应设计单位的特点,做到切实可行。

(三)完善阶段

完善阶段是会计制度设计程序的终结阶段。在该阶段,新设计的会计制度已经试行了一段时间的试行。设计人通过对试行的会计制度进行跟踪检查,寻觅和发掘制度设计的瑕疵或制度设计缺陷并予以及时修正、补充,从而使该会计制度得以完善。

完善阶段跟踪检查的要点为：

(1)跟踪检查人应为原设计人；

(2)设计的制度是否达到设计要求；

(3)设计的制度是否存在改进空间；

(4)有的放矢地修正、补充；

(5)提交定稿。

达到设计要求的会计制度由会计主体以文件的形式颁布施行。

情境五　会计制度设计与内部控制制度

一、内部控制制度设计的原则

企业为了实现内部控制，达到在处理经济业务过程中的各职能部门、各有关人员相互制约的目的，关键是一项经济业务的全过程不能由一人决断或完成。内部控制制度不是会计一个部门的制度，而是要由企业若干部门共同执行的制度。因此，设计内部控制制度应遵循以下原则：

(一)合理分工原则

合理分工就是权利分割，把一项经济业务的全过程分成若干处理步骤，由不同人员分别完成，不得一人包揽。例如，一项现金销售业务，不能由一人既开票又收款，还兼发货等。

(二)内部牵制原则

会计工作中的内部牵制原则，就是账务与事务分离原则。它要求账钱分管、账物分管，即会计人员和财产物资的经管人员要独立开来，会计不能既管账又管物，会计不得兼任出纳等。

(三)审核检查原则

审核检查原则包括：下一道会计程序要对上一道会计程序进行检查，如收款人对开票人开出的销货发票的检查；财务机构内部的制证，必须经另一会计人员审核后才能转给出纳收款或付款；会计填制的凭证必须经另一会计人员审核后才能登记入账；单位内部审核机构或专职审计人员对会计资料定期进行检查工作。

(四)岗位责任原则

这一原则要求企业建立岗位责任制度，规定有关责任人员的工作职权和岗位责任，以及相应的奖励和处罚办法。通过岗位责任制度对经管人员实施制约，增强办事责任心，强化企业管理。

(五)成本效益原则

建立内部控制制度是为了规范管理，防止损失，提高经济效益。对那些反映生产经营活动和财务状况有重要影响的会计信息，在设计内部控制制度时必须严格要求，系统控制。但制定和执行内部控制制度也要付出代价，如果用于控制的成本费用大于其产生的效益，也是得不偿失的。根据重要性原则和成本效益原则，在设计内部控制制度时，对于重要的经济业务要做到严密、系统、全面，对于非重要的经济业务可以适当简化些。

二、内部控制制度的主要内容

我国现行《会计法》强调会计监督应当制度化，各单位应当建立、健全内部控制制度。一个单位建立哪些内部控制制度，详尽程度如何，要由企业规模、经营特点、业务量多少、组织机构设置情况来决定。企业规模较小、生产经营品种不多、经理对经营情况和财务状况能控制到的单位，内控制度不必过于详尽和复杂。对于规模较大、生产步骤及产品品种多、组织机构健全、会计人员多、内部分工较细的企业，应建立较严密的内部控制制度。总的来说，内部控制制度要从三个层次进行控制：一是确定单位内部领导和各职能部门的职权和责任。二是明确办理每一项经济业务的规定程序和手段，即明确每一项业务需要哪些手续、由哪些人办理、采用哪些具体处理方法。三是制定处理每一项业务的人员之间相互制约方式，如是否经过授权或其他人员同意、相互能否形成制约关系等。

企业的内部控制制度是一个内部控制系统，一般由以下几部分内部控制制度构成：

（一）组织机构控制制度

组织机构控制制度是指对企业内部组织机构设置、职务分工的合理性和有效性进行控制的制度。一个单位根据经济活动需要分设不同的部门和机构，其组织机构的设置和职责分工应当相互控制。其具体要求是：在单位内按组织机构建立岗位责任制，明确岗位分工和职责权限；各组织机构的职责权限必须得到授权，授权范围内的职权不受外界干预；每类经济业务的运行必须经过不同部门，保证有关部门之间相互检查；对每项经济业务检查时，检查者不从属于被检查者。

（二）不相容职务分离制度

不相容职务分离制度是指一项经济业务集中由一个人办理时容易发生错误或舞弊行为，对于这类不相容职务不能由一人监管，要由两个或两个以上人员合理分工、共同负责的制度。例如，会计工作中的会计与出纳就属于不相容职务。将不相容职务进行分离应符合以下要求：第一，授权进行某项经济业务的职务和执行该项经济业务的职务要分离；第二，执行某项经济业务的职务和记录该项经济业务的职务要分离；第三，记录某项经济业务的职务和审核该项经济业务的职务要分离；第四，保管某项财产的职务与记录该项财产的职务要分离。

在企业内部的各机构中，各级职务、各级机构和各岗位的工作人员都必须严格执行不相容职务分离制度。

（三）授权批准控制制度

授权批准控制制度是指在企业的组织机构中处理经济业务时确定的授权批准权利范围的一种控制制度。在企业中，根据各级组织机构和负责人的岗位责任、职权范围，明确其批准权限，使每一项经济业务都有人把关和负责，保证执行单位的既定方针，限制滥用职权。授权批准有一般授权和特定授权两种形式。一般授权是对办理一般业务时权利等级和批准条件的规定，通常在单位规章制度中明确。特定授权是对特定经济业务处理的权利等级和批准条件的规定，如某项经济业务的数额超过某部门的批准权限时，只有经过授权批准才能进行。授权批准控制的基本要求是：要明确一般授权与特定授权的界限和责任；要明确每类经济业务的授权批准程序；要建立必要的检查制度，保证授权后处理经济业务的工作质量。

（四）信息质量控制制度

会计信息是企业进行经营管理决策的重要依据，其质量高低直接关系到信息使用者的切身利益。因此，加强会计信息质量管理、确保会计信息真实可靠，是企业内部控制制度的一项重要任务。加强会计信息质量控制应做好以下几项工作：

（1）建立科学的原始凭证生成和传递制度。会计资料中的原始凭证是具有法律效益的证明文件，是在办理财产收发、现金收付、款项结算、成本计算、费用支付、产品生产、商品销售、工程建设等过程中生成的，是会计核算的重要依据。保证会计核算的正确性，必须规范各业务岗位的原始凭证填制、取得和传递制度，这是保证会计信息质量的关键环节。

（2）严格凭证审查制度。凭证审查制度包括原始凭证和记账凭证的审查。对原始凭证的审查主要是审查其各项内容的合法性、合理性、准确性与完整性。对记账凭证的审查主要是：记账凭证反映的经济内容是否与原始凭证相符、使用的会计科目是否与会计制度规定相符、记载的金额是否与经济业务相符、反映的账户对应关系是否清楚、编制的手续是否齐全完整。

（3）建立规范的账务处理程序与核对制度。根据企业的经营规模、生产经营特点和业务量大小，建立规范的账务处理程序，保证会计信息质量和工作效率。此外，还要定期进行账证核对、账账核对、账表核对，保证账证相符、账账相符、账表相符。

（五）预算控制制度

预算控制制度是指对企业各项经济业务编制详细的预算或计划，通过授权，由有关部门对预算执行情况进行控制的制度。预算控制的要求是：编制的预算必须体现单位的经营管理目标，明确责权；预算执行过程中，为了使预算更加切合实际，应当允许经过授权批准对预算进行调整；要及时反馈预算执行情况。

（六）实物安全控制制度

实物安全控制制度是为了保护单位实物安全所采取的控制措施。在企业内部的各种控制制度中，如组织机构控制、信息质量控制、财产清查等制度，都含有保护财产安全的措施。实物安全控制措施主要有：第一，限制接近制度，它是以严格控制对货币资金、存货等实物资产及与实物资产有关的文件接触来保护资产的安全，只有授权批准的人员方可接触或经管这些资产。第二，定期进行财产清查，保证财产实有数量与有关记录相一致。

（七）文件记录控制制度

文件记录控制制度是指为明确各级机构、有关人员，以及各岗位的任务、职责、权限、方针政策、规章制度、执行程序等，以文件形式建立的控制制度。健全的文件记录控制制度是规范生产经营秩序、加强企业管理、提高企业经营效率的重要手段。其记录方式既有书面文件方式（包括有关岗位的任务、职责权限、经营管理目标、方针政策、管理制度等），也有图表文件方式

（如组织机构图、业务流程图等）。

（八）业绩报告控制制度

业绩报告控制制度是指企业为了考核与评价各部门的业绩，由各部门和各组织机构将其任务完成情况和履行责任状况定期以书面形式报告的制度。业绩报告既是保证组织机构控制的重要手段，也是管理当局进行经营管理决策的重要依据。

（九）内部审计制度

内部审计是指企业内部审计人员对企业内部各种经营活动和控制活动进行的审计。它既是内部控制系统的一个组成部分，也是对内部控制系统的一种监督形式。按其监督目的不同，可分为内部财务审计和内部经营审计。内部财务审计主要是检查财会部门的工作情况和企业各部门遵守财务制度的情况，包括会计控制制度的健全情况和执行情况，各项会计资料的可靠性，各部门经营、管理资产的安全性，各部门执行财务计划和遵守财务制度的情况。内部经营审计主要是对企业各种经营活动进行的检查，目的是为了检查企业管理当局和各部门贯彻经营方针、执行规章制度的情况，分析并核实经营过程中存在的问题，提出解决问题的建议和改进措施。

此外，内部控制制度还有职工素质控制、对外投资控制、资产处置控制、分配制度控制等制度。

模块小结

本模块的主要内容为有关会计制度设计的基本概念和基本理论。随着我国会计准则向国际会计准则的趋同，会计制度设计的必要性日益增强。会计制度设计是一门集财务会计、管理会计和审计等专业知识于一身，融会计理论、会计实务和制度设计于一体，全面提升学生综合专业素养的课程。希望通过本模块的学习，使学生了解我国现行的会计规范体系，会计制度设计在会计规范体系中的地位以及会计制度设计的意义、内容、种类和程序，深知会计制度设计对设计人员的要求。

模块训练

一、单项选择题

1. 根据会计制度制定主体的不同，可以将会计制度分为（　　）。

A. 统一会计制度、单位内部会计制度

B. 统一会计制度、行业会计制度

C. 行业会计制度、企业内部会计制度

D. 统一会计制度、行业会计制度、企业内部会计制度

2. 会计法规与企业会计制度设计有着密切的关系，表现为（　　）。

A. 健全内部控制制度，加强会计监督　　B. 加强经营管理，提高经济效益

C. 维护财经法纪，增强自我约束机制　　D. 会计法规体系是企业会计制度设计的依据

3. 做好会计制度设计的关键是（　　）。

A. 调查研究　B. 确定设计类型　C. 确定设计方案　D. 选择设计手段

4. 从纵向上看，我国的企业会计法律体系包括（　　）。

A. 会计法律、会计规章和会计行政法规三个层次　B. 会计法律、会计行政法规和会计规章三个层次

C. 会计行政法规、会计法律和会计规章三个层次　D. 会计法律、会计规章和企业会计制度三个层次

5. 我国制定企业会计准则的部门是（　　）。

A. 全国人民代表大会常务委员会　B. 国务院

C. 财政部　D. 中国会计学会

6.（　　）是企业进行会计核算工作的规范。

A.《会计法》　B.《企业会计准则》　C.《会计基础工作规范》　D.《企业会计制度》

7. 企业会计制度设计的意义不包括（　　）。

A. 适应市场经济发展的需要　B. 适应投资者的需要

C. 适应建立现代化信息管理系统的需要　D. 适应健全内部控制制度的需要

8. 会计核算制度设计的内容包括（　　）。

A. 设置会计机构　B. 会计科目的设置　C. 会计工作交接　D. 会计稽核

9. 会计制度设计的程序一般不包括（　　）。

A. 准备阶段　B. 预算阶段　C. 设计阶段　D. 试行与修订阶段

10. 企业内部会计制度设计的内容不应该包括（　　）。

A. 内部控制系统的设计　B. 会计组织系统的设计

C. 会计核算系统的设计　D. 质量控制系统的设计

11. 我国负责会计工作的管理部门是（　　）。

A. 国资委　B. 财政部　C. 商务部　D. 发改委

12. 会计工作最高层次的法律规范是（　　）。

A.《企业会计准则》　B.《企业内部控制基本规范》

C.《会计法》　D.《注册会计师法》

13. 企业自行组织会计制度设计时，一般由（　　）主持，组成会计制度设计组。

A. 企业总经理　B. 总会计师或主管会计工作的副经理

C. 主管制度设计的会计人员　D. 会计专家、教授

14. 设计类型一般是根据企业所在行业特点、（　　）和企业规模来确定的。

A. 企业经济特点　B. 企业经济性质　C. 企业组织特点　D. 企业所在地

15. 会计处理方法选择的具体内容不包括（　　）。

A. 复式记账方法　B. 外币折算方法　C. 收入确认方法　D. 存货计价方法

二、多项选择题

1.（　　）是现代科学理论的重要成果，“三论”会计制度设计具有十分重要的指导作用。

A. 邓小平理论　B. 系统论　C. 信息论　D. 控制论

2. 会计制度整体方案包括（　　）。

A. 会计制度总则设计　B. 会计科目设计　C. 会计核算形式设计　D. 会计报表设计

E. 会计账簿设计

3. 企业会计制度设计的基本要求是(　　)。

A. 与会计账簿的种类相适应　B. 符合国家财经法规要求

C. 与经济管理体制相适应　D. 与所有制形式相适应

E. 与经济管理要求相适应

4. 会计制度设计的内容一般包括(　　)。

A. 会计工作基本条件方面的制度　B. 会计组织方面的制度

C. 会计管理方面的制度　D. 会计法规制度

E. 国家经济体制

5. 关于单位内部会计制度设计的意义,下列说法中正确的有(　　)。

A. 保证会计工作有序进行　B. 加强会计工作,保证会计信息的质量

C. 实施会计监控,预防差错和舞弊　D. 保障会计人员依法行使职权

E. 是企业加强内部控制、提高管理绩效、实现经营目标的基础

6. 设计企业内部会计制度依据的企业内部规章包括(　　)。

A. 岗位责任制度　B. 业务技术标准　C. 经营目标责任制度　D. 公司章程

E. 企业内部各项管理制度

7.《企业基本会计准则》中关于会计对象要素的确认、计量及财务报告和具体会计准则是设计(　　)的重要依据。

A. 会计科目　B. 会计报表

C. 交易、事项的核算办法　D. 利润分配方案

E. 经济效益指标体系

8. 会计数据和会计信息的载体通常有(　　)。

A. 会计账簿　B. 原始凭证　C. 记账凭证　D. 会计报表

E. 会计报表附注

9. 企业会计制度设计的目标包括(　　)。

A. 选用适当的会计政策与会计方法　B. 健全内部控制制度,加强会计监督

C. 维护财经法纪,加强自我约束制度　D. 加强经营管理,提高经济效益

E. 实现财务会计目标

10. 我国的企业会计准则体系包括(　　)。

A. 集体会计准则　B. 基本会计准则

C. 具体会计准则运用指南　D. 会计核算原则

E. 会计准则解释公告

11. 按会计制度的范围,会计制度设计可分为(　　)。

A. 全面设计　B. 补充设计　C. 修订设计　D. 会计控制制度设计

E. 全面预算管理系统设计

12. 会计制度设计应遵循的原则有(　　)。

A. 合法性原则　B. 科学性原则　C. 针对性原则　D. 适应性原则

E. 简化性原则

13. 会计制度的表达方法主要有（　　）。

A. 文字说明法　　B. 表格法　　C. 全面设计法　　D. 流程图法

E. 视频法

14. 总体来说，会计制度设计的内容包括（　　）。

A. 会计信息系统设计　　B. 会计组织系统设计

C. 会计控制系统设计　　D. 会计档案管理设计

E. 图表设计

15. 根据企业会计人员的业务素质、知识水平状况，会计制度设计可以采用的方式有（　　）。

A. 自行设计　　B. 委托设计　　C. 联合设计　　D. 会议设计

三、判断题

1. 企业应以会计准则为指导进行本单位会计制度的设计，特别是企业的会计组织机构设计、会计信息系统设计、业务处理程序设计等，必须以企业会计准则为依据来设计。（　　）

2. 会计工作是会计人员的职责，也是一份具有很强专业性的工作，因此，会计工作任务应当全部由会计人员承担。（　　）

3. 所有单位的会计制度设计一定要采取委托设计方式。（　　）

4. 我国目前会计管理体制中，乡级以上地方各级人民政府的财政部门管理本行政区域内的会计工作。（　　）

5. 所有单位的会计制度设计都必须是全面性制度设计。（　　）

四、案例设计题

根据我国现行会计规范体系，为一新注册成立的小型食品加工企业设计会计制度的种类、方式和内容。

模块二

会计工作组织制度设计

学习导航

了解:会计工作组织制度的设计内容和意义。

掌握:会计制度总则的内容及设计程序,会计机构的内涵及设计方法,会计人员的岗位责任制度,会计核算及会计档案规章。

运用:会计机构的设计,会计人员及其岗位责任制设计,会计核算规则的设计,会计档案管理制度的设计。

模块引例

华纳有限公司注册资本为200万元,职工为24人,主要经营化妆品产品开发、代理与零售等业务。单位负责人认为公司业务简单,会计业务较少,为了提高工作效率和压缩人员经费开支,公司不单设会计部门,只设2名会计人员负责会计事项。

问题与任务:华纳有限公司在会计机构设置上有无不妥之处?

情境一　会计工作组织制度的内容与设计原则

一、会计工作组织制度的意义及内容

(一)会计工作组织制度的意义

正确反映和监督会计对象是会计的基本职能,保证会计信息的真实性和完整性、提高会计信息的使用价值是会计工作的基本目标。要想充分发挥会计职能,及时完成会计任务,有效实现会计目标,必须建立健全会计工作的组织制度,科学合理地组织和规划会计工作。会计工作组织制度就是根据国家有关法规制度的规定,结合本单位的具体情况,对会计工作进行科学组织而设计的会计制度。

设计会计工作组织制度的意义表现在三个方面：一是建立最优化的会计组织机构和会计运行机制，确保会计工作的高效率、低消耗；二是完善会计工作的支持与保障系统，确保会计工作的科学化、有序化；三是营造严谨规范的会计工作环境，强化会计人员的责任感、使命感。

（二）会计工作组织制度的内容

会计工作组织制度的任务是运用组织、规划和协调等手段，完善会计组织机构，优化会计人员结构，提高会计工作效率，降低人力、财力、物力的消耗，实现会计工作目标。因此，它包含的内容是多方面的，主要有：(1)会计机构的设置与内部的岗位分工以及岗位责任制的建立；(2)会计人员的配备与职责划分以及任免；(3)会计档案的保管、查询以及销毁；(4)会计工作的交接；(5)会计核算的组织形式及账务处理程序；(6)会计工作中的其他组织制度。

上述六个方面的制度并不是完全独立的，它们往往交织在一起，共同保障会计工作的有序运行。本章主要介绍前四个方面的制度设计理论与方法，后两个方面的内容留待以后模块讨论。

二、会计工作组织制度的设计原则

要充分发挥会计在经济活动中的管理作用，科学严谨地组织会计工作，有效地完成会计任务，必须按照一定的原则设计会计工作组织制度。一般来讲，应遵循以下五条原则：

（一）适应性原则

这一原则要求会计机构的规模大小、级别高低必须与单位的经营规模或行政级别相适应；会计人员的数量多少、层次高低必须与单位的业务数量和工作难度相适应；会计档案的管理制度、会计工作的交接制度既要与国家有关规定相吻合，又必须适应本单位的具体要求。

（二）保障性原则

如前所述，会计工作组织制度的基本功能是保证会计工作的有序运行，防止因组织、规划及分工不合理而造成会计工作秩序紊乱、效率降低、消耗加大、责任不清。因此，设计会计工作的组织制度，必须遵守保障性原则，使这方面的制度确实能够起到保证会计工作科学有序进行的作用。

（三）精简性原则

这一原则要求会计机构必须精简、高效，以最少的人力、财力、物力的耗费为信息需求者提供使用价值最大的会计信息资料，追求会计效益的最大化。要坚决防止机构臃肿、人浮于事和形式主义，避免产生内耗，影响会计工作的效率和质量。

（四）岗位责任制原则

这一原则要求会计机构的内部分工必须明确具体，将会计工作的全部内容合理划分，并落实到每个小组或每个会计人员，建立健全会计工作的岗位责任制。做到各小组之间、有关人员之间，既有明确的分工，能有效地防止相互推诿、工作“扯皮”现象，又有默契的配合，能有力地加强内部控制，减少会计差错，防止营私舞弊。只有这样，才能充分调动会计人员的积极性，建立起正常的工作秩序和明确的工作目标，并促进工作目标的顺利实现。

（五）协调性原则

这一原则要求会计机构与单位的其他职能管理部门之间，必须建立有机的协调关系，包括与供应部门、销售部门、生产车间、劳资部门等的协调配合。既能保证企业管理总目标的实现，又有助于充分发挥财会管理在企业管理中的核心作用。因此，设计会计工作的组织制度，必须遵循协调性原则。

情境二　会计机构的设置

一、设置会计机构的意义

会计机构是单位内部组织领导和直接从事会计工作的职能部门，同时也是会计制度的主要执行机构；会计人员是从事财务会计工作的人员，同时又是会计制度的主要执行人员。会计制度的贯彻执行情况如何，主要取决于会计机构和会计人员。因此，建立健全会计机构，配备专职的会计人员，并明确规定他们的工作范围和职责，是会计制度设计必须首先解决的问题。

关于会计机构的设置，我国会计工作的根本大法《会计法》第 36 条做了明确规定："各单位应当根据会计业务的需要，设置会计机构，或者在有关机构中设置会计人员并指定会计主管人员。"具体来讲，凡实行独立核算的企事业单位都必须单独设置会计机构，配备相应的会计人员；会计业务不多的小型单位经有关部门批准后，虽可以不单独设置会计机构，但必须配备专职的会计人员，或者委托经批准设立从事会计代理记账业务的中介机构代理记账。

为什么要单独设置会计机构或配备专职会计人员呢？

我们知道，会计的职能是对各单位的经济活动过程和结果进行反映与监督，以保证经济活动的合法性与合理性、会计信息的及时性和准确性。要想充分发挥会计的职能，尤其是监督职能，必须首先保证会计监督职权的独立性和会计业务处理的专一性，使其不受其他机构的干扰或制约。这就要求会计必须有独立的工作机构和专职的工作人员，以便有组织、有秩序、规范地办理会计业务，实施会计监督。因此，设置会计机构，对于明确会计工作的范围和内容以及责任、确定会计的任务并保证其完成、完善会计核算体系、强化会计监督、充分发挥会计在经营管理中的作用等，都具有非常重要的意义；否则，会计工作就会处于组织纪律松散、职责不清、推诿"扯皮"的混乱状态。

但是，由于会计机构只是单位内部的一个职能部门，受其工作权限的限制，要想组织全面性的经济核算，并对单位内部各个职能部门实施有效的监督是存在一定困难的。因此，《会计法》又规定："国有的和国有资产占控股地位或者主导地位的大、中型企业必须设置总会计师。"由于总会计师相当于单位行政领导副职（在企业里直接对厂长或经理负责），在其直接领导下的会计机构相应地增强了独立性和权威性，从组织上保证了会计独立行使监督职权，对单位的全部经济活动、各职能部门的业务实施会计监督，组织经济核算。同时，总会计师的设置，又可以使会计直接参与企业经营决策，制定企业发展规划，有利于会计管理作用的充分发挥和会计社会地位的不断提高。

二、会计机构的分类

一般来讲，财务部门的主要职责是组织筹集和供应资金，管理各项财务收支和分配企业的财务成果，监督检查各项财务活动和企业财务计划执行情况；简言之，就是负责资金的筹集、调拨、使用、分配、保护和归还。会计部门的主要职责是对资金运动的过程及结果进行确认、记录、计算、报告和分析。因此，会计与财务的研究对象、工作内容、工作任务以及工作方法等各有差异，客观上决定了会计机构和财务机构有分别设置的必要；但由于实际工作中会计工作与财务工作往往交叉进行，同时完成，很难严格区分，因而会计机构和财务机构又有合并设置的可能。

会计机构和财务机构采用哪种设置办法，应当根据企业的经营规模、业务量的大小决定。一般来讲，中小型企业由于生产经营过程和业务往来关系比较简单，发生的经济业务量相对不多，财会人员配备较少，易采用合设的办法；而大型企业特别是集团化公司的经营管理要求高，会计人员数量多，经济业务复杂，往来关系频繁，为了保证工作的专一性，进而提高工作质量，应当采用分设的办法。

机构的分设与合设，既不影响财务工作与会计工作的不同性质，一般也不改变从事这些工作的人员，只是由同样的财会人员在两个部门或同一部门中进行两种不同性质的工作。但在设计会计制度时，必须明确它们的区别与联系，并作为两个不同的职能机构加以考虑，以便使设计出的制度能更好地满足各自的工作需要。

会计机构和财务机构分设与合设的比较如表2—1所示，从中可以看出两种办法的主要区别以及各自的优缺点。

表2—1　　会计机构和财务机构分设与合设的比较

设置办法	分　设		合　设
机构名称	会计科	财务科	财务科
机构负责人	会计科长	财务科长	财务科长
组成人员	记账员、稽核员、成本核算员、工作核算员、材料核算员、报表编审员等	出纳员、资金管理员、利润管理员等	会计部门和财务部门的全体工作人员
主要工作内容	资金运动过程及结果的确认、记录、计算、报告和分析	资金的筹集、调拨、使用、分配、归还和保护	会计、财务的全部工作
优点	(1)分工明确，各司其职，各负其责 (2)防止重核算、轻管理的现象 (3)便于加强内部控制		(1)加强财务会计联系，便于协调 (2)会计记录及时、直接 (3)减少信息传递环节，提高工作效率

续表

设置办法	分　设	合　设
缺点	信息传递慢,工作手续增多,协调相对困难,费用加大	容易造成职责不清,内部控制减弱,忙于事务,忽视管理
适用范围	大型企事业单位	中小型单位

三、会计机构设置的原则

会计机构是企业整个经营管理机构中一个相当重要和必不可少的职能部门,不仅专业性很强,而且对企业整个生产经营活动负有核算与监督之责。我国从2000年7月1日起开始施行修改后的《会计法》(以后所称《会计法》均指该《会计法》),在第五章中专门对会计机构的设置做出了规定,大中型企业(包括集团公司、股份有限公司、有限责任公司等)均应当设置会计机构;规模小的企业可以不单独设置会计机构,将会计业务并入其他职能部门,或者进行代理记账。另外,《会计基础工作规范》第二章第一节也专门对企业会计机构的设置做了规定。然而,这些规定只是针对普遍性而言的,每一企业在结合具体情况建立自己的会计机构时尚需要遵循以下原则:

(一)系统性原则

企业经营管理组织是一个大系统,而会计机构是这一大系统下的子系统。会计机构设置范围的确定,取决于企业经营管理组织系统的规模、管理方针及战略规划。比如,小型企业会计机构设置与集团企业会计机构设置就很不同。因为对于一个小型企业而言,由于其经营规模小、业务量较少、生产组织亦不复杂,通常按生产运作的程序来设置管理组织机构,对企业整个经营活动实行集中管理,在这一条件下,会计发挥单一的核算作用,其组织机构规模较小。而对于大中型企业,会计作为一个管理系统中的子系统,具有独自的一套管理组织机构,它的机构所具有的职能渗透于企业各个部门,它提供的信息反映企业经营的整个过程,它的作用影响着企业的经营决策结果。

(二)内部控制原则

会计的职能之一是对企业的生产经营进行监督控制。因此,会计机构的设置必须根据企业管理上的要求,抓住企业资金运动全过程的关键点,从而形成对企业经营全过程和全方位的监控。这就要求会计机构中每个部门和工作人员应有明确的职权、责任和具体的工作内容,做到部门之间职责清、任务明,有利于实行岗位责任制。设计企业会计机构必须充分贯彻内部控制制度,来达到相互稽核的防疫自勉功能。比如,当企业具有了一定的规模时,必须建立专门从事检查、审核企业会计业务流程和工作质量的机构。

(三)效率性原则

企业管理目标实现条件之一就是企业各组织机构相互间具有较强的协同性。会计机构的设置也必须以此为原则。该原则的目的是要获得两方面的效益:一是所设置会计机构提供的会计信息所产生的经济效益必须大大高于为实现此目的而发生的成本费用；二是会计机构设置繁简相宜，在整个会计工作中各司其职、协调一致地履行会计的职责，使企业管理从中受益。比如，在设计会计制度过程中，要充分发挥会计与财务的协同职能，或分别设立财务部门和会计部门，或合二为一设立财务会计部门，以充分体现有效性原则。

四、会计机构的内部组织

会计机构的内部组织，是指在会计机构内部，如何根据各种会计业务及其相互之间的联系，进行合理的分工与组合，使机构内部形成若干相对独立的工作小组，专门负责某类经济业务的会计处理。合理的会计机构内部组织，不仅有利于各小组之间的职责划分，建立岗位责任制，有条不紊地组织和从事会计工作，而且有利于强化内部控制，做到相互制约、相互监督，防止工作中的失误和舞弊。同时，会计人员承担的工作任务专一，在能够搞好核算的前提下，积极参与企业经济管理。以大中型工业企业为例，按照会计机构和财务机构合设的要求，全部的财会业务大致可以分为固定资产、采购及应付款、销售及应收款、工资、成本、出纳、投资、稽核和总账报表、税金和利润等不同类型。因此，其会计机构内部应大致分成：

(1)固定资产组，负责固定资产和在建工程的日常核算与管理。

(2)材料组，负责原材料、低值易耗品、包装物等存货的核算和应付账款的核算。

(3)成本组，负责各种生产费用的核算和产品成本的计算。

(4)工资组，负责工资的计算、分配、发放及相应的核算。

(5)销售组，负责产成品、销售、应收账款以及税金、利润等业务的核算。

(6)出纳组，负责库存现金、银行存款等货币资金的核算与管理。

(7)资金组，负责筹资业务和对外投资业务的核算与管理。

(8)综合组，负责凭证汇总、总账登记、报表编制、报表报送以及稽核等工作。

上述各组最少应由一人专门负责，在总会计师的监督和财会部门负责人的直接领导下实行分工协作，形成一个以总会计师为首、以财务部门负责人为主管、包括若干专门小组的财务机构组织体系(如图 2—1 所示)。

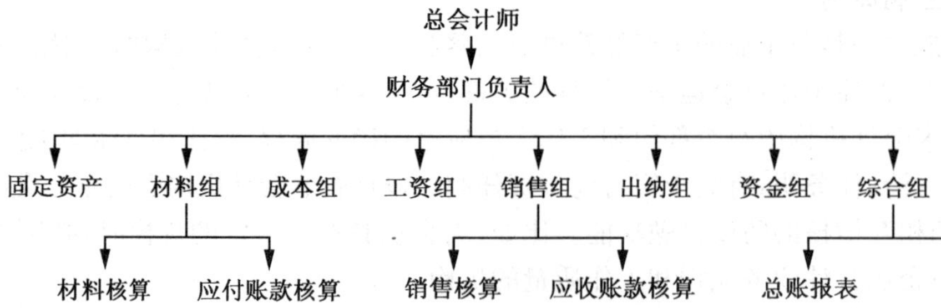

图 2—1 财务机构组织体系

在图 2—1 中，考虑到材料组、销售组和综合组的工作量较大，同时为了加强内部控制，又作了进一步的划分。如果企业的债权债务结算很大，也可单独设置“结算组”。总之，在人员配备许可的情况下，可参照图示设置财务机构的内部组织。做到事有专人管，人有专项责，职责分明，控制严密，分工合理，配合默契。

情境三　会计人员配备的设计

会计机构设计完成之后，应进行会计人员的配备及分工设计。

一、会计人员配备的原则

会计人员配备的原则有：编制合理、因岗设人和精兵简政。

会计人员的编制是指各单位从事会计工作所需人员的有效数量。合理确定会计人员的编制，不仅可以防止会计机构内部人浮于事、无事可做的现象，又能避免事多压人、劳逸不均的情况，有效保证会计机构效率，使会计机构低消耗地运转。

二、会计人员的层次结构及岗位的划分

根据会计工作量确认会计人员数量定额的同时，还应根据会计工作的要求确认会计人员的层次结构，使会计的各个岗位配备相应的各种专门会计人才，既要防止业务水平层次过高，造成人才的浪费，又要避免业务水平层次过低，不能满足工作的需要。力求做到人尽其才、才尽其用、力所能及。按照《会计法》的规定，从事会计工作的所有人员，都必须取得会计从业资格证书，这是对会计从业人员的基本要求。而对于担任会计机构负责人或会计主管的人员，则要求除取得会计从业资格证书外，还应当具备会计师以上专业技术职务资格或者从事会计工作 3 年以上经历。这就是说，对于不同岗位的会计人员有不同的业务水平要求，以便建立合理的会计人员结构。一般情况下，会计人员的层次结构，应按以下要求确定：

(1)大型企业事业单位、涉外经济单位、较高级别的行政机关，总会计师应由具有高级会计师任职资格的人担任；中型企事业单位的总会计师应由高级会计师或会计师担任；小型企事业单位可不设总会计师，但必须由精通财会业务的行政领导副职主管会计核算工作，行使总会计师的职权。

(2)财务机构负责人，如财务处长或财务部门经理，应由具有高级会计师或会计师资格的人担任，以便能够独立地组织和领导大中型企事业单位的会计工作，正确处理较为复杂的经济业务；小型企事业单位的财务机构负责人或会计主管人员，应由会计师或具有 3 年以上会计工作经历的助理会计师担任。

(3)财务机构内部各核算小组的负责人，应由具有助理会计师任职条件的人担任，以便保质保量地处理各类经济业务，独立完成任务。其余的一般会计工作则由具有会计从业资格的人员担任。

需要指出的是，负责领导财务工作的人员也应合理配置。总会计师一般不宜设副职，以免权责不相称或权责分不清；大中型企事业单位的财务处长或财务科长(财务部经理)可适当配备1～2名副职；小型企事业单位的财会部门负责人只需1人即可，不必再设副职。这样做有利于克服官僚主义，避免工作"扯皮"推诿现象，从而提高工作效率。

会计岗位划分是会计机构内部根据管理和控制要求、企业规模、工作量大小等，对会计工作进行合理的分工和组合，使会计机构内部形成若干相对独立的工作小组，专门负责某类经济业务的处理。合理划分会计工作岗位不仅有利于建立岗位责任制，使会计工作有条不紊地进行，而且有利于强化内部控制，做到相互制约、相互监督，防范错弊。

会计工作岗位可以一人一岗、一人多岗或一岗多人，但应符合内部牵制要求，坚持不相容职务相分离。出纳不得兼任稽核、会计档案保管以及收入、费用、债权债务等涉及货币资金收支明细账目的登记工作；会计工作应有计划地实行会计人员岗位轮换制度，以促使会计人员全面熟悉业务，不断提高业务素质。

常见的会计工作岗位设置有：总会计师、会计机构负责人或会计主管(如果会计与财务机构分设，还应设置财务主管)、出纳、稽核、总账报表、税务、合并报表、内部结算、存货明细账、固定资产明细账、债务债权明细账、薪酬明细账、成本费用明细账、采购明细账、销售明细账等。

开展会计电算化和管理会计的单位，可根据需要设置相应的工作岗位，也可与其他岗位相结合设立。

三、会计人员的职责

会计人员的职责，一般指担任各种职务或各工作岗位上的会计人员应承担的责任，或者说应尽的义务，它由企业会计工作的具体任务决定，是会计人员必须履行的岗位职责。按照《会计法》的有关规定，会计人员的主要职责是进行会计核算，实行会计监督，但对于不同岗位的会计人员来讲，其具体职责各不相同。因此，设计会计制度，应当结合会计机构的内部组织情况，将会计人员的职责加以明确化、具体化，以促使会计人员尽职尽责，努力完成本职工作。同时，也有利于考核各岗位会计人员的工作业绩，建立健全奖惩制度。

不同的岗位具有不同的职责。现就各个会计工作岗位的主要职责分别说明如下：

(一)总会计师职责

按照《总会计师条例》的规定，总会计师的主要职责如下：

(1)编制和执行预算、财务收支计划、信贷计划，拟订资金筹措和使用方案，开辟财源，有效地使用资金。

(2)进行成本费用预测、计划、控制、核算、分析和考核，督促本单位有关部门降低消耗，节约费用，提高经济效益。

(3)建立健全经济核算制度，利用财务会计资料进行经济活动分析。

(4)负责本单位财务机构的设置和财务人员的配备、为会计专业职务的设置和聘任提出方案。

(5)组织会计人员的业务培训和考核。

(6)协助主要行政领导人对企业的生产经营作出决策,参与新产品开发、技术改造、科技研究等方面的制订和重大经济合同的研究、审查等。

(7)监督本单位贯彻执行国家的各项财经政策、法规和制度。

(8)承办单位主要行政领导人交办的其他工作。

(二)财务机构负责人职责

(1)在总会计师的领导下,负责具体领导本单位的财会工作,组织开展会计核算和会计监督。

(2)组织制定本单位的财会、会计制度,并负责贯彻执行。

(3)参与编制各种经济计划和业务计划。

(4)监督各项资金的使用和分配,贯彻执行国家有关的财经政策与财政制度。

(5)负责会计人员的业绩考核、业务指导、岗位分工、工作协调等。

(三)财务机构内部各工作岗位的职责

(1)固定资产会计工作岗位的主要职责包括:①会同有关部门制定固定资产管理与核算办法;②参与核定固定资产需用量,编制固定资产更新改造和修理计划;③计算提取固定资产的折旧;④负责登记固定资产明细账和"累计折旧"账户;⑤参与固定资产的清查盘点以及使用效果的分析;⑥计算在建工程成本。

(2)材料会计工作岗位的主要职责包括:①会同有关部门制定材料管理与核算办法;②参与制定计划成本和消耗定额;③计算材料的实际采购成本,控制采购费用,分析材料成本差异;④负责登记材料采购、原材料、周转材料和应付账款等明细账,并负责应付账款的结算清理;⑤参与材料的清查盘点以及库存结构的分析。

(3)成本会计工作岗位的主要职责包括:①会同有关部门制定成本管理与核算办法;②参与编制成本费用的计划,并分析其执行情况;③计算产品生产成本,控制生产费用;④负责登记生产成本、制造费用和管理费用等明细账,编制成本和费用报表;⑤指导车间和班组的成本核算,参与在产品和半成品的清查盘点等。

(4)工资会计工作岗位的主要职责包括:①会同有关部门制定工资管理核算办法,参与编制工资计划;②计算并发放工资奖金;③负责工资和奖金的分配与核算;④计算提取应付福利费并监督其使用情况。

(5)销售会计工作岗位的主要职责包括:①会同有关部门制定产成品管理与核算办法;②参与编制销售计划和利润计划并监督其执行情况;③负责登记产成品、销售收入、应收账款、税金和利润等明细账以及发出商品的有关记录,并负责应收款项的及时清算和税金的上缴;④计算产品销售成本,控制销售费用和营业外支出;⑤编制销售和利润报表并分析计划的完成情况;⑥参与产成品的清查盘点以及库存情况的分析。

(6)税金会计工作岗位的主要职责包括:①会同有关部门制定资本金和银行借款的管理与核算办法;②参与编制资金计划并监督其执行情况;③负责登记资本金、对外投资及其他有关的明细账;④负责银行借款的及时归还和投资的收回。

(7)出纳工作岗位的主要职责包括:①会同有关部门制定库存现金、银行存款的管理与核算办法;②贯彻库存现金管理制度,把好现金收支关;③负责登记库存现金、银行日记账,并做到日清日结;④定期编制出纳报告单,反映货币资金收支情况。

(8)总账报表工作岗位的主要职责包括:①协助财务机构负责人组织会计工作;②负责记账凭证的汇总和总账的登记工作;③负责结账、对账,编制各种会计报表;④负责会计凭证、账簿和报表等档案的管理工作。

(9)稽核工作岗位的主要职责包括:①审核财务计划和成本计划;②审核各项财务收支,保证其合理合法;③复核会计凭证和账簿的记录,保证账证、账账和账实相符;④复核会计报表,保证其准确性。

以上9个会计工作岗位是在财会机构内部分为8个小组的基础上,对综合组又进行分工后设置的。在实际工作中,可根据机构内部分工粗细做出不同的职责规定。

情境四 会计档案管理制度的设计

一、会计档案的含义及种类

(一)会计档案的含义

会计档案是指会计凭证、会计账簿和财务报告等会计核算专业资料,是记录和反映企事业单位经济业务发生的重要史料与证据,属于单位的重要经济档案,是检查企事业单位过去经济活动的重要依据,也是国家档案的重要组成部分。

(二)会计档案的种类

(1)会计凭证类:包括原始凭证、记账凭证以及其他各种凭证。

(2)会计账簿类:包括总账、明细账、日记账、备查账等以及其他各种账册。

(3)财务报告类:包括会计报表、附表、会计报表附注以及其他各种财务报告。

(4)其他类:包括银行存款余额调节表,银行对账单,会计档案移交、保管和销毁清册以及其他应当保存的会计核算专业资料。

为了防止这些资料因散失、被篡改、被窃而泄露经济机密,企业必须加强管理,其管理办法也应在会计制度设计时加以规定。

在设计会计制度时,应根据《会计法》和《会计档案管理办法》,明确规定本单位会计档案管理的要求及整理、保管、利用、销毁会计档案的办法。

二、会计档案立卷与归档制度的设计

按照财政部、国家档案局发布的《会计档案管理办法》的规定,单位形成的各种会计档案,都应当由会计机构和会计人员按照归档要求,负责整理立卷,装订成册,编制会计档案保管清

册后交有关部门和人员统一管理。具体来讲，会计档案立卷与归档制度的设计，需要考虑以下内容：

(1)对取得和填制的各种会计凭证在登记账簿后，应按照凭证类别和时间顺序编号整理，定期装订成册并加具封面，说明起止日期、凭证种类及数量，由会计人员签章后归档。

(2)对一些重要的文件，如经济合同、中外合资企业的协议章程、决议、工程预算等相关会计资料，应单独装订成册并统一编号后归档。

(3)对各种会计账簿在年终结平或转记新账后，由会计人员装订成册、统一编号并由有关人员签章后归档。

(4)对各类财务报告，应按月份分类装订成册，加具封面并由有关人员签章后归档。

三、会计档案保管制度的设计

(一)会计档案保管的基本要求

(1)严格执行安全和保密制度，档案保管人调离工作时，确保会计档案不遗失、不破损、不霉烂，完好无缺。

(2)会计档案的信息不超过规定的传递范围。会计主体对会计档案必须进行科学管理，做到专人妥善保管、存放有序、查找方便。

(二)当年会计档案的保管

财政部和国家档案局颁布的《会计档案管理办法》规定，当年的会计档案，可在会计年度终了后由会计机构保管一年。期满后，由会计机构编写清册移交单位档案部门保管。

(三)会计档案的保管期限

会计档案保管期限分为永久保管和定期保管。

一般年度决算财务会计报告、会计档案保管清册、会计档案销毁清册应永久保管。其他会计资料进行定期保管。

永久保管的会计档案不得予以销毁。

(四)定期保管的种类和保管期限的计算

定期保管的期限分为 3 年、5 年、10 年、15 年、25 年五种。会计档案的保管期限，从会计年终了后的第一天算起。

(五)会计档案保管的特殊规定

(1)会计档案保管的特殊主体。会计档案保管的特殊主体为中外合资企业。

(2)会计档案保管的特殊规定。中外合资企业的年报及重要的会计档案如合营协议、合同、章程、董事会决议、投资估价清单、验资证明、会计师查账报告、长期经济合同、会计档案销毁清单必须长期保存，会计凭证、账簿和月、季报表至少保存 15 年。

(六)会计档案室须符合的条件

会计档案要保持通风、安全、干燥、防火、防水、防盗、防虫鼠。

四、会计档案借阅和销毁制度的设计

(一)会计档案的借阅

会计档案的借阅要点为：

(1)会计档案主要为本单位借阅人提供借阅服务。借阅人不得将会计档案携带外出，若要复制，必须经过领导批准。

(2)借阅人查阅和复制会计档案时，不得在会计档案上做任何记录、勾画和涂改，更不能拆封或抽换。

(3)外单位借阅会计档案需掌握的原则是会计档案原件不外借。外单位如有特殊需要必须借阅会计档案原件，须报经上级主管单位批准，但不得拆散原卷册，并限期归还。

(4)外单位借阅会计档案要有正式介绍信并经单位负责人批准；要详细登记借阅的档案名称、借阅日期、借阅人姓名及工作单位、借阅理由、归还日期等。

(二)会计档案的销毁

会计档案保管期限终结，可予以销毁。

(1)会计档案销毁的要点。

①写出销毁清单，填写“会计档案销毁清册”，注明会计档案的名称、卷号、册数、起止年度、档案编号、应保管与已保管期限、销毁时间等内容。

②报经会计主体领导和主管部门批准。

③销毁时应有监销人监销，防止泄密、丢失。监销人应在销毁清册上签章，并将销毁情况报告本单位领导。

(2)会计档案销毁的办法。会计档案销毁的办法为烧毁或交造纸厂处理。

(3)会计档案销毁的禁止性规定。会计主体作为建设单位在建设期间的相关会计档案，禁止销毁。

情境五　会计工作交接制度的设计

设计会计工作交接制度，应主要对交接前的移交准备、交接程序和内容以及监交等做出具体的规定。

一、关于移交准备工作的规定

会计人员因故离职时，必须向接替人员办理正式的会计移交手续，在移交手续未办妥前不得离职。移交人员因故不能承办移交手续时，经领导批准，可委托他人代办移交，但移交中的责任仍需由本人承担。在正式办理移交手续前，移交人必须做好以下准备工作：(1)对已经受理但尚未填制凭证的经济业务事项，应填制相应的凭证并登记入账。(2)对尚未登账的会计凭证应登记完毕，并在最后一笔余额后加盖印章。(3)将全部移交资料分类整理，做到账证相符、

账账相符、账表相符、账实相符。(4)对未了会计事项应写出书面材料,说明其内容、原因、处理办法及相关责任。

二、关于交接程序和内容的规定

会计工作的交接,应按移交清册逐项进行,接替人员应对移交内容逐项核对后再予以接收,包括:(1)库存现金、有价证券必须根据账簿余额盘点验收,账实不符时,移交人员应按规定时间和要求负责查清。(2)会计凭证、会计账簿、财务报告等各种会计档案必须完整无缺,发现资料短缺时应由移交人员查清原因。(3)银行存款账户余额要与银行对账单核对相符,如有未达账项,应编制银行存款余额调节表调节相符,各种资产、债权债务的账面余额应与实物或对方账户的余额核对相符。(4)移交人所使用的各种图章、印鉴必须齐全并交接清楚。

会计主管人员办理移交手续时,除了移交所经管会计事项外,还应将全部财会工作、重大财务收支、会计人员状况、下属单位的有关财会情况、与本单位财务往来密切的单位及人员情况等,向接替人员作详细介绍,以便接替人员尽快熟悉情况,开展工作。

在会计交接过程中,移交人员有责任解答接替人员对有关交接事项提出的质疑,不得以任何理由、任何形式借故拖延移交时间和移交项目。同样,接替人员也不得以任何借口推诿不接替。对双方均不解的会计事项应立据说明,并由移交人签字负责。

办理交接手续后,接替人员原则上应继续使用移交的账簿,不许自行另立新账,以保持会计记录的连续性。如果接替人员认为前任会计的有关会计处理不符合相关会计制度的规定,在征得会计机构负责人或单位负责人同意后,方可另立新账,并按有关规定办理更换账簿的手续。

三、关于监交的规定

会计人员办理交接时,必须有监督人员参加,以严格交接手续,分清是非,明确责任,保证交接工作的顺利进行。一般会计人员交接时,应由会计主管人员监交;会计主管人员交接时,应由单位负责人监交,必要时还可由上级部门派人会同监交。

会计工作交接完毕后,移交人员、接替人员和监交人员都必须在移交清册上签章,并注明单位名称,交接日期,交接人员姓名、职务及其他需要说明的事项和意见。移交清册一般一式三份,交接双方各执一份,存档一份。此外,负责监交的人员在会计交接完毕后,还应将交接情况向单位主管领导汇报。

情境六 内部会计管理制度的设计

内部会计管理制度是单位进行会计管理的依据,是会计组织系统正常运行的基础。各单位应根据《会计法》等相关法规和国家统一会计制度的规定,结合本单位实际情况和管理控制需要,建立健全相应的管理制度。内部会计管理制度的内容很多,包括会计监督制度、内部稽核制度、成本费用控制制度、财产管理制度、计量验收制度、定额管理制度、岗位责任制度、绩效考评制度、预算管理制度、财务分析制度、会计档案管理制度、会计工作交接制度等。这些制度有些与内部控制相关联，已在内部控制系统设计部分讲述；有些制度与会计信息系统密不可分，已经在会计信息系统设计部分讲述。下面主要对与会计组织系统相关的一些管理制度的设计进行介绍。

一、会计监督制度的设计

各单位应依据相关法律、法规、国家统一会计制度、内部控制规范的要求，制定会计监督制度。会计监督制度的内容至少应涵盖以下方面：

(1)对会计凭证进行审核和监督。对不真实、不合法的原始凭证，不予受理。对弄虚作假、严重违法的原始凭证，在不予受理的同时，应予以扣留，并及时向原单位领导人报告，请求查明原因，追究当事人的责任。对记载不准确、不完整的原始凭证，予以退回，要求经办人员更正、补充。

(2)对会计账簿进行审核和监督。对伪造、变造、故意毁灭会计账簿或账外设账的行为，应制止和纠正；制止和纠正无效的，应向上级主管单位报告，请求做出处理。

(3)对实物和款项进行监督。督促建立并严格执行财产清查制度，发现账簿记录与实物、款项不符时，应按国家有关规定进行处理。超出会计机构、会计人员职权范围的，应立即向本单位领导报告，请求查明原因，做出处理。

(4)对财务报告进行监督。对指使、强令编造、篡改财务报告的行为，应制止和纠正；制止和纠正无效的，应向上级主管单位报告，请求处理。

(5)对财务收支行为进行监督。①对审批手续不全的财务收支，应退回，要求补充、更正。②对违反规定不纳入单位统一会计核算的财务收支，应制止和纠正。③对违反国家统一的财政、财务、会计制度规定的财务收支，不予办理。④对认为是违反国家统一的财政、财务、会计制度规定的财务收支，应制止和纠正；制止和纠正无效的，应向单位领导人提出书面意见请求处理。单位领导人应在接到书面意见起十日内做出书面决定，并对决定承担责任。⑤对违反国家统一的财政、财务、会计制度规定的财务收支，不予制止和纠正，又不向单位领导人提出书面意见的，也承担责任。⑥对严重违反国家利益和社会公众利益的财务收支，应向主管单位或财政、审计、税务机关报告。

(6)对经济活动进行监督。对违反单位内部会计管理制度的经济活动，应制止和纠正；制止和纠正无效的，应向单位领导人报告，请求处理。

(7)对预算和计划进行监督。对单位制定的预算和财务计划、经济计划、业务计划等的执行情况进行监督。

二、内部稽核制度的设计

稽核制度是在会计机构内部指定专人对有关会计凭证、会计账簿进行审核、复查的一种制度，该制度的建立应结合会计人员岗位责任制度一并考虑。稽核制度的主要内容包括稽核工作组织形式和具体分工、稽核工作职责和权限、稽核工作程序和方法、稽核结果处理和使用等。

【模块案例】　××矿业大学财务稽核制度

第一条　为保证会计信息真实准确，加强会计监督，根据《中华人民共和国会计法》以及《会计基础工作规范》等有关规定，结合学校实际情况，制定本制度。

第二条　内部稽核程序：实行分级稽核制，即制票员初次审核原始凭证，审核员对记账凭证及原始凭证再次审核，复核员或指定的专人对会计凭证、账簿、报表及其他会计资料进行三次审核。

第三条　内部稽核环节：内部稽核制度按岗位职责的办法建立，分为制票员稽核、审核员稽核、复核员稽核、出纳员稽核、工资稽核共五大环节。

第四条　内部稽核对象和要素

1. 内部稽核的对象：支出报销凭证、收款凭证、银行结算凭证、往来结算凭证、缴拨款凭证、其他经济业务凭证（包括单据、报表、账册、合同、协议、文件等）。

2. 凡在经济业务发生时取得的原始凭证，必须具备下列要素：

(1)凭证的名称和填制日期；

(2)填制凭证的单位名称和填制人，以及填制人签章和填制单位的财务专用章（或发票专用章）；

(3)接受凭证单位的名称；

(4)经济业务的内容、品名规格、数量、单价和金额，金额大小写必须一致，不得涂改；

(5)接受凭证单位的经办人员、验收人员、单位主管人员签字；

(6)领款业务，必须有领款凭证，并经领款人和单位主管分别签字。

第五条　各类稽核岗位的职责

1. 制票员稽核岗位职责

(1)严格按稽核要素逐项审查原始凭证，对不真实、不合法或涂改过的原始凭证予以退回，要求经办人按规定办理。

(2)在稽核各类原始凭证的基础上，对开支有无计划、用款指标是否超支、开支是否符合国家的财经政策及制度规定、开支范围是否扩大、开支标准是否提高、收支是否符合现金管理条例等逐项稽核，不符合规定不予以制票，对无计划和超出用款指标的款项、报销等经济业务暂停办理，必要时请示领导。

(3)按制度规定填制记账凭证，项目要填写齐全，摘要要简明全面，金额要计算准确，科目要运用正确。

2. 审核员稽核岗位职责

(1)对制票人员制作的记账凭证及附件进行实时稽核，发现问题，要求制票人员按财务制度的规定改正。

(2)根据制度、指标、计划、合同、协议等，逐笔审核各项收支，发现问题，要求有关人员按制度规定予以改正。

(3)对工资、奖贷学金等人员经费发放清册逐项进行稽核,对计算错误、标准不符等问题,要求有关人员及时纠正。

3. 复核员稽核岗位职责

(1)对记账凭证和附件进行三次稽核,发现问题,要求制票人员和审核人员按财务制度的规定改正。发现重大问题直接向财务主管反映和建议。

(2)根据制度、指标、计划、合同、协议等,逐笔审核各项收支,发现问题,要求有关人员按制度规定予以改正,如有争议性的意见,及时报财务主管领导决定。

(3)对账簿、报表及其他会计资料稽核。稽核的基本要求为:账账相符、账表一致、数字准确、计算正确、内容完整,勾稽关系正确;报表补充资料齐全,上下期数字衔接,分析有理有据,文字说明清楚,报送及时等。发现问题,应及时反映,及时纠正。各类报表必须经财务主管审核,确认签章方能报出。

4. 出纳员稽核岗位职责

(1)现金出纳人员稽核记账凭证内容是否符合现金管理条例,缴领款人是否签章等。

(2)银行出纳人员稽核记账凭证银行单据内容与银行收付科目运用是否正确,金额是否准确,开户单位与账号是否相符,银行存款有无支付能力,大额支票支付是否按规定审批,缴、领款人是否签章等。不得签发空头支票和空白支票。

5. 工资、奖贷学金稽核岗位职责

(1)工资、奖贷学金稽核的基本要求:防止空额、重领、冒领、多计、少计和扣错等情况的发生,发现问题及时纠正。

(2)工资、奖贷学金稽核的具体内容:为工资调整通知、奖贷学金调整通知、人员调动通知、死亡通知、停薪通知、扣款通知等进行稽核,发现问题及时与有关单位联系。

(3)配合制票人员稽核预付工资、待领工资、奖贷学金的账目,发现差错,查明原因及时调整。

(4)定期与人事处、教务处、学工处、研究生院等有关部门核对名册,核对工资和助学金、奖贷学金的等级标准,发现差错及时处理。

第六条　本办法由财务处负责解释。

第七条　本制度自发文之日起实行,原《××矿业大学内部稽核制度》同时废止。

模块小结

本模块主要介绍了各种账务处理程序、设置会计机构的不同模式及会计人员岗位的设置。通过本模块的学习,应该了解会计核算组织程序设计的目标,理解会计核算组织程序选择的原理,理解会计机构的设置原则及其模式,理解会计人员岗位责任制的设计和会计人员的任职资格与配备。

模块训练

一、单项选择题

1. 责任、权力、利益三者之间不可分割，必须协调、平衡和统一。这是组织结构设计中的(　　)原则。

A. 责权利相结合　B. 分工协作　C. 目标任务　D. 统一指挥

2. 企业组织结构设计的出发点和依据是(　　)。

A. 责权利关系　B. 一项管理职能　C. 分工合作关系　D. 实现企业目标

3. 中小型企业会计组织机构一般宜采用(　　)。

A. 会计与财务分别设置形式　B. 会计与财务合并设置形式

C. 总会计师领导下的集中核算形式　D. 财务主管领导下的分散核算形式

4. 根据我国《会计法》的规定，国有和国有资产占控股地位或主导地位的大中型企业必须设置(　　)。

A. 财务处长　B. 财务总监　C. 会计师　D. 总会计师

5. 根据《会计基础工作规范》，下列不属于会计工作岗位的是(　　)。

A. 出纳　B. 会计电算化　C. 环境绩效考核　D. 成本费用核算

6. 我国负责会计工作的管理部门是(　　)。

A. 国有资产管理部门　B. 财政部门　C. 工商管理部门　D. 税务部门

7. 没有实行管理分工的组织结构是(　　)。

A. 直线型　B. 矩阵型　C. 职能型　D. 事业部制

8. 下列企业中，必须设置总会计师的是(　　)。

A. 大型中外合资企业　B. 大型国有企业　C. 大型民营企业　D. 大型外商独资企业

9. 组织中主管人员监督管辖其直接下属的人数越适当，就越能够保证组织的有效运行，这是组织机构设计工作中(　　)的内容。

A. 目标统一原理　B. 责权一致原理

C. 管理跨度原理　D. 集权与分权相结合原理

10. (　　)通常只有财务主管、会计、出纳等少数几个岗位，甚至只设会计和出纳两个岗位。

A. 总会计师领导下的集中核算模式　B. 总会计师领导下的分散核算模式

C. 财务主管领导下的分散核算模式　D. 会计部经理领导下的集中核算模式

二、多项选择题

1. 关于我国《会计法》对总会计师的设置，下列说法中不正确的是(　　)。

A. 所有企业都必须设置总会计师

B. 股份制公司必须设置总会计师

C. 行政事业单位必须设置总会计师

D. 国有和国有资产占控股地位或者主导地位的大中型企业必须设置总会计师

2. 会计组织系统设计的基本内容有(　　)。

A. 会计机构的设计　B. 会计人员的配备

C. 会计岗位的设置和分工　D. 会计工作管理制度的设计

E. 会计工作管理体制的设计

3. 在实行责任会计的企业里，对投资中心控制和考核的主要内容包括(　　)。

A. 营业利润　B. 毛利　C. 剩余收益　D. 投资报酬

E. 目标成本

4. 在对企业会计组织机构进行设置时应遵循的原则是(　　)。

A. 适应性原则　B. 保障性原则　C. 精简性原则　D. 岗位责任制原则

5. 按照现行财经法规、财务制度及国家、单位经济管理的客观要求，我国会计工作的主要任务包括(　　)。

A. 考核经济责任　B. 参与经营决策　C. 预测经济前景　D. 实行会计监督

E. 进行会计核算

6. 责任中心设置应遵循的基本原则有(　　)。

A. 与企业的组织机构相适应　B. 使责、权、利紧密结合

C. 能够划清责任，单独核算　D. 实施高度的集权管理模式

E. 建立内部结算制度

7. 企业组织结构设计的基本原则包括(　　)。

A. 目标明确原则　B. 分工协作原则　C. 责、权、利统一原则　D. 集权与分权原则

E. 合理管理跨度原则

8. 下列属于会计档案资料的有(　　)。

A. 银行对账单　B. 会计档案销毁清册　C. 库存现金日记账　D. 备查账

9. 任命单位会计主管人员，应考虑其(　　)。

A. 是否具有会计专业技术资格　B. 是否从事财务会计工作 3 年以上

C. 是否熟悉财经法律法规　D. 是否有较强的组织和沟通能力

E. 身体状况是否适应本职工作

10. 各种会计档案的保管期限，按其特点分为(　　)。

A. 临时保管　B. 定期保管　C. 不定期保管　D. 永久保管

E. 全部保管和非全部保管

三、判断题

1. 在事业部制的组织结构中，事业部实际上就是子公司。(　　)

2. 在组织结构设计中，工作岗位的设计应当因人而异，充分发挥每个人的潜能。(　　)

3. 所有保管到期的会计档案都必须销毁。(　　)

4. 电影院的观众是拥有特定的共同目标的群体，所以，他们是一个组织。(　　)

5. 为了达到某些特定目标，在分工合作基础上构成的人的集合，就是管理学意义上的组织。譬如某企业、某协会等。(　　)

6. 民营企业应设置总会计师之职。(　　)

7. 组织结构的具体模式有许多种，但其中最主要的是直线制和事业部制。(　　)

8. 所有单位都应当根据会计业务的需要设置会计机构。(　　)

9. 从事会计工作的人员必须取得会计从业资格证书才能上岗。(　　)

10. 出纳人员不得兼任稽核、会计档案保管和收入、支出、费用、债权债务等明细账目的登记工作。　（　）

四、案例分析题

××有限责任公司的会计机构组织架构如下图所示。该公司是一家中等规模的食品制造公司。公司设有财务部，财务部设有财务、会计和审计三个职能科室。财务科设出纳和筹资两个岗位，会计科设制单、记账、编表三个岗位，审计科设审核和预算两个岗位。财务部经理直接对董事长负责。

分析该公司会计机构设置存在的问题。你认为应该如何设置会计工作岗位？

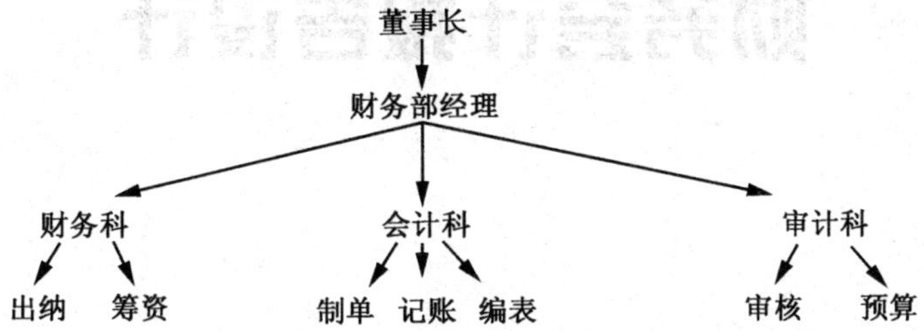

××有限责任公司的会计机构组织架构

模块三

财务会计报告设计

学习导航

了解：财务会计报告的设计意义和设计原则；所有者权益变动表的设计。

掌握：财务会计报告的基本内容；资产负债表、利润表和现金流量表的设计原理和格式以及其项目排列顺序的设计和提供的数据资料；对内会计报表的特点、设计要点、具体设计。

运用：资产负债表、利润表、现金流量表和所有者权益变动表的设计。

模块引例

鲁中公司为便于及时了解其购入商品的原价和购销差价，要求设置购货日记账进行登记。该企业采用科目汇总核算形式，为了简化汇总工作，要求在此日记账中对有关科目进行汇总，以便按期列入科目汇总表中。该企业还要求按期编报各类商品的购销情况表，其中有关购入商品的资料应通过此日记账的核算提供。

问题与任务：试为该企业设计这一购货日记账。

情境一　财务会计报告设计总论

一、财务报告的设计意义

会计工作的基本目的和任务是对企业内外部信息使用者提供预决策所需要的会计信息。通过设置科目、填制和审核会计凭证、开设并登记会计账簿等日常核算工作所得到的是零星的、分散的会计信息，参考价值甚微。因此，必须设计会计报表，对日常会计信息进一步进行整理、归纳和汇总，按照一定顺序对会计指标加以排列和组合，形成完整的会计报告体系。设计科学合理的会计报表，对于加强企业经营管理、满足与企业相关的各利害团体的需要、充分发挥会计在国民经济发展中的作用，都具有十分重要的意义。

(一)为企业经营管理者进行管理提供必要的信息资料

企业的经营管理者需要经常不断地考核、分析本企业的财务状况和经营情况，总结经验，查明问题存在的原因，改进经营管理工作，提高管理水平，预测经济前景，进行经营决策。所有这些工作能否顺利、正确地进行，很大程度上取决于会计人员提供的会计信息质量，而会计报表是提供会计信息的主要方式。

(二)为投资者进行投资决策提供必要的信息资料

企业的投资者包括国家、法人、外商和社会公众等。在投资前需要了解企业的资金状况和经济活动情况，以便做出正确的投资决策；投资后需要了解企业的经营成果、资金使用状况以及资金支付报酬的能力等资料。会计报表是投资者了解如上信息的唯一渠道。

(三)为债权人进行信贷和信用决策提供必要的信息资料

在商品经济条件下，商业信贷和商业信用是商品经济发展的重要因素。由商业信贷所形成的债权人主要包括银行、非银行金融机构，它们需要反映企业按时支付利息和偿还债务的资料。由商业信用所形成的债权人是商品经济条件下的一种债权人，也是企业最主要和最普遍的债权人。他们通过供应材料、设备及劳务等交易成为企业的债权人。此外，还有因公司发行债券所形成的债权人(包括法人和社会公众)，他们同样需要了解企业偿债能力的资料。会计报表是债权人了解这些信息的主要渠道。

(四)为财政、工商、税务等行政管理部门提供对企业实施管理和监督的各种信息资料

财政、工商、税务等行政管理部门履行国家管理企业的职能，负责检查企业的资金使用情况、成本计算情况、利润的形成和分配情况以及税金的计算和结缴情况，检查企业财经法纪的遵守情况。会计报表作为集中、概括反映企业经济活动情况及其结果的会计载体，是财政、工商、税务各部门对企业实施管理和监督的重要资料。

(五)为企业内部审计机构和外部审计部门检查、监督企业的生产经营活动提供必要的信息资料

审计包括企业内部审计和外部审计。内部审计是指企业内部成立的审计机构对本单位的会计工作实施的审计。外部审计包括国家审计和社会审计。国家审计是指由国家财政、审计等部门依法对企业会计工作实施的审计。社会审计是指会计师事务所对企业会计工作实施的审计。审计工作一般是从会计报表审计开始的，会计报表不仅能够为审计工作提供详尽、全面的数据资料，而且可以为进一步审计会计凭证和会计账簿指明方向。

二、财务报告的概念与组成

财务报告是企业对外提供的反映企业某一特定日期财务状况和某一会计期间经营成果、现金流量等会计信息的文件。财务报告是会计核算工作的结果，是企业经营活动的总结。财务报表是财务报告的核心，实际工作中称为会计报表，它是对企业财务状况、经营成果和现金流量的结构性描述。

为了达到财务报表有关决策有用和评价企业管理受托责任的目标，根据《企业会计准则第

30 号——财务会计报表列报》的规定，企业向外提供的财务报表至少应当包括资产负债表、利润表、现金流量表、所有者权益变动表，以及附注，简称“四表一注”。对于小型企业，所编制的财务报表可以不包括现金流量表。

财务报告是企业财务会计确认与计量的最终结果体现，它反映了企业财务状况、经营成果和现金流量等情况，从而可以预测未来的发展趋势。因此，财务报告是向投资者等财务报告使用者提供决策有用信息的媒介和渠道，是沟通投资者、债权人等使用者与企业管理层之间信息的桥梁和纽带。

三、会计报表的种类

(一)按照会计报表服务的对象不同，分为对外报表和对内报表

对外报表是按照我国现行会计准则和会计制度的规定，企业需要对外报送的会计报表，包括资产负债表、利润表、所有者权益变动表和现金流量表。这些对外报表的具体格式、编制方法和报送时间均由财政部统一设计颁布。

对内报表是由各企业根据自身的经营特点和管理要求自行规定、自行设计的会计报表。如制造业对内会计报表可以包括企业收支情况表、货币资金增减变动表、银行借款表和反映企业成本、费用情况的会计报表等。

(二)按照会计报表反映的资金运动形态不同，分为静态会计报表和动态会计报表

静态会计报表是综合反映企业在特定期资产、负债与所有者权益状况的报表，如资产负债表。

动态会计报表是综合反映企业在一定时期经营成果、所有者权益以及现金流量情况的报表，如利润表、所有者权益变动表和现金流量表。

(三)按照会计报表编制的时间不同，分为中期会计报表和年度会计报表

中期会计报表是指以中期为基础编制的会计报表。中期，是指短于一个完整的会计年度(自公历 1 月 1 日起至 12 月 31 日止)的报告期间，它可以是一个月、一个季度或者半年，也可以是其他短于一个会计年度的期间，如 1 月 1 日至 9 月 30 日的期间等。由此可以得出，中期财务报告包括月度会计报表、季度会计报表、半年度会计报表，也包括年初至本中期期末的会计报表。中期会计报表至少应当包括资产负债表、利润表、现金流量表，中期的资产负债表、利润表和现金流量表应当是完整报表，其格式和内容应当与年度财务报表相一致。

年度会计报表是指年度终了对外提供的会计报表。年报比中期会计报表揭示更完整、反映更全面。年报应包括资产负债表、利润表、现金流量表、所有者权益变动表。

(四)按照会计报表编报的主体不同，分为个别会计报表和合并会计报表

个别会计报表是由企业在自身会计核算基础上对账簿记录进行加工而编制的会计报表，它主要用以反映企业自身的财务状况、经营成果和现金流量情况。

合并会计报表是以母公司和子公司组成的企业集团为会计主体，根据母公司和所属子公司的会计报表，由母公司编制的综合反映企业集团财务状况、经营成果及现金流量的财务报表。

(五)按照会计报表编制单位不同,分为单位会计报表和汇总会计报表

单位会计报表是指由独立核算的会计主体编制的,用以反映该会计主体的财务状况、经营成果及其收支和成本、费用情况的会计报表。

汇总会计报表是由上级主管部门将其所属各基层单位的会计报表,与其本身的会计报表汇总编制而成的会计报表,用以反映一个部门或一个区域的经济情况。

四、会计报表设计的目标

(一)财务会计的目标决定了会计报表设计的目标

财务会计的目标是通过全面揭示企业的财务状况和经营成果及现金流量,为企业管理当局、现在的和潜在的投资者及债权人、政府管理部门以及其他信息使用者,提供尽可能准确、充分、通用、对决策有用的信息。而企业的会计报表就是向信息使用者传递上述会计信息的重要手段和途径,就是反映其财务状况和经营成果的书面文件。因此,财务会计的目标决定了会计报表设计的目标:以最简明扼要的形式,全面、系统、连续地提供反映企业经营成果、财务状况及现金流量的信息。正如美国著名会计学家埃尔登·S.亨德里克森所言:如果认为财务报表的使用者是可知的且财务报表对他们有特定的用途,财务报表才能包括与决策相关的信息,否则,财务报表提供的只是数据而非信息。因此,在设计企业会计报表时必须明确两个问题:会计报表的使用者是谁;会计报表的使用者需要哪些会计信息。只有确定了特定环境下会计报表的使用者以及他们需要什么信息和财务会计能够提供哪些信息,才能最终为确定财务会计报表的内容、构成与形式提供指南。

(二)企业组织形式与会计报表设计

现代社会中存在着不同组织形式的企业,它们具有不同的企业治理机构,存在不同的企业所有权与经营权之间的关系,并因此而拥有不同的信息使用者,这些信息使用者对会计信息的要求不完全一致,所以,对不同组织形式的企业,设计的会计报表也就应该不尽相同。在我国社会主义市场经济环境下,政府有关部门是会计信息的使用者,对会计信息的需求制约着企业的会计报表。除此之外,各类企业组织形式所拥有的不同信息使用者及其所需要的会计信息,对企业会计报表也产生制约。在各种各样的会计报表中,尤以年度报表最为复杂。

五、会计报表设计的原则

为了充分发挥会计报表的重要作用,实现财务会计的目标,便于会计报表使用者进行分析和决策,在设计会计报表时,应当遵循以下原则:

(一)报表指标体系完整

由于会计报表是由会计指标组成的表式报告,所以,会计指标必须具备完整性这一特点,才能通过会计报表全面反映企业的财务状况、经营成果和现金流量情况。

(二)统一性与灵活性相结合

由国务院发布的《企业财务会计报告条例》,已对企业的对外报表做出了原则性规定;由财政部发布的《企业会计制度》和一系列具体会计准则，也已对各种会计报表的格式、项目以及编制要求等做出了详细规定。企业必须严格遵守这些规定，但同时企业亦可以根据管理的实际需要，设计其他各种会计报表（主要是内部报表）和附注的内容说明，以满足各种不同信息使用者的要求。

（三）具有可比性与一贯性

会计报表的可比性是指会计报表要按照规定的方法编制，项目指标的口径一致，以便于同一时期的会计报表之间相互可比。会计报表的一贯性是指会计报表编制方法前后各期应当一致，不得随意变更，以便使不同时期的会计报表相互可比。

（四）便于编制与分析

为了使会计人员易于编制会计报表，所设计的会计报表应当清晰易懂。比如，表首清晰明了，项目分类明确，会计信息力求客观、统一和连贯。

为了方便有关人员对会计报表的分析使用，会计报表除应满足上述要求外，还可以考虑设置一些比较指标，如"上年实际"和"本年计划"等；亦可以考虑设置一些分析指标，如可在表内设置计算百分比的专栏，可在补充资料中设置诸如"流动比率""资金利润率"等分析指标。

六、会计报表内容的设计

由于会计报表是以价值尺度反映某一会计主体在某一会计时期的财务状况、某一会计期间内的经营成果及现金流量情况等，所以，会计报表设计的基本内容包括以下方面：

（一）报表名称与编号

报表名称即所编会计报表的名称与编号，如：资产负债表，会企 01 表；现金流量表，会企 03 表；所有者权益增减变动表，会企 01 表附表 2。报表名称反映报表所提供指标的经济内容，报表编号则反映该报表在整个报表体系中的排列位置和重要程度。所以，在设计时要将报表的名称和编号放在显著位置。

（二）报表日期

报表日期即所编会计报表的日期或会计报表所包括的会计期间，如 2014 年 12 月 31 日、2015 年第一季度、2014 年度。报表日期指明会计报表所提供的各项指标内容的时间或时间范围。

（三）编制单位

编制单位即编制会计报表的单位。编制单位界定了所提供会计信息的空间范围。

（四）币种与金额单位

币种与金额单位即所编会计报表报告货币的种类与金额单位。如某母公司在香港的子公司，除需要按港币以元为单位编制资产负债表外，还要按人民币以元为单位编制资产负债表。指明编制会计报表的币种与金额单位，有助于使用者理解会计报表的内容。

（五）文字

文字即所编会计报表使用的文字。如某中外合资经营企业同时使用中文与英文编制会计报表。编制会计报表所使用的文字直接影响到报表使用者对其内容的理解。

(六)会计信息指标体系

会计信息指标体系即所编会计报表中各项信息指标的名称、金额及其相互关系。会计信息指标体系应符合财务报告的要求。某一报表的指标体系用于反映该报表所要揭示的会计信息。

(七)会计报表附注

会计报表附注是对会计报表的编制基础、编制依据、编制原则和方法及主要项目等所作的解释,是为了便于会计报表使用者理解会计报表的内容而做出的。它是对会计报表所作的补充说明,是企业财务会计报告的重要组成部分。如企业重要会计政策和会计估计变更的说明,以及重大会计差错更正的说明,就属于会计报表附注的内容。

情境二 对外会计报表的设计

对于构成资产负债表的资产、负债与所有者权益这三大会计要素,在每一会计要素内部,其若干项目的排列次序是不同的。

一、资产负债表的设计

(一)资产负债表设计的依据

资产负债表是反映企业某一特定日期(月末、季末、中期期末、年末)财务状况的报表。资产负债表列示了企业在特定日期所拥有或控制的经济资源、所承担的现有义务和所有者对企业资产的要求权。资产负债表以“资产=负债+所有者权益”这一基本会计等式为理论依据。其编制原理是把企业特定日期(通常是期末)的资产、负债和所有者权益项目按一定分类标准和排列次序予以排列而形成一定格式的报表,其设计的优点是对资产、负债和所有者权益等关系的列示比较直观,能一目了然地看出企业的财务状况,便于对资产负债表进行结构分析。

(二)资产负债表表首的设计

资产负债表的表首包括报表名称、编制报表的单位名称、时间以及金额单位四项内容。特别值得一提的是,资产负债表是静态报表,反映的是某一特定日期的财务资料,因此,其时间必然是一个时点而非时期。报表的13期应是会计期间确定的结账的13期,而不是编制资产负债表的日期。为了便于阅读分析,应在表首中标明金额单位。关于表首的结构,即它的四项内容的排列顺序,一般有两种方式:一是将编制报表的单位名称列在表首的左侧(见表3-1);二是将编制报表的单位名称列示于表名之上。国际会计惯例一般采用后者,而我国企业惯于采用前者,或是将编制报表的单位名称列在报表名称之前,两者置于一行(见表3-2)。

表 3—1 资产负债表

编制单位： 年 月 日 单位:元

资 产	负债和所有者权益
具体项目(略)	具体项目(略)

表 3—2 ×××公司资产负债表

年 月 单位:元

资 产	负债和所有者权益
具体项目(略)	具体项目(略)

(三)资产负债表格式的设计

资产负债表的格式通常有两种，即账户式和报告式。账户式资产负债表，也称横式资产负债表，是根据“资产＝负债＋所有者权益”这一会计等式，将报表分为左右两方，左方列示资产，右方列示权益。权益部分又可分为上下两块，上面列示负债，下面列示所有者权益。资产负债表的左右双方金额必定相等。这种左右结构的格式，形式如同“T”字形账户，所以被称为账户式。这种格式的优点在于最后一行数字平衡，便于阅读和对比分析资产、负债、所有者权益各项目的相互关系，也可以避免表身过长，故较普遍采用，其简化格式见表 3—3。

表 3—3 资产负债表

编制单位： 年 月 日 单位:元

资 产	负债和所有者权益
资产:(略)	负债:(略) 所有者权益:(略)

报告式资产负债表，也称直式、顺序式或叙述式资产负债表，是根据 “资产－负债＝所有者权益”这一会计等式，按从上到下的顺序排列，即上面为资产，中间为负债，下面为所有者权益。运用这种格式编制的资产负债表，篇幅过长，不便于阅读，其简化格式见表 3—4。

表 3—4 资产负债表

编制单位： 年 月 日 单位:元

资 产	负债和所有者权益
资产:(略) 负债:(略) 所有者权益:(略)	

在备抵式下，有关项目的金额是经过抵减后以其净额列示出来。例如，按照《企业会计制度》规定的资产负债表格式，短期借款、应收账款、其他应收款、存货、长期股权投资、长期债权

投资、在建工程和无形资产等项目，均是以账面余额扣除计提的减值准备后的金额填列；而长期应付款项目则根据“长期应付款”科目的期末余额减去“未确认融资费用”科目期末余额后的金额填列。在直接式下，有关项目的金额直接以其账面余额填列。例如，按照《企业会计制度》规定的资产负债表格式，有关固定资产的“固定资产原价”“累计折旧”“固定资产减值准备”各项目的金额就是以其账面余额直接填列的。

(四)资产负债表项目的设计

1. 项目排列顺序的设计

表内各项目如何排列，是依据一定的理论决定的。从国际惯例看，在市场经济条件下，由于竞争激烈，优胜劣汰是普遍规律，当企业以举债作为主要筹资方式时，负债占总资产的比重较大，经常会有债务到期而需立即偿还的现象，这时企业是否有足够的偿债能力就成为债权人十分关心的问题，也是企业管理者关注的重点。因此，按资产变现快慢来排列资产项目就很有必要，将变现速度快的排在前，稍慢的次之，最慢的排在最后，恰恰反映市场经济的竞争规律。我国现有的资产负债表各项目的排列也按此惯例进行。至于表右方的权益项目，将临时性权益(负债)排在前、永久性权益(所有者权益)排在后，恰好与表左方资产的排列形成一种对应关系，显示出该表构造上的科学性。

2. 项目金额的设计

为了反映企业财务状况与前期相比的变动情况，资产负债表的各项目均需设计“年初余额”和“期末余额”两栏。资产负债表“年初余额”栏内项目的数字，应根据上年年末资产负债表“期末余额”栏内所列的相应数字填列。如果本年度资产负债表规定的各个项目名称和内容与上年度不一致时，应对上年年末资产负债表各项目的名称和数字按照本年度的规定进行调整，填入资产负债表“年初余额”栏内。资产负债表“期末余额”栏内各项目数字，一般根据本期总账和有关明细账的期末余额填列。有些项目的数字不能直接根据账户的期末余额填列，而应根据有关项目的特定要求，对账簿的资料进行整理、加工、分析和计算后才能填列。其格式如表 3—5 和表 3—6 所示。

表 3—5　　**资产负债表(账户式)**

编制单位：　　年　月　日　　单位：元

资　产	年末余额	年初余额	负债和所有者权益(或股东权益)	年末余额	年初余额
流动资产：			流动负债：		
货币资金			短期借款		
交易性金融资产			交易性金融负债		
应收票据			应付票据		
应收账款			应付账款		

续表

资　产	年末余额	年初余额	负债和所有者权益（或股东权益）	年末余额	年初余额
预付款项			预收款项		
应收利息			应付职工薪酬		
应收股利			应交税费		
其他应收款			应付利息		
存货			应付股利		
一年内到期的非流动资产			其他应付款		
其他流动资产			一年内到期的非流动负债		
流动资产合计			其他流动负债		
非流动资产：			流动负债合计		
可供出售金融资产			非流动负债：		
持有至到期投资			长期借款		
长期应收款			应付债券		
长期股权投资			长期应付款		
投资性房地产			专项应付款		
固定资产			预计负债		
在建工程			递延所得税负债		
工程物资			其他非流动负债		
固定资产清理			非流动负债合计		
生产性生物资产			负债合计		
油气资产			所有者权益(或股东权益)：		
无形资产			实收资本(或股本)		
开发支出			资本公积		
商誉			减：库存股		
长期待摊费用			专项储备		
递延所得税资产			盈余公积		
其他非流动资产			一般风险准备		
非流动资产合计			未分配利润		

续表

资　产	年末余额	年初余额	负债和所有者权益（或股东权益）	年末余额	年初余额
			所有者权益合计		
资产总计			负债和所有者权益（或股东权益）总计		

法定代表人：　　主管会计工作负责人：　　会计机构负责人：

表 3－6　　**资产负债表（报告式）**

编制单位：　　年　月　日　　单位：元

项　目	行　次	年初数	期末数
流动资产：			
货币资金			
交易性金融资产			
应收票据			
应收账款			
预付款项			
应收利息			
应收股利			
其他应收款			
存货			
一年内到期的非流动资产			
其他流动资产			
流动资产合计			
非流动资产：			
可供出售金融资产			
持有至到期投资			
长期应收款			
长期股权投资			
投资性房地产			
固定资产			
在建工程			

续表

项　目	行　次	年初数	期末数
工程物资			
固定资产清理			
生产性生物资产			
油气资产			
无形资产			
开发支出			
商誉			
长期待摊费用			
递延所得税资产			
其他非流动资产			
非流动资产合计			
资产总计			

法定代表人：　　　　　　　　主管会计工作负责人：　　　　　　　　会计机构负责人：

二、利润表的设计

(一)利润表设计的依据

利润表是反映企业在一定会计期间(月份、季度或年度)经营成果(或亏损下同)的报表。企业在一定会计期间的经营成果一般是指企业在一定期间内实现的利润,包括收入减去费用后的净额等。

(二)利润表表首的设计

利润表同样包括表首和表体两部分。利润表表首也由报表名称、编制报表的单位名称、时间以及金额单位四项内容构成。除了反映的时间不同外,利润表表首的其他部分与资产负债表表首的设计相同。该报表的名称很多,除了“利润表”,还有“损益表”“收益表”等。我国《企业会计准则》和《企业会计制度》选用了“利润表”这一名称。由于利润表是反映企业在一定期间的经营成果及其分配情况的动态报表,其时间单位应是某一特定期间。其表达方式可以为“自××××年××月××日至××××年××月××日止”,或“××月份”“××季度”“××××年度”,或“截至××月××日止的××××年度”。利润表表首的结构与资产负债表一样,既可将编制报表的单位名称列示于表首的左侧,也可将编制报表的单位名称列示于表名之上。

(三)利润表格式的设计

我国统一会计制度采用的是多步式利润表。多步式利润表是根据利润的组成内容分多步计算出利润的方式。这种结构的优点是可以清楚地看出利润的组成情况,有利于分析利润的内部结构。其缺点是不便于了解企业的总收入、总费用。

多步式利润表在项目排列上贯彻了重要性原则，将企业的主要利润来源项目（营业收入）排在最前面，将其他来源排在后面。

单步式利润表，是将所有收入项目排在一起，所有费用项目排在一起，不加以分段，然后计算出利润总额和净利润的结构。这种结构比较简单，符合传统的思维方式，其缺点是不能反映利润的组成情况。

（四）利润表项目的设计

利润表表内的项目，一般应列示营业收入、营业成本、营业税金及附加、销售费用、管理费用、财务费用、资产减值损失、公允价值变动收益、投资收益、营业外收入、营业外支出、利润总额、所得税费用、净利润、基本每股收益和稀释每股收益等。对于利润表内的每一个项目，应分别列出"本期金额"和"上期金额"。"本期金额"来源于本期损益类账户的发生额净额，"上期金额"来源于上年同期金额，即上年同期利润表中的"本期金额"，以便于比较分析。利润表的设计，就是将上述项目及其他资料以什么方式和格式进行有规律的排列组合。利润表的具体格式见表3－7、表3－8。

表3－7　　**利润表（多步式）**

编制单位：　　年　月　　单位：元

项　目	本期金额	上期金额
一、营业收入		
减：营业成本		
营业税金及附加		
销售费用		
管理费用		
财务费用		
资产减值损失		
加：公允价值变动收益（损失以"－"号填列）		
投资收益（损失以"－"号填列）		
其中：对联营企业和合营企业的投资收益		
二、营业利润（亏损以"－"号填列）		
加：营业外收入		
减：营业外支出		
其中：非流动资产处置损失		
三、利润总额（亏损总额以"－"号填列）		

续表

项　目	本期金额	上期金额
减:所得税费用		
四、净利润(净亏损以"—"号填列)		
五、每股收益		
(一)基本每股收益		
(二)稀释每股收益		
六、其他综合收益		
七、综合收益总额		

法定代表人:　　　　主管会计工作负责人:　　　　会计机构负责人:

表 3—8　　　　**利润表(单步式)**

编制单位:　　　　年　　月　　　　单位:元

项　目	本期金额	上期金额
一、收入		
营业收入		
公允价值变动收益		
投资收益		
营业外收入		
二、支出		
营业成本		
营业税金及附加		
销售费用		
管理费用		
财务费用		
资产减值损失		
营业外支出		
所得税费用		
三、净利润		

法定代表人:　　　　主管会计工作负责人:　　　　会计机构负责人:

三、现金流量表的设计

(一)现金流量表的设计依据

现金流量表是反映企业在一定会计期间现金和现金等价物流入和流出情况的报表。现金流量表中的现金是指企业库存现金以及可以随时用于支付的存款,不能随时用于支付的存款不属于现金;现金等价物是指企业持有的期限短、流动性强、易于转换为已知金额现金、价值变动风险很小的投资。期限短,一般是指从购买日起三个月内到期。现金等价物通常包括三个月内到期的债券投资等。权益性投资变现的金额通常不确定,因而不属于现金等价物。企业应当根据具体情况确定现金等价物的范围,一经确定不得随意变更。现金流量是指现金和现金等价物的流入和流出。

现金流量表的设计原理是"现金流入量－现金流出量＝现金净流量"的平衡公式,现金净流量之和即为企业总的现金流量,汇总反映现金及现金等价物净增加额。现金流量表是资产负债表和利润表的补充说明,反映和揭示企业的理财过程,企业至少应每年编报一次。

(二)现金流量表格式及项目的设计

1. 格式设计

现金流量表的设计,同样包括表首设计和表体设计两部分。现金流量表的表首与利润表表首的设计基本相同,也包括报表名称、编制报表的单位名称、时间以及金额单位四项内容。除了报表名称与利润表的表首不同外,其余三项均与利润表一致。

现金流量表的格式有两种:一种是直接法,另一种是间接法。其中直接法以本期营业收入为起算点,调整与经营活动有关的流动资产和流动负债的增减变动,列示营业收入和其他收入的收现、营业成本与其他费用的付现,以现金收支表达各项经营活动的现金流量。具体格式见表3－9。而间接法是以本期的盈亏金额为起算点,调整部分涉及现金的收入费用、营业外支出以及与经营活动有关的流动资产及流动负债的增减变动。具体格式见表3－10。通常把由间接法编制的现金流量表作为由直接法编制的现金流量表的补充资料。

2. 项目设计

一般企业现金流量表的格式主要按经营活动现金流量、投资活动现金流量和筹资活动现金流量三部分列示,并要求提供"本期金额"及"上期金额"两种数据资料。"本期金额"主要来源于资产负债表和利润表上的数据以及相关补充资料,"上期金额"来源于上年同期金额,即上年同期现金流量表中的"本期金额",以便于比较分析。

表3－9　　**现金流量表(直接法)**

编制单位:　　年　月　　单位:元

项　目	本期金额	上期金额
一、经营活动产生的现金流量:		
销售商品、提供劳务收到的现金		

续表

项　目	本期金额	上期金额
收到的税费返还		
收到其他与经营活动有关的现金		
经营活动现金流入小计		
购买商品、接受劳务支付的现金		
支付给职工以及为职工支付的现金		
支付的各项税费		
支付其他与经营活动有关的现金		
经营活动现金流出小计		
经营活动产生的现金流量净额		
二、投资活动产生的现金流量：		
收回投资收到的现金		
取得投资收益收到的现金		
处置固定资产、无形资产和其他长期资产收回的现金净额		
处置子公司及其他营业单位收到的现金净额		
收到其他与投资活动有关的现金		
投资活动现金流入小计		
购建固定资产、无形资产和其他长期资产支付的现金		
投资支付的现金		
取得子公司及其他营业单位支付的现金净额		
支付其他与投资活动有关的现金		
投资活动现金流出小计		
投资活动产生的现金流量净额		
三、筹资活动产生的现金流量：		
吸收投资收到的现金		
取得借款收到的现金		
发行债券收到的现金		
收到其他与筹资活动有关的现金		
筹资活动现金流入小计		

续表

项　目	本期金额	上期金额
偿还债务支付的现金		
分配股利、利润或偿付利息支付的现金		
支付其他与筹资活动有关的现金		
筹资活动现金流出小计		
筹资活动产生的现金流量净额		
四、汇率变动对现金及现金等价物的影响		
五、现金及现金等价物净增加额		
加:期初现金及现金等价物余额		
六、期末现金及现金等价物余额		

法定代表人:　　　　　　主管会计工作负责人:　　　　　　会计机构负责人:

表 3—10　　　　**现金流量表(间接法)**

编制单位:　　　　　　年　　月　　　　　　单位:元

补充资料	本期金额	上期金额
1. 将净利润调节为经营活动现金流量:		
净利润		
加:资产减值准备		
固定资产折旧、油气资产折耗、生产性生物资产折旧		
无形资产摊销		
长期待摊费用摊销		
处置固定资产无形资产和其他长期资产的损失(收益以“—”号填列)		
固定资产报废损失(收益以“—”号填列)		
公允价值变动损失(收益以“—”号填列)		
财务费用(收益以“—”号填列)		
投资损失(收益以“—”号填列)		
递延所得税资产减少(增加以“—”号填列)		
递延所得税负债增加(减少以“—”号填列)		
存货的减少(增加以“—”号填列)		
经营性应收项目的减少(增加以“—”号填列)		

续表

补充资料	本期金额	上期金额
经营性应付项目的增加(减少以"-"号填列)		
其他		
经营活动产生的现金流量净额		
2. 不涉及现金收支的重大投资和筹资活动		
债务转为资本		
一年内到期的可转换公司债券		
融资租入固定资产		
3. 现金及现金等价物净变动情况		
现金的期末余额		
减:现金的期初余额		
加:现金等价物的期末余额		
减:现金等价物的期初余额		
现金及现金等价物净增加额		

法定代表人: 主管会计工作负责人: 会计机构负责人:

四、所有者权益变动表的设计

(一)所有者权益变动表的设计依据

所有者权益变动表反映企业年末所有者权益的各组成部分当期增减变动的情况。所有者权益变动表设计的依据是按所有者权益项目的年初数与年末数进行比较,全面揭示在一定时期所有者权益的变动情况。它包括当期损益、直接计入所有者权益的利得和损失以及与所有者的资本交易导致的所有者权益的变动。各项应当分别列示。企业至少每年年末编制一次所有者权益变动表。

(二)所有者权益变动表格式的设计

为了清楚地表明构成所有者权益各组成部分当期的增减变动情况,所有者权益变动表以矩阵的形式列示。一方面列示导致所有者权益变动的交易或事项,不是按照所有者权益的各组成部分反映所有者权益变动情况,而是按所有者权益变动的来源对一定时期所有者权益变动情况进行全面反映;另一方面按照所有者权益各组成部分(包括实收资本、资本公积、盈余公积、未分配利润和库存股)及其总额列示交易或事项对所有者权益的影响。

所有者权益变动表采用分别项目列示的方法,表中至少应当单独列示反映下列项目:净利润;直接计入所有者权益的利得和损失项目及其总额;会计政策变更和差错更正的累积影响金额；所有者投入资本和向所有者分配利润等；按照规定提取的盈余公积、实收资本、资本公积和未分配利润的期初和期末余额及其调节情况。

根据财务报表列报准则的规定，企业需要提供比较所有者权益变动表，因此，所有者权益变动表还就各项目再分为“本年金额”和“上年金额”两栏分别填列。所有者权益变动表的各项目应根据“实收资本”“资本公积”“盈余公积”“利润分配”等科目的发生额分析后填列。其格式如表3－11所示。

表3－11　　**所有者权益变动表**

编制单位：　　年　月　　单位：元

项　目	本年金额							
	实收资本	资本公积	减：库存股	专项储备	盈余公积	一般风险准备	未分配利润	所有者权益合计
一、上年年末余额								
加：1. 会计政策变更								
2. 前期差错更正								
3. 其他								
二、本年年初余额								
三、本年增减变动金额（减少以“－”号填列）								
（一）净利润								
（二）其他综合收益								
上述（一）和（二）小计								
（三）所有者投入和减少资本								
1. 所有者投入资本								
2. 股份支付计入所有者权益的金额								
3. 其他								
（四）利润分配								
1. 提取盈余公积								
2. 提取一般风险准备								
3. 对所有者（或股东）的分配								
4. 其他								
（五）所有者权益内部结转								
1. 资本公积转增资本（或股本）								

续表

项　目	本年金额							
	实收资本	资本公积	减：库存股	专项储备	盈余公积	一般风险准备	未分配利润	所有者权益合计
2. 盈余公积转增资本(或股本)								
3. 盈余公积弥补亏损								
4. 其他								
(六)专项储备								
1. 本期提取								
2. 本期使用								
(七)其他								
四、本年年末余额								

法定代表人：　　　　　　　主管会计工作负责人：　　　　　　　会计机构负责人：

情境三　对内会计报表的设计

对内会计报表是企业内部经营管理者进行预决策的重要依据，由于企业的经营规模和管理要求不同，因此，不同时期因管理需要不同，报表的种类也有所不同。

一、对内会计报表的特点

与对外会计报表相比，对内会计报表的设计权完全归属于企业，没有统一性，因此在报表的种类、内容、格式及编报时间上都不同。其特点表现如下：

(一)报表内容有较强的针对性

对外会计报表的报送对象是外界信息使用者，为了满足不同信息使用者的需要，会计报表的内容具有普遍性；而对内会计报表是为了满足本单位管理部门或管理人员的特定管理要求设计的，其内容具有较强的针对性。

(二)报表指标的多样性

在对外会计报表中，为了综合反映企业财务状况和经营成果，便于信息使用者对指标的分析和评价，采用的指标都是价值指标。而对内会计报表是为企业的经营管理服务的，其使用重点是通过对报表指标的分析、比较和评价，检查计划和预算执行情况和结果，分析计划和预算执行中存在的问题和不足，总结计划和预算执行过程中的经验，以便提高企业的管理水平，因此，采用的指标不仅有价值指标，还应有实物指标；不仅有绝对指标，还应有相对指标；不仅有定量指标，还应有定性指标。

(三)编报期限的灵活性

对外会计报表都是要求定期编报的报表,具有报表报送的最后限制期间;而对内会计报表根据报表的使用要求和报送对象,应具有一定的灵活性,既可按年、季、月定期编报,也可根据企业经营和内部管理的需要不定期编报。

二、对内会计报表的设计要点

对内会计报表是企业进行经营预测和决策、考核评价经营业绩的重要依据,其设计是否适宜将直接关系到企业的经营决策,因此,设计对内会计报表时应符合以下要点:

(一)适用性

设计对内会计报表时,在指标内容上应力求具有专题性、前瞻性和实用性,不要求全面系统,而要求按使用者的需要设计,做到针对性强、实用价值高、要点易于编制。

(二)简明性

对内会计报表是直接为企业生产、经营、管理服务的,在适用的基础上,其格式和指标名称应尽量简单明了。

(三)及时性

企业管理层做出的预决策具有极强的时效性,而报表信息是企业预决策的主要依据,不得拖延。

三、对内会计报表的具体设计

(一)日常管理用报表的设计

企业日常管理主要是指货币资金管理、存货管理和销售管理。为了适应日常管理的需要,通常需要编制反映当期货币增减变动和结余情况、当日或一定时期存货增减变动和结存情况以及当日和一定时期商品销售情况的会计报表。这类报表可以按日编制,也可以视业务量按周、旬或月编制。

1. 货币资金增减变动情况表的设计

货币资金增减变动情况表是反映企业库存现金及银行存款每日增减变动及其余额情况的会计报表,由出纳员在每日业务终了,根据库存现金、银行存款日记账及其他有关资料编制。设计该表的目的是报送财务负责人和企业主要领导,以便其及时掌握企业库存现金和银行存款的变动情况,合理调配资金,并准确作出货币资金的使用决策。

为全面反映企业各项货币资金的变动、结余和存放情况,便于资金调度,设计时应突出三方面内容:一是当日实际资金余额,由昨日账面余额,加上本日增加金额,再减本日减少金额计算得出;二是本日货币资金增加的渠道和减少的去向;三是资金的存放地点和账户。货币资金增减变动情况表的一般格式如表 3—12 所示。

表 3－12　　货币资金增减变动情况表

年　月　日　　单位：元

项　目	库存现金	银行存款	合　计	备　注
一、昨日账面余额				
加：营业收入				
融资收入				
投资收入				
欠款收回				
其他收款				
减：营业支出				
归还欠款				
投资支出				
其他支出				
二、本日账面余额				
未记账增加额				
未记账减少额				
三、本日实际余额				

法定代表人：　　主管会计工作负责人：　　会计机构负责人：

2. 银行借款报告单的设计

银行借款报告单是对企业各种银行借款的借入、偿还和欠款情况进行详细反映的报表，由主管银行借款的会计人员在每月月末根据短期借款、长期借款账簿记录以及相关资料编制。设计该表的目的是报送财务负责人和企业主要负责人，使其及时了解和掌握银行借款的增减变动和余额情况，以便加强银行借款管理，按期归还借款。表中项目应按银行借款的种类（短期借款、长期借款）划分，分别反映其每月的借入、归还和欠款数。银行借款报告单的一般格式如表 3－13 所示。

表 3－13　　银行借款报告单

年　月　日　　单位：元

项　目	短期借款	长期借款	合　计	备　注
一、上月欠款总额				
其中：逾期未还额				
二、本月借款总额				

续表

项 目	短期借款	长期借款	合 计	备 注
三、本月还款总额				
四、月末欠款总额				
其中:逾期未还额				

法定代表人: 主管会计工作负责人: 会计机构负责人:

3. 采购日报表的设计

采购日报表是对企业每日材料或商品购进的详细情况进行反映的报表,由主管材料和应付款业务的会计人员在每日工作结束时,编制并报送材料采购部门和其他有关部门,以便其及时了解采购计划的执行情况,加强对采购业务的管理。为了反映材料采购资金的结算情况,应按现购和赊购分别列示。采购日报表的一般格式如表 3—14 所示。

表 3—14 **采购日报表**

年 月 日 单位:元

进货编号	客户名称	型号	单位	数量	单价	金额	进项税额	应付账款总额
合 计								

法定代表人: 主管会计工作负责人: 会计机构负责人:

4. 销货日报表的设计

销货日报表是对每日商品销售情况进行详细反映的报表,一般由主管销售和应收款业务的会计人员在每日工作结束时编制并报送企业主要负责人及其他有关部门,以便他们及时了解和掌握企业销售计划的执行情况,及时发现问题,调整销售方式,改进销售策略,增加销售收入及减少销售风险。为了反映销货的结算情况,也应按现销和赊销分开列示。销货日报表的一般格式如表 3—15 所示。

表 3—15

销货日报表

年　　月　　日　　　　单位：元

出货编号	客户名称	型号	单位	数量	单价	金额	销项税额	应收账款总额
合　计								

法定代表人：　　　　主管会计工作负责人：　　　　会计机构负责人：

(二)成本费用报表的设计

成本费用报表是根据日常成本核算资料定期编制，用以反映企业成本费用与产品成本水平及构成情况，以考核和分析企业在一定时期内各项费用与生产成本计划执行情况及结果的报告文件。由于成本费用是反映企业生产经营活动的综合性指标，所以对于一个企业来说，成本费用报表是十分重要的对内报表之一。费用报表主要有成本费用明细表、管理费用明细表、制造费用明细表和销售费用明细表等。成本报表主要有商品产品成本表、主要产品单位成本表。成本费用报表一般由企业自行设计。

费用类报表的设计是为了反映企业在年度内发生的各种费用，分析各项费用的构成及增减变动情况，考核各项费用计划的执行结果，以便进一步采取措施，压缩开支，降低费用。其中，制造费用明细表的一般格式见表 3—16。

表 3—16

制造费用明细表

单位：元

费用项目	本年计划数	上年同期实际数	本月实际数	本年累计实际数
职工薪酬				
办公费				
差旅费				
水电费				
折旧费				
修理费				
租赁费				
其他				
合　计				

法定代表人：　　　　主管会计工作负责人：　　　　会计机构负责人：

成本费用明细表、管理费用明细表和销售费用明细表的基本格式与制造费用明细表相同，只是在费用项目设计上有所差异。

商品产品成本表的设计是为了反映企业在月份、年度内生产的全部产品的总成本和各种主要商品产品的单位成本和总成本，同时考核全部商品产品和主要商品产品成本计划的执行结果，分析各种可比产品成本降低任务的完成情况。

主要产品单位成本表的设计是为了反映企业在月份、年度内生产的各种主要产品单位成本构成情况，为了考核各种主要产品单位成本计划的执行结果，分析各成本项目和消耗定额的变化及其原因，并便于在生产同种产品的企业之间进行成本对比。主要产品单位成本表的一般格式见表3—17。

表3—17　**主要产品单位成本表**

年　　月　　产品名称:　　单位:元

成本项目	行业平均水平	上年实际水平	本年计划	本月实际	本年实际平均
直接材料					
直接人工					
其他直接支出					
制造费用					
合计					
主要技术经济指标					

管理费用分析表的一般格式见表3—18。

表3—18　**管理费用分析表**

年　　月　　单位:元

项　目	本月数	本年累计	全年累计	上年累计	完成计划%	同比±%
办公费						
业务招待费						
差旅费						
工会经费						
印花税						
保险费						
合　计						

（三）资金报表的设计

资金报表的设计可根据企业资金管理需要灵活进行，其设计要点是确定分析对象，明确分析目的，表格设计简明。资金报表主要包括资金结构分析表、资金定额分析表、资金结构变化分析表、资金使用效益分析表四类。资金结构分析表的一般格式见表3—19。

表3—19 **资金结构分析表**

年 月 日

单位：元

项 目	本月数	本年累计	全年累计	上年累计	完成计划%	同比±%
办公费						
业务招待费						
差旅费						
工会经费						
印花税						
保险费						
合 计						

资金结构变化分析表，如主要流动资产结构变化分析表，其基本格式见表3—20。

表3—20 **主要流动资产结构变化分析表**

年 月 日

流动资产项目	期 末		期 初		增减变动	
	金额	比重	金额	比重	金额	比重
货币资金						
应收账款						
原材料						
在产品						
库存商品						
合 计						

资金使用效益分析表，如流动资金周转率分析表，其基本格式见表3—21。

表3—21 **流动资金周转率分析表**

年

项 目	上年数	计划数	本年实际数	差异		差异分析
				与上年比	与计划比	
销售额 全部流动资金平均余额						

续表

项　目	上年数	计划数	本年实际数	差异		差异分析
				与上年比	与计划比	
全部流动资金周转次数						
全部流动资金周转天数						

以上各类资金报表,可用来反映企业的资金结构、各种资金定额占用、资金结构变化以及资金的使用效益情况,以此评价企业资金使用的效率和效果。

(四)经营业绩报表的设计

经营业绩报表(或称内部利润报表)的设计,主要用于满足利润预测和利润分析检查的需要。因各单位具体需要不同,内部经营业绩报表的种类和格式设计也不同,常用的内部利润报表有利润计划完成情况分析表、利润预测报告和主营业务利润分析表等。

利润计划完成情况分析表是分析反映一个企业经济效益好坏的综合性报告。此表可反映利润实际数比计划数或上期数等的增减变化情况及各个环节的影响程度。利润计划完成情况分析表以利润表为基础进行编制,其一般格式见表3—22。

表3—22　　利润计划完成情况分析表

年　　月　　单位:元

项　目	本　期				累　计			
	计划数	实际数	增或减	百分比	计划数	实际数	增或减	百分比

利润预测报告集中反映利润预测结果,为企业领导确定企业管理目标提供数据,同时为企业财会部门编制财务计划,进行利润管理提供科学依据。利润预测报告的一般格式见表3—23。

表3—23　　利润预测报告

报送单位:　　年　　月

项　目	金额	A产品		B产品		C产品	
		金额	百分比	金额	百分比	金额	百分比
预计单价							
预计销售量							
预计销售收入							

续表

项　目	金额	A产品		B产品		C产品	
		金额	百分比	金额	百分比	金额	百分比
变动成本							
贡献毛益							
固定成本							
利润							

模块小结

本模块是对企业财务会计报告的介绍，编制财务会计报告是对会计核算工作的全面总结，也是及时提供合法、真实、准确、完整会计信息的重要环节。因此，本模块是会计制度设计的一个较为重要的组成部分。

模块训练

一、单项选择题

1. 按照《企业会计制度》的规定，资产负债表采用的格式是(　　)。

A. 账户式和直接式的结合　　B. 报告式、备抵式与直接式的结合

C. 账户式、备抵式和直接式的结合　　D. 账户式和备抵式的结合

2. 现行资产负债表中，资产项目排列顺序的设计应依据资产的(　　)。

A. 流动性　　B. 重要性　　C. 稳定性　　D. 货币性

3. 我国现行资产负债表中，确定负债排列顺序的依据是(　　)。

A. 货币性　　B. 偿付手段

C. 偿还顺序　　D. 入账时应付金额是否肯定

4. 下列有关资产负债表设计的说法中，不正确的是(　　)。

A. 资产负债表的账户式结构是根据“资产＝负债＋所有者权益”设计的

B. 资产负债表的报告式结构是根据“资产－负债＝所有者权益”设计的

C. 账户式受固定格式的限制，报告式不受格式的限制

D. 我国会计制度规定，资产负债表格式采用报告式

5. 不属于对内会计报表设计的原则是(　　)。

A. 适用性　　B. 简明性　　C. 及时性　　D. 排他性

二、多项选择题

1. 下列有关利润表设计的表述中，正确的是(　　)。

A. 利润表有多步式和单步式结构

B. 单步式利润表不利于掌握利润的构成情况和分析利润升降的原因

C. 多步式利润表有利于掌握利润的构成情况和分析利润升降的原因

D. 我国会计制度规定，利润表格式采用单步式

2. 下列不属于期间费用报表的是(　　)。

A. 利润分析设计表　　B. 管理费用分析表

C. 制造费用明细表　　D. 销售费用报表

三、判断题

1. 货币资金增减情况变动表的设计目的是报送财务负责人和企业主要领导，以便其及时掌握企业库存现金和银行存款的变动情况，合理调配资金，并准确作出货币资金的使用决策。　(　　)

2. 银行借款报告单是对企业各种银行借款的借入、偿还和欠款情况进行详细反映的报表，由主管银行借款的出纳员在每月月末根据短期借款、长期借款账簿记录以及相关资料编制。　(　　)

模块四

会计账务处理程序设计

学习导航

了解:会计账务处理程序的概念和意义。

掌握:会计账务处理程序的种类,每一种会计账务处理程序的优缺点和适用范围。

运用:按照企业经济业务的要求,结合企业经济业务的特点,设计适合不同企业使用的会计账务处理程序。

模块引例

个体户李明经营机电设备多年。2015 年年初,他与另外两人共同投资 100 万元成立了天安机电设备有限公司,主要业务是机电设备批发。公司人数为 60 人,预计年销售额为1 000万元。

问题任务:公司可能使用的会计账务处理程序有哪些?

情境一　会计账务处理程序概述

一、账务处理程序的概念和种类

(一)账务处理程序的概念

账务处理程序也称会计核算组织程序,是指对会计数据记录、归类、汇总、呈报的步骤和方法。即从原始凭证的整理、汇总,记账凭证的填制、汇总,日记账、明细分类账的登记,到会计报表编制的步骤和方法。

(二)账务处理程序的种类

目前,在我国会计核算工作的实践中,所采用的账务处理程序主要有三类:

(1)以记账为基础的账务处理程序,包括多栏式日记账账务处理程序和通用日记账账务处理程序。

（2）以记账凭证为基础的账务处理程序，包括记账凭证账务处理程序、科目汇总表账务处理程序以及汇总记账凭证账务处理程序，其应用较为普遍。

（3）总账账务处理程序。

这些账务处理程序既有共同点，又都有各自的特点和内容。其共同之处是：都要根据原始凭证编制记账凭证，根据原始凭证和记账凭证登记日记账和明细分类账，在账账核对相符的基础上，根据账簿记录编制财务报表。其特殊性主要体现在登记总账的依据和程序不同。

二、账务处理程序设计的意义与要求

（一）账务处理程序设计的意义

企业发生经济业务，必须经过填制会计凭证、登记账簿和编制会计报表等一系列会计处理过程，完整、集中、系统地反映该单位的经济活动过程和经营管理情况，为相关决策者提供有用的会计信息。而凭证、账簿和会计报表就是会计信息的载体（即记录手段）。为了使会计信息的处理工作有条不紊地进行，保证会计信息的质量和会计工作的效率，及时、准确地提供管理所需的信息，就必须将会计凭证、账簿和报表加以科学地组合，形成一定的会计处理程序。这种将会计凭证、账簿和会计报表进行科学组合的方式，就称为账务处理程序，又称为会计核算形式。设计科学合理的账务处理程序，具有以下意义：

（1）可以提高会计工作效率；

（2）可以保证会计核算质量；

（3）可以节约核算费用。

（二）账务处理程序设计的要求

账务处理程序虽有多种，但各企业在设计适合本单位的账务处理程序时，主要应考虑下列要求：

1. 适合经济业务的特点

根据国家的有关规定，以《企业会计准则》为指导，结合本企业的特点，如业务繁简、规模大小、管理要求等，设计适合本单位的账务处理程序。合理的、适用的账务处理程序应有利于会计工作的分工协作，加强岗位责任制和实现内部控制。

2. 满足经营管理的需要

适合的账务处理程序，应能正确、及时、完整地提供会计信息，提高会计信息的质量和效益，以满足本企业经营管理和国家综合平衡的需要。

情境二 会计账务处理程序设计概述

一、会计账务处理程序的设计

(一)记账凭证账务处理程序的设计

1. 记账凭证账务处理程序的特点

记账凭证账务处理程序的主要特点是:直接根据记账凭证,逐笔登记总分类账。记账凭证账务处理程序也是最基本的账务处理程序,其他账务处理程序都是在此基础上发展演变而形成的。在记账凭证账务处理程序下,记账凭证可以采用通用格式,也可以采用专用格式(即收款凭证、付款凭证和转账凭证);现金(银行存款)日记账一般采用三栏式;总分类账采用三栏式,并按每一总分类科目开设账页;明细分类账则可根据管理需要,分别采用三栏式、数量金额栏式或者多栏式。

2. 记账凭证账务处理程序的内容

(1)根据原始凭证编制汇总原始凭证。为了简化会计核算工作,对于经济业务内容相同的原始凭证,应尽可能地先将其予以汇总,然后再根据汇总后的原始凭证编制记账凭证。

(2)根据原始凭证或汇总原始凭证,编制各种记账凭证(包括收款凭证、付款凭证和转账凭证)。

(3)根据收款凭证和付款凭证,逐日逐笔登记现金(银行存款)日记账。

(4)根据原始凭证或汇总原始凭证和记账凭证,登记各种明细分类账。

(5)根据记账凭证,逐笔登记总分类账。

(6)月末,将现金(银行存款)记账的余额、明细分类账的余额分别与总分类账中的相关账户的余额相核对。

(7)月末,根据审核无误的总分类账和明细分类账的记录编制会计报表。

记账凭证账务处理程序的基本内容如图 4—1 所示。

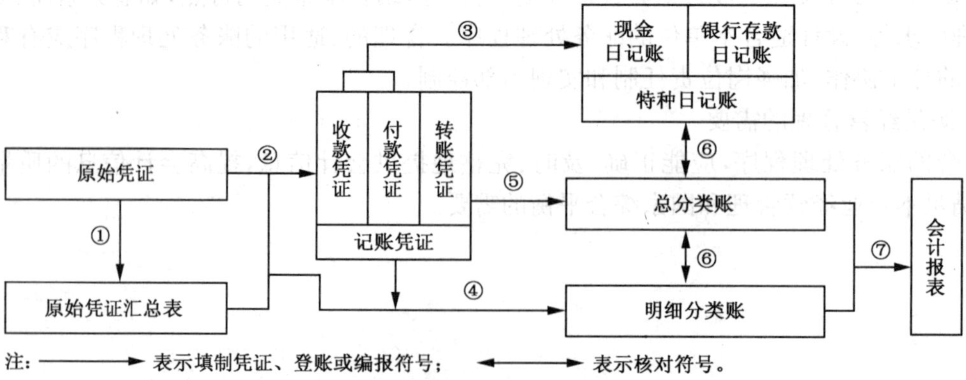

图 4—1 记账凭证账务处理程序

3. 记账凭证账务处理程序的优缺点和适用范围

记账凭证账务处理程序的优点是手续简便，易于理解，总分类账比较详细地反映了经济业务情况，来龙去脉清楚，便于了解经济业务的动态和核对账目。其缺点是由于总分类账直接根据记账凭证逐笔登记，如果企业规模大、经济业务繁多，就会使得记账凭证较多，加大登记总分类账的工作量。因而这种账务处理程序一般适用于规模小、业务量少、记账凭证不多的企业。

(二)科目汇总表账务处理程序的设计

1. 科目汇总表账务处理程序的特点

科目汇总表账务处理程序的主要特点是：定期将所有记账凭证进行汇总编制科目汇总表，再根据科目汇总表登记总分类账。由于科目汇总表是根据记账凭证汇总编制而成的，因此，科目汇总表也称为记账凭证汇总表。相应地，科目汇总表账务处理程序也称为记账凭证汇总表账务处理程序。与记账凭证账务处理程序相似，在科目汇总表账务处理程序下，记账凭证可以采用通用格式，也可以采用专用格式(即收款凭证、付款凭证和转账凭证)；现金(银行存款)日记账一般采用三栏式；总分类账采用三栏式，并按每一总分类科目开设账页；明细分类账则可根据管理需要，分别采用三栏式、数量金额栏式或多栏式。

2. 科目汇总表的编制方法

科目汇总表是根据一定时期内的全部记账凭证，按会计科目进行归类编制的。在科目汇总表中，分别计算出每一总账科目的借方发生额的合计数与贷方发生额的合计数。由于借贷记账法的记账规则是“有借必有贷，借贷必相等”，所以在编制的科目汇总表中，全部总账科目的借方发生额合计数必定等于其贷方发生额的合计数。科目汇总表的编制时间根据企业经济业务量的多少来确定，可以每月汇总一次，也可以每旬汇总一次。科目汇总表可以每汇总一次编制一张，也可以每月编制一张。其格式如表4－1、表4－2所示。

表4－1　　**科目汇总表(格式一)**

年　月　日至　日　　　　第　号

会计科目	借方金额	贷方金额	账页
合　计			

会计：　　记账：　　审核：　　制表：

表 4—2　　科目汇总表(表格二)

年　月　　第　号

会计科目	1~10 日		11~20 日		21~31 日		本月合计		总账账页
合　计									

会计：　记账：　审核：　制表：

3. 科目汇总表账务处理程序的基本内容

(1)根据原始凭证编制汇总原始凭证。

(2)根据原始凭证或汇总原始凭证，编制记账凭证。

(3)根据收款凭证和付款凭证，逐日逐笔登记现金(银行存款)日记账。

(4)根据原始凭证或汇总原始凭证和记账凭证，登记各种明细分类账。

(5)根据一定时期内的全部记账凭证，定期汇总编制科目汇总表。

(6)根据定期编制的科目汇总表，登记总分类账。

(7)月末，将现金(银行存款)日记账的余额、明细分类账的余额分别与总分类账中的相关账户的余额相核对。

(8)月末，根据审核无误的总分类账和明细分类账的记录编制会计报表。

科目汇总表账务处理程序的基本内容如图 4—2 所示。

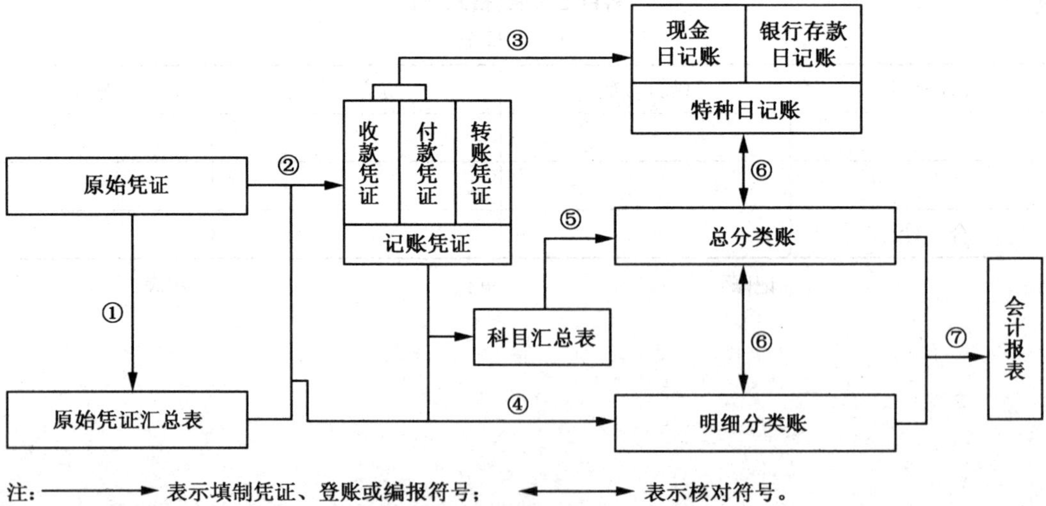

注：——→ 表示填制凭证、登账或编报符号；←——→ 表示核对符号。

图 4—2　科目汇总表账务处理程序

4. 科目汇总表账务处理程序的优缺点和适用范围

科目汇总表账务处理程序的优点：由于总分类账的登记期是根据科目汇总表的编制时间而定，采用了汇总登记总分类账的方法，故大大减少了登记总分类账的工作量；并且编制科目汇总表的方法简便易学，还能起到试算平衡的作用。其缺点是：在科目汇总表和总分类账中，不能反映各科目之间的对应关系，不便于分析和检查经济业务的来龙去脉和核对账目。因此，这种账务处理程序一般适用于经济业务量大、记账凭证较多的企业，尤其是业务较多的中小型企业。

(三)汇总记账凭证账务处理程序的设计

1. 汇总记账凭证账务处理程序的特点

汇总记账凭证账务处理程序的特点是：先定期将全部记账凭证按收、付款凭证和转账凭证分别归类编制汇总记账凭证，再根据各种汇总记账凭证登记总分类账。在汇总记账凭证账务处理程序下，除设置收款凭证、付款凭证和转账凭证外，还应设置汇总收款凭证、汇总付款凭证和汇总转账凭证，作为登记总分类账的依据。与记账凭证账务处理程序和科目汇总表账务处理程序相同，设置的现金(银行存款)日记账采用三栏式；设置的总分类账，按每一总账科目设置账页，采用三栏式；设置的各种明细分类账，根据需要可采用三栏式、多栏式和数量金额式。

2. 汇总记账凭证账务处理程序的内容

(1)根据原始凭证编制汇总原始凭证。

(2)根据原始凭证或汇总原始凭证编制记账凭证。

(3)根据收款凭证和付款凭证，逐日逐笔登记现金(银行存款)日记账。

(4)根据原始凭证或汇总原始凭证和记账凭证登记各种明细分类账。

(5)根据一定时期内的全部记账凭证，定期编制汇总收款凭证、汇总付款凭证和汇总转账凭证。

(6)根据定期编制的汇总收款凭证、汇总付款凭证和汇总转账凭证，登记总分类账。

(7)月末，将现金(银行存款)日记账的余额、明细分类账的余额分别与总分类账中的相关账户的余额相核对。

(8)月末，根据审核无误的总分类账和明细分类账的记录编制会计报表。

汇总记账凭证账务处理程序的基本内容如图 4—3 所示。

3. 汇总记账凭证账务处理程序的优缺点和适用范围

汇总记账凭证账务处理程序的优点是：由于汇总记账凭证是根据一定时期内全部记账凭证，按照科目对应关系进行归类、汇总编制而成，因而在登记总分类账时也保持了科目之间的对应关系，这样可以清楚地反映经济业务的来龙去脉，便于进行会计分析和检查，这就弥补了科目汇总表账务处理程序的不足。其缺点是：汇总转账凭证是按每一贷方科目，而不是按经济业务的性质归类汇总，因而不利于会计核算工作的分工；虽然登记总分类账的工作量得到了简化，但编制汇总记账凭证的工作量也比较大。因此，这种账务处理程序一般适用于规模大、经济业务较多的企业，尤其是业务量大的大中型企业。

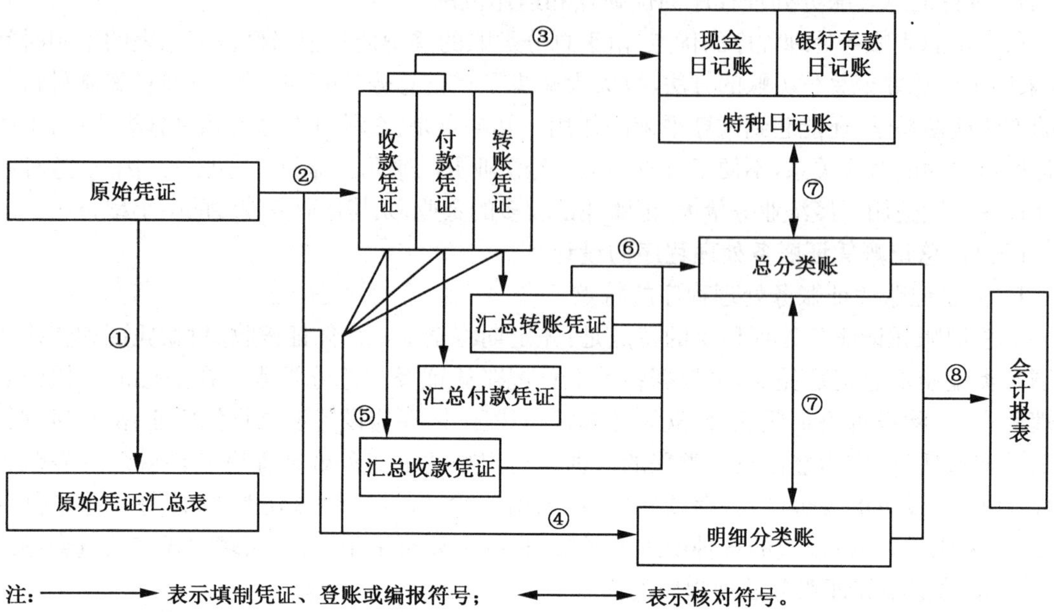

图4—3　汇总记账凭证账务处理程序

二、以日记账为基础的账务处理程序的设计

(一)多栏式记账账务处理程序的设计

1. 多栏式日记账账务处理程序的特点

多栏式日记账账务处理程序的主要特点是：设置多栏式现金（银行存款）日记账和转账日记账（或转账凭证科目汇总表），分别汇总现金、银行存款的收付业务和转账业务以后，月末，根据多栏式记账一次登记总分类账。在多栏式日记账账务处理程序下，设置的现金（银行存款）日记账采用多栏式；设置的总分类账，按每一总账科目设置账页，采用三栏式；设置的各种明细分类账，根据需要可采用三栏式、多栏式和数量金额式。

2. 多栏式日记账的格式及总分类账的登记

多栏式日记账一般根据会计科目分设专栏，其格式如表4—3所示。

表4—3　多栏式日记账

年		凭证		摘　要	收入（贷方科目）			支出（借方科目）			余　额
月	日	字	号				合计			合计	

根据多栏式日记账登记总分类账的方法是：月末，根据多栏式日记账收入合计栏的本月发生额合计数记入现金或银行存款总分类账的借方，并根据收入栏下各专栏对应科目的本月发生额合计数记入有关总分类账的贷方；根据多栏式日记账支出合计栏的本月发生额合计数记入现金或银行存款总分类账的贷方，并根据支出栏下各专栏对应科目的本月发生额合计数记入有关总分类账的借方。对于现金和银行存款之间的相互划转业务，由于已分别包括在现金日记账和银行存款日记账的收入和支出合计栏内，所以不必再根据现金、银行存款专栏的合计数登记现金和银行存款的总分类账，以避免重复登记。

3. 多栏式日记账账务处理程序的内容

(1)根据原始凭证编制汇总原始凭证。

(2)根据原始凭证或汇总原始凭证编制记账凭证。

(3)根据收款凭证和付款凭证，逐日逐笔登记多栏式现金(银行存款)日记账；根据转账凭证登记转账日记账(或于月末编制转账凭证科目汇总表)。

(4)根据原始凭证或汇总原始凭证和记账凭证，登记各种明细分类账。

(5)月末，根据多栏式现金(银行存款)日记账、多栏式转账日记账(或转账凭证科目汇总表)登记总分类账。

(6)月末，将现金(银行存款)日记账的余额、明细分类账的余额分别与总分类账中的相关账户的余额相核对。

(7)月末，根据审核无误的总分类账和明细分类账的记录编制会计报表。

多栏式日记账账务处理程序的基本内容如图 4—4 所示。

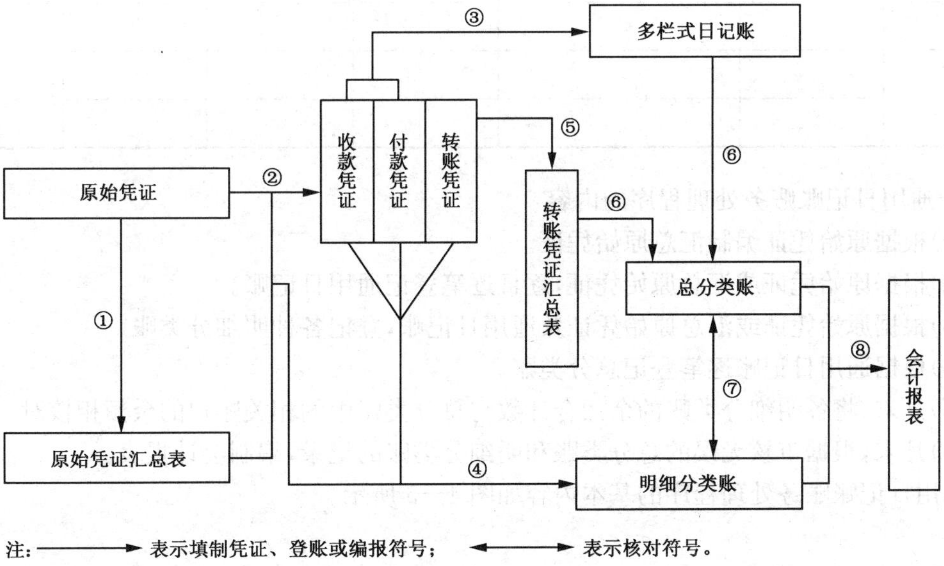

图 4—4　多栏式日记账账务处理程序

4. 多栏式日记账账务处理程序的优缺点和适用范围

多栏式日记账账务处理程序的优点是：多栏式日记账汇总收款凭证和汇总付款凭证的作用，既简化了登记总分类账的工作量，又能清楚地反映经济业务中货币资金的来龙去脉。其缺点是：如果企业的经济业务繁多，多栏式日记账所设的专栏势必增多，账页篇幅过长，不便于分工记账。此外，根据日记账登记总分类账，降低了账簿之间相互牵制的作用。因此，这种账务处理程序一般适用于收付款业务较多、需要对货币资金加强监督的企业。

(二)通用日记账账务处理程序的设计

1. 通用日记账账务处理程序的特点

通用日记账账务处理程序的主要特点是：将所有经济业务按所涉及的会计科目，以分录的形式记入通用日记账，再根据通用日记账登记总分类账。在通用日记账账务处理程序下，不编制记账凭证，而是根据原始凭证和汇总原始凭证直接登记通用日记账。这种做法实际上是用订本式的账簿代替记账凭证，是记账凭证与日记账的结合。

通用日记账一般采用三栏式(如表4—4所示)；设置的总分类账簿一般采用不反映对应科目的借、贷、余三栏式；一般不设现金日记账和银行存款日记账，现金和银行存款的收付金额和余额均需通过现金总账和银行存款总账来了解，或者根据通用日记账的相应记录计算得出；设置的各种明细分类账，根据需要可采用三栏式、多栏式和数量金额式。

表4—4　　通用日记账

年		原始凭证	摘　要	会计科目	借方金额	贷方金额	记　账
月	日						

2. 通用日记账账务处理程序的内容

(1)根据原始凭证编制汇总原始凭证。

(2)根据原始凭证或汇总原始凭证，逐日逐笔登记通用日记账。

(3)根据原始凭证或汇总原始凭证及通用日记账，登记各种明细分类账。

(4)根据通用日记账逐笔登记总分类账。

(5)月末，将各明细分类账的余额合计数与总分类账中的相关账户的余额相核对。

(6)月末，根据审核无误的总分类账和明细分类账的记录，编制会计报表。

通用日记账账务处理程序的基本内容如图4—5所示。

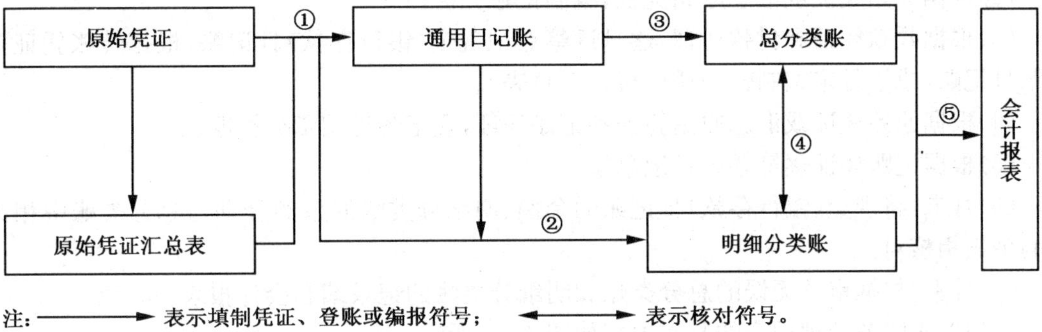

图 4—5　通用日记账账务处理程序

3. 通用日记账账务处理程序的优缺点和适用范围

通用日记账账务处理程序的优点是：减少了编制记账凭证的大量工作，便于了解经济单位每项经济业务的发生和完成情况，便于按经济业务发生的时间和顺序查阅资料。其缺点是：只设一本通用日记账，不便于会计核算分工；根据原始凭证和汇总原始凭证直接登记通用日记账，容易出现记账错误；根据通用日记账登记总分类账，会加大登账的工作量。因此，这种账务处理程序一般适用于运用电子计算机技术进行会计核算的企业。

三、日记总账账务处理程序的设计

(一)日记总账账务处理程序的特点

日记总账账务处理程序的主要特点是：设置一本既是日记账又是总分类账的联合账簿——日记总账，并根据所有经济业务编制的记账凭证直接登记日记总账。在日记总账账务处理程序下，除需特别设置多栏式日记总账(如表 4—5 所示)外，其他与上述几种账务处理程序相同，一般采用三栏式格式设置的账簿有现金(银行存款)日记账及根据需要可以采用三栏式、多栏式和数量金额式的各种明细分类账。

表 4—5　日记总账

年		凭证字号	摘　要	发生额	会计科目		会计科目		会计科目	
月	日				借方	贷方	借方	贷方	借方	贷方
			本月合计							
			月末余额							

(二)日记总账账务处理程序的内容

(1)根据原始凭证编制汇总原始凭证。

(2)根据原始凭证或汇总原始凭证,编制记账凭证。

(3)根据收款凭证和付款凭证,逐日逐笔登记现金(银行存款)日记账;根据转账凭证登记转账日记账(或于月末编制转账凭证科目汇总表)。

(4)根据原始凭证或汇总原始凭证和记账凭证,登记各种明细分类账。

(5)根据记账凭证逐笔登记日记总账。

(6)月末,将现金(银行存款)日记账的余额、明细分类账的余额分别与总分类账中相关账户的余额相核对。

(7)月末,根据审核无误的总分类账和明细分类账的记录编制会计报表。

日记总账账务处理程序的基本内容如图 4—6 所示。

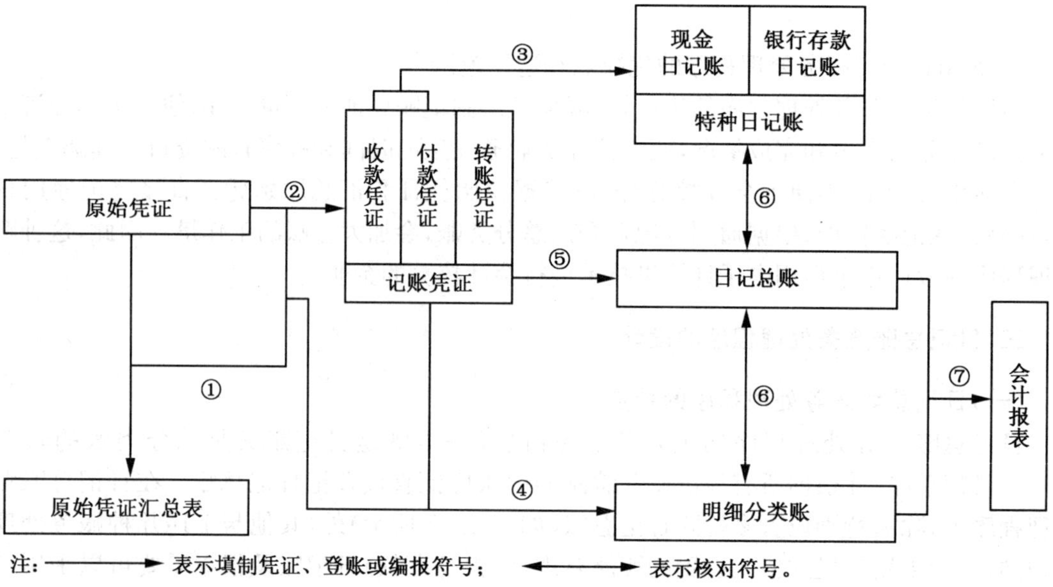

图 4—6　日记总账账务处理程序

(三)日记总账账务处理程序的优缺点和适用范围

日记总账账务处理程序的优点是:日记总账按全部总账科目分借方和贷方设置,且将所有总账科目集中在一张账页上,并根据记账凭证逐日逐笔登记,这样可以全面反映各科目之间的对应关系,便于了解经济业务的来龙去脉。其缺点是:如果企业规模较大,反映经济业务时运用的会计科目多,就会使得总分类账的账页过长,既不便于记账,也不便于会计分工和保管。因此,这种账务处理程序一般适用于规模小、业务简单、使用会计科目较少的企业。

模块小结

本模块主要介绍了会计账务处理程序、设置会计机构的不同模式及会计人员岗位的设置。通过本模块的学习，应该了解会计账务处理程序的概念和种类，理解会计账务处理程序的意义和要求，能够设计适合不同企业、不同经济业务的会计账务处理程序。

模块训练

一、单项选择题

1. 多栏式日记账核算形式直接登记总账的根据是（　　）。

A. 科目汇总表

B. 现金、银行存款日记账余额及转账凭证

C. 现金、银行存款日记账中的发生额合计数及转账凭证

D. 汇总记账凭证

2. 汇总记账凭证核算形式属于（　　）会计核算形式。

A. 逐笔记账型　　B. 凭证汇总型　　C. 账簿汇总型　　D. 报表记账型

3. 规模小、经济业务较为单一、使用科目少的小型企业可采用的较适合的会计核算方式为（　　）。

A. 记账凭证核算形式　　B. 多栏式日记账核算形式

C. 日记总账核算形式　　D. 汇总记账凭证核算形式

4. 下列账务处理程序中，适合小企业的是（　　）。

A. 日记总账账务处理程序　　B. 通用日记账账务处理程序

C. 汇总记账凭证账务处理程序　　D. 多栏式日记账账务处理程序

二、多项选择题

1. 采用汇总记账凭证会计核算形式需要设计的记账凭证应包括（　　）。

A. 通用会计凭证　　B. 专用会计凭证　　C. 日记总账凭证　　D. 科目汇总表

2. 规模大、业务量多的大中型企业，可以采用（　　）核算形式。

A. 汇总记账凭证　　B. 日记总账　　C. 科目汇总表　　D. 多栏式日记式

3. 下列不属于记账凭证核算程序优点的是（　　）。

A. 手续简便，易于理解　　B. 减轻登记总账的工作量

C. 能起到试算平衡的作用　　D. 能反映科目对应关系

4. 下列有关汇总收款凭证的说法中，正确的是（　　）。

A. 根据一定时期的全部收款凭证，按月汇总编制　　B. 汇总收款凭证按照现金、银行存款贷方分别设置

C. 汇总收款凭证按照现金、银行存款借方分别设置　　D. 根据收款凭证，按照贷方科目归类，定期汇总填列

5. 下列关于日记总账账务处理程序的说法中，正确的是（　　）。

A. 日记总账既是日记账又是总账

B. 将所有记账凭证直接登记日记总账

C. 除了设置多栏式的日记总账，还需设置三栏式的现金(银行存款)日记账
D. 只需设置多栏式的日记总账，不需设置三栏式的现金(银行存款)日记账

6. 账务处理程序设计的要求包括(　　)。
A. 适应业务　B. 满足管理需要　C. 均衡会计工作　D. 简化核算手续

7. 在通用日记账账务处理程序下不需要设置的账簿包括(　　)。
A. 明细分类账　B. 总分类账　C. 通用日记账　D. 现金日记账
E. 银行存款日记账

8. 在记账凭证账务处理程序下需要设置(　　)。
A. 三栏式库存现金日记账　B. 三栏式银行存款日记账
C. 多栏式库存现金日记账　D. 多栏式银行存款日记账

9. 汇总记账凭证账务处理程序适用于(　　)。
A. 规模大的企业　B. 经济业务较多的企业　C. 规模小的企业　D. 经济业务较少的企业

10. 汇总记账凭证账务处理程序不适用于(　　)。
A. 规模大的企业　B. 经济业务较多的企业　C. 规模小的企业　D. 经济业务较少的企业

三、判断题

1. 记账凭证账务处理程序下，总分类账采用三栏式，并按每一总分类科目开设账页；明细分类账则可根据管理需要，分别采用三栏式、数量金额式或者多栏式。(　　)

2. 记账凭证账务处理程序的优点是大大减少了登记总分类账的工作量，缺点是不能反映各科目之间的对应关系，不便于分析和检查经济业务的来龙去脉和核对账目。(　　)

3. 科目汇总表账务处理程序一般适用于经济业务量大、记账凭证较多的企业，尤其是业务较多的中小型企业。(　　)

4. 科目汇总表账务处理程序的优点是手续简便，易于理解；缺点是加大登记总分类账的工作量。(　　)

5. 在汇总记账凭证账务处理程序下，除设置收款凭证、付款凭证和转账凭证外，还应设置汇总收款凭证、汇总付款凭证和汇总转账凭证，作为登记总分类账的依据。(　　)

6. 汇总记账凭证账务处理程序一般适用于规模大、经济业务较多的企业，尤其是业务量大的大中型企业。(　　)

7. 在多栏式日记账账务处理程序下设置的各种明细分类账，根据需要可采用三栏式、多栏式和数量金额式。(　　)

8. 通用日记账一般采用三栏式，设置的总分类账簿一般采用不反映对应科目的借、贷、余三栏式。(　　)

9. 日记总账账务处理程序的主要特点是设置一本既是日记账又是总分类账的联合账簿——日记总账，并根据所有经济业务编制的记账凭证直接登记日记总账。(　　)

10. 在日记总账账务处理程序下，日记总账需设置成多栏式。(　　)

11. 在日记总账账务处理程序下，需设置的现金(银行存款)日记账一般采用多栏式。(　　)

12. 日记总账账务处理程序的优点是，日记总账按全部总账科目分借方和贷方设置，且将所有总账科目集中在一张账页上，并根据记账凭证逐日逐笔登记。(　　)

四、案例分析题

1. 某企业采用如下图所示的账务处理程序。

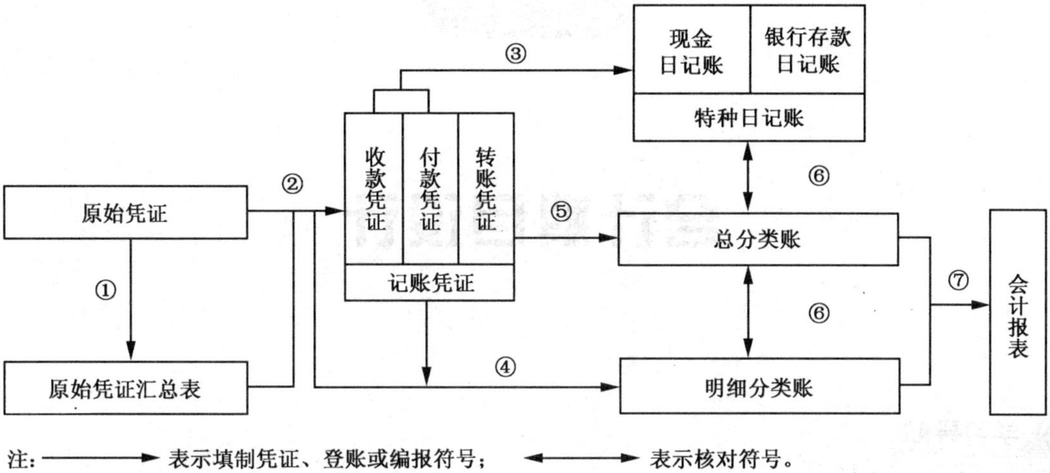

请根据我国相关法律的规定回答下列问题：

(1)该公司采用的是哪一种账务处理程序？

(2)用文字说明其程序内容。

2. 个体户李明经营机电设备多年。2015 年年初，他与另外两人共同投资 100 万元成立了天安机电设备有限公司，主要业务是机电设备批发。该公司人数为 60 人，预计年销售额为 1 000 万元。

回答下列问题：

(1)天安机电设备有限公司可能适用的会计核算形式有(　　)。

A. 日记总账账务处理程序　　B. 记账凭证账务处理程序

C. 科目汇总表账务处理程序　　D. 汇总记账凭证账务处理程序

(2)下列属于日记总账账务处理程序优点的是(　　)。

A. 简便易行　　B. 便于查对账目

C. 减轻了登记总分类账的工作量　　D. 便于了解账户之间的对应关系

(3)下列属于日记总账账务处理程序缺点的是(　　)。

A. 不能反映账户的对应关系　　B. 只能登记少数账户的发生额，不便于记账和查阅

C. 不利于会计核算的日常分工　　D. 登记总账的工作量大

(4)下列属于记账凭证账务处理程序优点的是(　　)。

A. 简单明了　　B. 便于查对账目

C. 减轻了登记总分类账的工作量　　D. 便于了解账户之间的对应关系

(5)下列属于记账凭证账务处理程序缺点的是(　　)。

A. 不能反映账户的对应关系　　B. 只能登记少数账户的发生额，不便于记账和查阅

C. 不利于会计核算的日常分工　　D. 登记总账的工作量大

模块五

会计科目设计

学习导航

了解:会计科目设计的概念、意义和原则;会计科目编号的设计。

掌握:会计科目设计的方法;不同企业对总分类会计科目和明细分类会计科目的设计。

运用:能够熟练根据会计准则对企业总分类会计科目进行合理选用,了解企业经济业务性质,对明细分类会计科目进行合理设计;并能设计出会计科目的使用说明。

模块引例

北海公司、浦东公司决定合股投资5 000万元经营一家服装企业,请根据企业的经济业务性质为公司设计符合其经营范围的会计科目。

问题与任务:应该如何设计会计科目?

情境一　会计科目设计概述

一、会计科目设计的概念和意义

会计科目是按照经济业务的内容和经济管理的要求,对会计要素的具体内容进行分类核算的项目。所谓会计科目设计,实质上就是对会计要素的具体内容作出科学的分类,借以确定每类经济业务的名称及其相互之间的关系,使之形成完整的会计科目体系。在设计会计科目时,既要明确规定每一会计科目反映的经济内容及其所属类别,又要具体确定各个科目之间的相互关系。会计科目分类后,要求既能反映资金运动的全部过程和结果,又能反映其各个组成部分的特殊情况。除此之外,由于企业的经济业务特点不同,会计对象的具体内容也不一样,所以在设计企业的会计科目时,应考虑企业的具体情况和要求,根据企业的实际情况设计合适的会计科目。会计科目在整个会计制度中具有“支柱”作用,会计科目设计是会计制度设计的基本内容，影响甚至决定其他内容的设计。会计科目设计的意义，表现在以下三个方面：

(一)有利于提高会计信息质量

通过会计科目的设计，对会计核算的具体内容进行系统的分类，并形成完整的会计科目体系，使经济业务得到系统的反映，便于投资者、债权人和企业管理当局以及其他会计信息使用者了解和掌握企业财务状况、经营成果和现金流量的情况。

(二)为建立科学完善的会计核算方法体系奠定基础

会计核算方法体系作为一个完整的体系，除设置会计科目外，还包括复式记账、填制和审核凭证、登记账簿、成本计算、财产清查和编制会计报表；其中，会计科目设置是有效应用其他方法的基础和依据。会计科目设计得科学合理，才能较好地设计会计凭证、会计账簿和会计报表；否则，就会造成账目混乱、核算不便、编表困难等现象，直接影响到会计核算工作的顺利进行。

(三)有利于会计工作的合理分工和顺利开展

严密完善的会计科目体系为财会部门的内部分工提供了方便，便于准确划分会计核算小组并正确确定各小组的工作任务，便于会计工作有序进行。

二、会计科目设计的方法

(一)借鉴设计法

此方法也称参照设计法，适用于新成立的单位设计会计科目使用。其特点是根据单位经济业务的具体内容，参考相关单位的会计科目进行设计。如一个新成立的股份制公司会计科目设计，除根据会计准则的有关要求外，再参照同类型股份制公司会计科目设计的特点进行设计，以达到不同企业会计科目通用化、标准化的目的。

(二)归纳合并法

此方法适用于被合并或兼并的单位设计会计科目。其设计的特点是在分析各原有会计科目体系的基础上，对相同或相近的会计科目加以归类合并，重新设计能覆盖其核算内容的新的会计科目。使用该方法主要是将核算内容一致而名称不一致的会计科目统一起来，使各单位的会计核算更具有可比性。

(三)补充修订法

此方法主要适用于对现行会计科目的修订和补充，通常在经济业务有新的变化或经营管理有新要求的情况下使用。该方法首先应分析、研究现有会计科目的运用情况，了解哪些会计科目可以继续使用，哪些会计科目的核算内容或使用方法需要适当变动，在原有基础上通过局部变动，设计出适应本单位新情况的会计科目。

三、会计科目设计的原则

(一)合法性原则

合法性原则是指会计科目设计符合国家现行会计法规制度的要求。我国的会计法规制度体现了国家对财会工作的总体要求，设计会计科目时，最主要和最直接的依据是财政部颁发的《企业会计准则》。

(二)适应性原则

适应性原则是指会计科目设计要满足国家宏观管理和企业微观管理的需要。会计科目的设计除符合国家相关财经法规制度和会计法规外，还必须考虑单位规模大小、业务繁简和对经济管理的具体要求。因此，要根据企业经营过程的特点和资金运动的规律来设计会计科目。

(三)逻辑性原则

逻辑性原则是指总分类科目之间以及总分类科目与明细分类科目之间应具有一定的逻辑性。具体要求为：

(1)会计科目应使用肯定性、明确性的概念，不能使用否定性或模棱两可的概念。

(2)全部总分类科目的外延之和必须能够全面反映单位资金运动的全过程，即具有全面覆盖性。

(3)总分类科目的外延应当与其所属的明细科目的外延之和相等。

(4)各个统一会计科目之间在外延上必须保持全异关系，即总分类科目之间、明细分类科目之间不能出现包含关系、交叉关系或全同关系。

(四)明晰性和发展性原则

会计科目的名称、文字必须简单明了，做到通俗易懂，便于理解和记忆。对每个会计科目要进行科学的编号，便于电子计算机操作。此外，设置会计科目还要考虑本单位经济业务的发展，预留适当的空间，以便扩充时采用。

情境二　会计科目设计步骤

一、全面了解企业生产经营情况和经济业务内容

要设计科学合理的会计科目，应全面了解企业经济业务，根据具体经济业务设计适合的会计科目。需要了解的具体内容如下：

(一)企业所属行业

实际经营活动中的企业往往分属于不同的行业，如制造业、批发和零售业、交通运输业、房地产业等。不同的企业要根据所属行业资金运动的特点，确定符合本行业特点的会计科目。制造业的主要业务是产品的设计和生产，而批发和零售业的主要业务则是商品的采购和销售，一般没有生产过程，所以设计会计科目应了解企业所属行业。

(二)企业性质和生产经营活动

企业的所有制形式包括国有企业、外商投资企业、民营企业及其他类型的企业。通过了解，确定企业性质，并在此基础之上选择会计科目。这就需要全面地了解经营活动内容。主要包括：

(1)主营业务的性质。例如,制造业、商业、金融业、保险业、进出口贸易、交通运输或者提供服务等。

(2)与生产产品或提供劳务相关的市场信息。例如,主要客户和合同、付款条件、质量保证、生产流程等。

(3)业务的开展情况。例如,生产过程、业务分部的设立情况、产品和服务的交付等。

(4)联盟、合营与外包情况。

(5)从事电子商务的情况。例如,是否存在通过互联网销售和营销活动。

(6)地区与行业分布。例如,是否涉及多种经营和跨地区经营,各个地区和各行业分布的情况以及相互之间是否存在依赖关系。

(7)生产设施、仓库的地理位置及办公地点。

(8)主要客户。销售的主要客户及与其订立的销售条款或条件。

(9)采购供应商。包括供应合同、原材料供应商、付款条件。

(10)劳动用工情况。例如,工资水平、退休金和其他福利、股权激励或其他奖金安排。

(11)研究与开发活动及其支出。

(12)生产组织方式和产品工艺过程。例如,制造业的生产分为几个车间、批发和零售业的购销分为几个商品部或柜组、施工企业的工程分在几个项目部等。

(三)投资活动

(1)拟实施或已实施的并购活动与资产处置情况。

(2)证券投资、委托贷款的发生与处置。

(3)资本性投资活动,包括固定资产和无形资产投资,计划发生的变动,以及重大的资本承诺等。

(四)筹资活动

(1)债务构成内容。

(2)固定资产的融资租赁。

二、对企业经济业务进行科学分类,选定适用于企业的会计科目

会计科目按提供指标的详细程度不同分为总分类科目和明细分类科目。会计科目的设计包括总分类科目的设计和明细分类科目的设计。

(一)总分类科目的设计

总分类科目,也称总账科目或一级科目,是对会计要素具体内容进行总括分类、提供总括信息的会计科目。根据我国财政部2006年10月30日颁布的《企业会计准则——应用指南》(财会〔2006〕18号文)的规定:"会计科目和主要账务处理涵盖了各类企业的各种交易或事项,是以企业会计准则中确认、计量的规定为依据制定的。企业在不违反会计准则确认、计量规定的前提下,可根据本企业的实际情况自行增设、分拆或合并会计科目。对于不存在的交易事项,可不设置相关科目。"所以总分类科目的设计实际上是各单位根据本单位可能发生的各项

经济业务，参照国家现行的会计制度中的会计科目表，选择适用的会计科目。凡是国家会计制度中已明确规定的会计科目，企业只有用名的选择权，而没有起名权；只有对现行会计制度中没有涉及而企业确实已经发生的经济业务，才允许企业自行增设会计科目。

1. 筹资业务会计科目的设计

(1)筹集资本金业务会计科目的设计。企业收到投资者投入的资本，一方面设置“库存现金”“银行存款”“原材料”“库存商品”“固定资产”“无形资产”等科目记录投资者投入的资产，另一方面设置“实收资本(或股本)”等科目记录形成的所有者权益。在筹集资本金业务中，对于投资者实际缴付的出资额超过注册资本(或股本)中所占份额，应当设置“资本公积”科目予以反映。

(2)借款业务会计科目的设计。借款按期限不同，分为借入 1 年期以下和 1 年期以上的借款，分别设置“短期借款”“长期借款”科目予以反映。

短期借款利息一般应计入当期损益，应设置“财务费用”“应付利息”等科目，以反映企业借入短期借款应负担的利息费用及未实际支付的利息。长期借款既可用于生产经营，又可用于购建固定资产等。按长期借款的不同用途，若属于筹建期间借款而发生的利息费用，除用于固定资产之外，应设置“管理费用”等科目；若属于购建固定资产的长期借款，按规定可予以资本化的利息费用，应设置“在建工程”等科目；若属于应计入当期损益或者属于生产经营期间的利息费用，则应设置“财务费用”等科目。

(3)发行债券业务会计科目的设计。企业发行的 1 年期债券，应设置“应付债券”科目记录。长期债券的利息费用应设置“在建工程”“制造费用”“财务费用”“研发支出”“应付利息”等科目，以反映企业债券应负担的利息费用及未实际支付的利息。

2. 生产经营业务会计科目的设计

(1)采购业务会计科目的设计。

①购进业务会计科目的设计。企业采用实际成本进行材料日常核算的，购入材料的采购成本，应设置“在途物资”科目核算；企业若采用计划成本进行材料日常核算，应设置“材料采购”科目核算。购进材料的款项结算，应根据不同情况设置“库存现金”“银行存款”“预付账款”“其他货币资金”“应付账款”“应付票据”“预付账款”等科目。购入材料超过正常信用条件延期支付价款，实质上具有融资性质的，应设置“长期应付款”“未确认融资费用”等科目。

②验收业务会计科目的设计。存货验收后，需要设置“原材料”“周转材料”“库存商品”等科目记录。如果存货采用计划成本法核算，还要设置“材料成本差异”科目核算实际成本与计划成本的差异额。

(2)生产业务会计科目的设计。

①各项费用会计科目的设计。在产品生产过程中，应设置“生产成本”和“制造费用”科目记录生产费用的发生、归集和分配，以及产品成本的形成。另外，还需要设置“管理费用”科目核算生产过程的其他费用。

②固定资产折旧会计科目的设计。固定资产在生产过程中因磨损而减少的价值，原本应

在“固定资产”科目予以记录，但是为使“固定资产”科目永远反映其原始价值，以适应固定资产管理的需要，对于固定资产的磨损价值，单独设置“累计折旧”科目反映。企业发生的固定资产折旧费用，应按照固定资产的不同用途，设置“制造费用”“销售费用”“管理费用”“其他业务成本”科目反映。

③职工薪酬会计科目的设计。企业需向职工支付的工资、职工福利、社会保险费、住房公积金、工会经费、职工教育经费、非货币性福利等各种薪酬，由于职工薪酬的分配和结算时间与工资发放时间往往不一致，因此，除应设置“生产成本”“制造费用”“劳务成本”“管理费用”“销售费用”“在建工程”“库存现金”“银行存款”等科目，还应设置“应付职工薪酬”科目反映职工薪酬的结算和发放情况。

④完工产品会计科目的设计。企业生产完成验收入库的产成品，设置“库存商品”科目反映。如果产成品种类较多的，也可按计划成本进行日常核算，其实际成本与计划成本的差异，可以单独设置“产品成本差异”科目核算。

(3)销售业务会计科目的设计。

①销售收入会计科目的设计。对于企业的主营业务和非主营业务，应分别设置“主营业务收入”和“其他业务收入”科目予以反映。

②销售成本、费用会计科目的设计。销售成本结转时，应设置“库存商品”“主营业务成本”“其他业务成本”等会计科目反映；发生的销售费用，应设置“销售费用”“库存现金”“银行存款”等科目反映；计算本期负担的销售税金及附加，应设置“营业税金及附加”“应交税费”等科目反映。

③结算债权会计科目的设计。发生赊销业务时，形成的债权应设置“应收账款”“其他应收款”“应收票据”科目予以反映。按照现行企业会计制度的规定，企业应在期末分析各种应收账款的可收回性，预计可能发生的坏账损失并按照一定方法计提坏账准备。因此，还应设置“坏账准备”会计科目。

3. 投资业务会计科目的设计

企业为了近期内出售而持有的金融资产，应设置“交易性金融资产”科目反映。如果取得交易性金融资产所支付价款中包含了已宣告但尚未发放的现金股利或已到付息期但尚未领取的债券利息的，应当单独设置“应收股利”科目。

企业持有的到期日固定、回收金额固定或可确定，且有明确意图和能力持有至到期的非衍生金融资产，应设置“持有至到期投资”科目予以反映。

企业初始确认时即被指定为可供出售的非衍生金融资产，以及没有划分为以公允价值计量且其变动计入当期损益的金融资产、持有至到期投资、贷款和应收款项的金融资产，应设置“可供出售金融资产”科目予以反映。

4. 利润计算及利润分配业务会计科目的设计

(1)利润计算会计科目的设计。在计算利润的过程中，除前面提到的科目外，还需要设置和运用“营业外收入”“营业外支出”“所得税费用”等科目，同时还要设置“本年利润”科目专门计算利润。

（2）利润分配会计科目的设计。利润分配实质上是企业利润额的减少，本应记入“本年利润”科目的贷方，这样“本年利润”科目就不能提供当年累计实现的利润，而这一指标是信息使用者十分关注的。因此，必须单独设置“利润分配”科目专门反映当期利润分配的情况。

总账会计科目表如表5－1所示。

表5－1 总账会计科目表

序号	编　号	科目名称	序号	编　号	科目名称
		一、资产类	24	2211	应付职工薪酬
1	1001	库存现金	25	2221	应交税费
2	1002	银行存款	26	2232	应付股利
3	1012	其他货币资金	27	2241	其他应付款
4	1121	应收票据	28	2501	长期借款
5	1122	应收账款	29	2701	长期应付款
6	1221	其他应收款			三、所有者权益类
7	1231	坏账准备	30	4001	实收资本
8	1402	在途物资	31	4002	资本公积
9	1403	原材料	32	4101	盈余公积
10	1405	周转材料	33	4103	本年利润
11	1407	库存商品	34	4104	利润分配
12	1411	商品进销差价			四、损益类
13	1417	存货跌价准备	35	6001	主营业务收入
14	1601	固定资产	36	6051	其他业务收入
15	1602	累计折旧	37	6301	营业外收入
16	1604	工程物资	38	6401	主营业务成本
17	1605	在建工程	39	6402	其他业务成本
18	1606	固定资产清理	40	6403	营业税金及附加
19	1701	无形资产	41	6601	销售费用
20	1801	长期待摊费用	42	6602	管理费用
		二、负债类	44	6603	财务费用
21	2001	短期借款	45	6711	营业外支出
22	2201	应付票据	46	6801	所得税费用
23	2202	应付账款			

(二)明细分类科目的设计

明细分类科目包括二级、三级明细科目，是对总分类科目的进一步分类，对总分类科目反映的经济内容起详细补充作用。这就决定了明细科目的设计必须在总分类科目的基础上进行。明细科目在行业会计制度中没有作统一的规定，由企业根据需要自行设置。由于企业的管理要求、总账科目反映的经济内容及用途不同，明细科目可以有不同的设计方法。

1. 一般明细科目的设计

(1)按核算内容的类别或项目分别设计。按核算内容的类别或项目设计就是根据总账科目所核算的经济内容分类或分项目设计，这种方法在明细科目设计中比较常用。对于有外币现金和外币存款的单位，应分别按人民币和各种外币存款设置库存现金与银行存款明细账进行明细核算。按经济内容的类别设置明细账的科目还有“其他货币资金”“库存商品”“周转材料”“固定资产”等总账科目。按项目设置明细科目的有“管理费用”“销售费用”“财务费用”“营业外收入”“营业外支出”等总账科目。

(2)按核算内容的对象分别设计。企业的债权、债务、采购、销售和资产清理都必须要明确其对象，如应收款项应向谁收取、应付款项应付给谁等。为此，企业的“应收股利”“应收账款”“预付账款”“应付账款”“应付股利”等总账科目，应按应收债务单位、应付债权单位、销售单位等对象分别设置明细科目进行核算。

对于企业生产过程中发生的各项生产费用，应按成本核算对象和成本项目分别归集和分配，以便形成某一成本核算对象的生产成本。因此，企业生产成本的核算首先应根据本单位生产的特点，按品种、批别、步骤确定成本核算对象，“生产成本”科目也应按成本核算对象设置“直接材料”“直接人工”“制造费用”等明细科目进行核算。

(3)按业务部门设计。为了考核各车间、部门的业绩，明确经济责任，有些明细科目可以按车间、部门设置。如果企业的产品生产为多步骤，企业的“制造费用”科目就应按车间设置二级明细科目，并按支出的用途设置三级科目，核算其为生产产品和提供劳务而发生的各项间接费用。

2. 特殊要求的明细科目的设计

(1)有总账科目一般应设置相应的明细科目。新修订的会计准则中规定，“资本公积”科目应设置“资本(股本)溢价”“其他资本公积”两个明细科目。

(2)根据采用的核算方法确定明细科目的名称。当长期股权投资核算采用权益法核算时，在“长期股权投资”科目下，应设置“投资成本”“损益调整”“其他权益变动”三个明细科目。

3. 不设置明细科目的情况

有些科目不需要设置明细科目。属于这种情况的总分类科目主要有“坏账准备”“累计折旧”“本年利润”“固定资产减值准备”“以前年度损益调整”等科目。

情境三　会计科目编号设计及使用说明设计

一、会计科目编号的设计

(一)数字顺序法

数字顺序法即顺序号法，是将全部总分类科目从第 1 号开始，编列到最后一个科目为止，有多少总分类科目，就相应排列到多少号。考虑到某些经济业务虽然暂时没有，但以后可能会发生，则应当在编号时适当留出空号，以备增加会计科目时使用。这种编号方法的优点是简单，缺点是不能反映科目的分类。此法一般在经济业务简单、会计科目数量少的单位使用。

(二)数字分组法

数字分组法，是将数字划分为若干组，从某数起到某数止分为一组，作为某类会计科目的号码，数目的起止数取决于各类科目的数量，并留出适当空号以备增设科目时使用。根据我国《企业会计准则》的规定，我国采用“四位数字法”对会计科目进行分组。第一位表示六大类别，即资产类为 1，负债类为 2，共同类为 3，所有者权益类为 4，成本类为 5，损益类为 6。第二位数字可以划分大类下面的小类，剩余两码为流水号。为便于会计科目的增减，一般情况下，编码要考虑到未来的扩展性，在编码间，留有一定的间隔。具体说明见图 5—1。

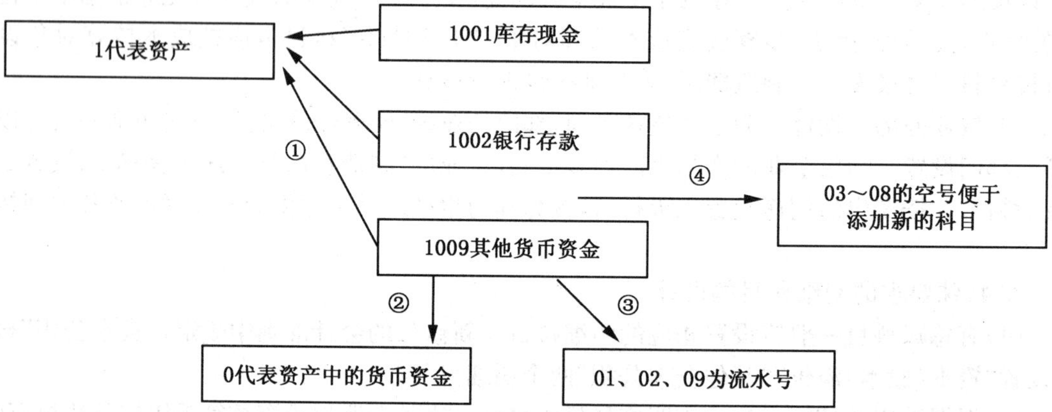

图 5—1　数字分组法

(三)文字编号法

文字编号法，是用具有一定代表意义的字母对科目进行编号的方法。通常有英文字母和汉语拼音字母两种编号法。

用英文字母进行编号时，通常以英文词目的字首表示。如，以 A 代表资产(Assets)，以 AC 代表流动资产(Current Assets)，以 ACC 代表流动资产中的库存现金(Cash)，以此类推。

用汉语拼音字母进行编号时，可以拼音字母的字首表示。例如，以 G 表示固定资产，G2 表示固定资产折旧等，以此类推。这种编号法便于记忆，但书写不方便，故实务中很少采用。

（四）文字、数字混合编号法

文字、数字混合编号法，是用文字和数字相结合的编号法。通常以文字表示科目的类别，以数字表示科目的排列顺序。例如，以 AC 代表流动资产（Current Assets），或用汉语拼音字母 L 表示流动资产（Liu Dong Zi Chan）等。再用数字表示科目编号，设流动资产中的第 12 个科目为原材料，该科目的编号就可用“AC212”表示（或用“L212”表示）。其中的 2 表示为流动资产的第二小类（存货）科目，12 表示流动资产的第 12 个科目，依次类推。这种编号法有利于说明科目的经济内容，也便于记忆，兼具有文字和数字编号的优点。它对财产物资等的明细编号比较适用，但编号手续较复杂。

二、会计科目使用说明的设计

（一）会计科目核算内容与范围说明的设计

会计科目核算内容与范围是某一科目区别于其他科目的主要标志。因此，应明确规定每一会计科目核算的具体经济业务的内容与范围，有些会计科目还需区别易混淆的内容，指出不在该科目核算的内容。

（二）会计科目核算方法说明的设计

会计科目的核算方法是指如何运用记账方法对会计事项进行账务处理。即说明该科目核算的业务内容增加时记在科目的哪一方，减少时又记在科目的哪一方，期末余额在哪一方，表示什么含义。

（三）明细科目设置方法说明的设计

首先概括地说明设置明细科目的要求和依据，其次具体写明所需设置的各个明细科目的名称及其核算内容。

（四）涉及该科目的主要业务账务处理举例

主要业务账务处理举例是如何应用会计科目的示范，能够使会计人员融会贯通、深刻理解会计科目的核算内容和使用方法，便于会计人员参考使用。

模块小结

本模块主要介绍了会计科目设计的概念、原则和方法。要求学生能够针对不同企业的经济业务特点，合理选用总分类会计科目级设计适合企业经济业务的明细分类会计科目，从而认识到会计科目的设计对企业进行其他会计处理的重要性。

模块训练

一、单项选择题

1. 会计科目设计符合国家现行会计法规制度要求的原则是( )。

A. 合法性原则 B. 适应性原则 C. 逻辑性原则 D. 明晰性原则

2. 会计科目设计要满足国家宏观管理和企业微观管理需要的原则是( )。

A. 合法性原则 B. 适应性原则 C. 逻辑性原则 D. 明晰性原则

3. 会计科目的名称、文字必须简单明了的原则是( )。

A. 合法性原则 B. 适应性原则 C. 逻辑性原则 D. 明晰性原则

4. 新成立的单位设计会计科目应使用( )。

A. 借鉴设计法 B. 归纳合并法 C. 补充修订法 D. 重新设计法

5. 对现行会计科目的修订和补充,通常使用的方法是( )。

A. 借鉴设计法 B. 归纳合并法 C. 补充修订法 D. 重新设计法

6. 对会计要素具体内容进行总括分类、提供总括信息的会计科目是( )。

A. 二级科目 B. 明细科目 C. 三级科目 D. 一级科目

7. 根据目前《企业会计准则》的规定,总分类会计科目的编号方法是( )。

A. 两位数字法 B. 三位数字法 C. 四位数字法 D. 五位数字法

8. 将全部总分类科目从第1号开始,编列到最后一个科目为止的科目编号方法是( )。

A. 文字编号法 B. 数字顺序法 C. 数字分组法 D. 文字、数字混合编号法

9. 下列不属于会计科目设置原则的是( )。

A. 合法性原则 B. 适应性原则 C. 单一性原则 D. 统一性原则

二、多项选择题

1. 为反映企业形成的债权,应设计的会计科目是( )。

A.“预收账款” B.“应收票据” C.“应收账款” D.“其他应收款”

2. 会计科目设计的原则包括( )。

A. 合法性原则 B. 适应性原则 C. 明晰性原则 D. 灵活性原则

3. 会计科目设计的基本方法有( )。

A. 借鉴设计法 B. 归纳合并法 C. 补充修订法 D. 增减设置法

4. 设计会计科目前要全面了解企业生产经营情况和经济业务内容,主要包括( )。

A. 企业所属行业 B. 企业的性质和生产经营范围

C. 筹资业务 D. 投资业务

5. 确定明细分类科目的方法有( )。

A. 按核算内容的类别或项目分别设计 B. 按核算内容的对象分别设计

C. 按业务部门设计 D. 按一级科目设计

6. 编写会计科目使用说明时,应包括( )。

A. 会计科目的核算内容与范围 B. 会计科目的核算方法

C. 明细科目的设置方法　　D. 涉及该科目的主要业务账务处理举例

7. 为反映长期借款的利息费用，应设计的会计科目包括（　　）。

A.“在建工程”　　B.“管理费用”　　C.“财务费用”　　D.“应付利息”

8. 筹集资本金业务应设计的会计科目包括（　　）。

A.“库存现金”　　B.“银行存款”　　C.“原材料”　　D.“实收资本”

9.“资本公积”科目应设置的明细科目包括（　　）。

A.“资本（股本）溢价”　　B.“其他资本公积”　　C.“股权投资准备”　　D.“外币资本折算差额”

10. 当长期股权投资核算采用权益法核算时，在“长期股权投资”科目下，应设置的明细科目有（　　）。

A.“投资成本”　　B.“损益调整”

C.“所有者权益其他变动”　　D.“股权投资准备”

三、判断题

1. 会计科目应使用肯定性、明确性的概念，不能使用否定性或模棱两可的概念。（　　）

2. 全部总分类科目的外延之和必须能够全面反映单位资金运动的全过程，即具有全面覆盖性。（　　）

3. 总分类科目的外延应当与其所属的明细科目的外延之和相等。（　　）

4. 各个统一会计科目之间在外延上必须保持全异关系，即总分类科目之间、明细分类科目之间不能出现包含关系、交叉关系或全同关系。（　　）

5. 借鉴设计法适用于新成立的单位设计会计科目。（　　）

6. 归纳合并法适用于被合并或兼并的单位设计会计科目。（　　）

7. 所有的总账科目都必须设置明细科目。（　　）

模块六

会计凭证设计

学习导航

了解:会计凭证设计的意义、目标、原则、范围。

掌握:原始凭证、记账凭证的定义、要素和分类;会计凭证设计的主要内容及一般要求;原始凭证设计的一般要求、步骤和方法以及原始凭证设计需要注意的事项;记账凭证设计的一般要求、步骤和方法以及记账凭证设计需要注意的事项。

运用:原始凭证的具体设计;记账凭证的具体设计。

模块引例

江河商城有限责任公司发生如下经济业务:收款台收银员将收到的现金、转账支票填写内部缴款单送交出纳;业务人员填写差旅费借款单预借差旅费;安保部填写领料单从仓库领取保洁材料;商品出入库业务填写产品出库单、产品入库单;购入固定资产送交使用部门填写固定资产交接验收单,该资产报废时使用部门填写固定资产报废申请单。

问题与任务:上述业务中涉及的原始凭证应如何设计?应如何设计通用记账凭证?

情境一　会计凭证设计总论

一、会计凭证设计的意义

会计凭证是记录经济业务的发生和完成情况,明确经济责任,并作为记账原始依据的书面证明。会计凭证分为原始凭证和记账凭证,伴随着会计核算和会计基础而存在。合理地设计和使用会计凭证,可以使会计核算更加清晰、会计监督更加有效,从而加强企业管理、提高经济效益。会计凭证设计,就是根据单位实际情况,对凭证的种类、内容、用途、格式和传递程序作出科学的规划,绘制出科学、规范的格式,以便完整、及时、真实地记录经济活动,提供所需要的信息载体。

二、会计凭证设计的目标

会计凭证是记录经济业务、明确经济责任并据以登记账簿的依据。在会计核算中，会计凭证发挥着记录和反映经济业务的完成情况、加强经济责任制和内部控制、实行会计监督和传递会计信息的作用。因而在设计会计凭证时，必须满足以下要求：第一，能够全面、详细、如实地反映经济业务的发生和完成情况；第二，能够体现内部控制制度的要求；第三，能够适应账务处理程序的需要；第四，既满足加强经济管理的需要，又符合成本效益原则。

三、会计凭证设计的原则

（一）清晰性原则

会计凭证设计要能全面反映经济业务的情况，如经济业务的发生时间、地点、内容及责任等情况；凭证要素齐全，如对外原始凭证中应设计凭证名称、填制日期、填制单位、接受单位、业务内容、数量、单价、计量单位、金额大写与小写、填制人签章等内容；中心内容或主要内容应排列在凭证的重要位置。

（二）经济性原则

经济性原则要求尽量考虑一证两用或多用，以节约纸张和减少数字的转抄。凭证面积以能充分反映业务内容为原则，不宜过大或过小，过大浪费纸张、增加印刷成本，过小不便于保管；专用凭证的常用项目应事先印刷在凭证上，以免手写耽误时间且影响整洁和美观。

（三）有利于加强经济核算和内部管理原则

许多自制原始凭证是为加强经济核算和企业内部管理服务的，设计时应充分注意贯彻这一原则。例如，职工考勤表、产品加工单、工时记录、停工记录、产量记录、管理费用分配卡等的设计，都要便于各种核算、控制、分析和检查，满足管理的需要。

（四）统一性原则

统一性原则要求凭证的内容和格式应尽量做到统一和标准化。一个单位内部使用的凭证应做到标准化。贯彻统一性原则不仅使凭证内容更清晰，同时也便于装订和归档保存。

四、会计凭证设计的范围

会计凭证设计的任务就是根据被设计单位的实际情况，对凭证的种类、内容、用途、格式、传递程序作出科学的规划，绘制出科学、规范的格式，以便为完整、及时、真实地记录经济活动提供所需要的信息载体。同时，会计凭证还有整理、审核、保管等问题，在设计中也要考虑。会计凭证有原始凭证和记账凭证之分，其中原始凭证又分为外来原始凭证和自制原始凭证两种。设计一个单位的会计凭证时，只有自制原始凭证和记账凭证是设计的范围。值得注意的是，自制原始凭证中对外使用的凭证，如收款收据、销售发票等，必须符合国家规定的有关票据管理的要求，应加盖税务专用章的应由有关部门监制。其他完全在单位内部流转使用的凭证则可按要求来设计。

情境二　原始凭证的设计

一、原始凭证内容的设计

原始凭证是在业务发生时填制和取得的，证明经济业务的发生和完成情况，以作为记账的原始依据。原始凭证分为自制原始凭证和外来原始凭证两大类。在设计原始凭证时，主要考虑自制原始凭证的设计。因为企业凭证设计人员只能考虑本企业范围内的凭证，对外来凭证的制作无从干预。原始凭证设计的基本内容包括：原始凭证的名称、日期和编号；接受凭证单位的名称；经济业务内容摘要；经济业务的实物数量、单价和金额；填制单位的名称或者填制人姓名；经办人员的签名或者盖章。

二、原始凭证设计的基本步骤

（一）确定原始凭证的种类和内容

在设计原始凭证时，首先必须根据本单位经济业务的具体内容、经营管理要求和会计核算方式等，确定所需要的原始凭证种类，保证本单位发生的各项经济业务都有相应的原始凭证作为反映载体。自制原始凭证按照不同标准可分为不同的种类。按照填制手续和制作过程的不同，分为一次凭证、汇总凭证。一次凭证是记录一项经济业务或若干项同类性质的经济业务的凭证，其填制手续一次完成。一次凭证适用于业务发生次数不多或业务发生次数虽多但非同时发生的业务。典型的一次凭证包括代垫运费清单、普通领料单、差旅费报销单。对外原始凭证由于接受单位不同，一般宜采用一次凭证。汇总凭证又称原始凭证汇总表，是根据许多相同的原始凭证或者会计核算资料汇总编制的原始凭证。设计汇总凭证的意义有以下三点：可集中反映某一时期内同类业务的全面情况；可简化核算工作的手续；可减少核算工作业务量。汇总凭证适用于大量重复发生的业务。典型的汇总凭证包括收料汇总表、发料汇总表、工资汇总表。

（二）设计原始凭证的格式和联次

不同种类的原始凭证具有不同的用途，这就要求针对不同的原始凭证，分别设计其格式和联次，并规定各联的具体用途。设计原始凭证的格式应考量原始凭证的尺寸、原始凭证内容位置的安排和原始凭证的联数三个问题。设计原始凭证的尺寸的要点为：原始凭证的大小应考量所记录经济内容的多少；原始凭证的大小应考量与记账凭证的协调；原始凭证的大小应考量打印机的宽度；原始凭证的大小应考量档案保管设施的宽度。设计原始凭证内容位置安排的要点为：原始凭证的各项内容应合理地安排在一张凭证上，如：内容的排列要体现传递的要求；重要的项目安排在原始凭证的主要位置上；固定性资料可事先印制在原始凭证上以节约填制时间和减少差错；原始凭证的左边留有适当空白以备装订。设计原始凭证联数的要点为：原始凭证通常是一式几联，以便分送有关部门和人员使用、留存；会计主体应根据组织机构、管理要求及与外部的关系等因素确定凭证的联数；在每联上注明其用途和传递程序以便于识别；各联使用不同颜色或厚薄不同的纸张。

(三)制定原始凭证的传递程序

原始凭证的传递程序一般可以通过原始凭证各联次的具体用途或有关单位和个人的签章表示。根据原始凭证涉及的相关部门，为协调各部门的工作，确定合理的原始凭证联数和传递程序，以保持部门间的联系和制约。

原始凭证设计好后，应试用一个阶段，在试用过程中，应听取各方意见，并检查是否符合业务管理和核算要求；表式的设计是否有效、合理；根据试行情况做出修改、完善，才能将其确定为正式的原始凭证。

三、各项主要经济业务原始凭证的设计

(一)货币资金收付业务原始凭证的设计

货币资金收付业务是指与现金、银行存款收付有关的经济业务。银行存款收付凭证由银行统一印制，不需另行设计。需要设计的主要是现金的收付凭证，如各种借款单、备用金领用单、职工医药费报销单、家属医药费报销单、生活困难补助单、收款收据等。设计货币资金业务原始凭证时，应注意以下几点：要有经济业务说明，简要记录经济业务内容；金额栏除用阿拉伯数字记载外，还要用大写金额注明“大写”字样；责任人签章必须齐全，如审核人、出纳员、收款人、付款单位等；货币资金收付业务原始凭证一定要有单位公章；付款业务要有外单位加盖的公章，对外收款业务应加盖本单位公章。

内部缴款单、差旅费报销单见表6－1、表6－2。

表6－1　　　　**内部缴款单**

缴款单位：　　　　年　月　日　　　　编号

款项类别	张　数	金　额
1. 现金 2. 转账支票 3. 银行送款回单 4. ……		
合计(大写)		

合计：　　　　出纳：　　　　缴款员：

表 6—2　　　　差旅费报销单

年　月　日　　　　附件　张

<table>
<tr><td rowspan="2">姓　名</td><td rowspan="2"></td><td rowspan="2">出差地点</td><td rowspan="2"></td><td rowspan="2">出差理由</td><td rowspan="2"></td><td rowspan="2">日期</td><td>月　日起</td></tr>
<tr><td>月　日止</td></tr>
<tr><td>乘火车费</td><td colspan="2">自　站至　站</td><td>金额</td><td></td><td colspan="3" rowspan="7">说明：</td></tr>
<tr><td>乘汽车费</td><td colspan="2">自　站至　站</td><td>金额</td><td></td></tr>
<tr><td>乘　费</td><td colspan="2">自　站至　站</td><td>金额</td><td></td></tr>
<tr><td>行李运费</td><td>千克</td><td>每千克　元</td><td>金额</td><td></td></tr>
<tr><td>出差补助费</td><td></td><td>定额</td><td>金额</td><td></td></tr>
<tr><td>旅馆费</td><td></td><td>定额</td><td>金额</td><td></td></tr>
<tr><td>其他</td><td></td><td></td><td></td><td></td></tr>
<tr><td rowspan="2">合计金额</td><td>小写</td><td></td><td></td><td></td><td rowspan="2">单位
负责人</td><td colspan="2" rowspan="2"></td></tr>
<tr><td>大写</td><td></td><td></td><td></td></tr>
</table>

会计主管：　　　　出纳：　　　　报销人：

(二)库存材料和产品入库、出库原始凭证的设计

这类业务所涉及的凭证主要有收料单、领料单、产品入库单、委托加工材料收回单、材料长余短缺报告单、产品出库单等。这类原始凭证的形式按企业经济业务特点可以设计为一次凭证、累计凭证和汇总凭证。在设计这些凭证时，应注意以下几点：设计时必须有品种、规格、数量、单价、金额栏；领料单的设计应起到控制生产消耗的作用，为此可根据业务需要设计定额领料单和限额领料单；要适应企业内部控制需要，设置部门负责人签章栏，以明确各部门人员的责任。

领料单、产品出库单、产品入库单如表 6—3、表 6—4、表 6—5 所示。

表 6—3　　　　领料单

领料部门：　　用途：　　年　月　日　　字第　号

品　名	规格型号	单　位	数　量		单　价	金　额
			请领	实领		

领料部门负责人：　　领料人：　　会计：　　发料人：

表 6—4　　　　产品出库单

领用部门：　　　　年　　月　　日　　　　字第　　号

货号	品名	单位	数量	单价	金额	备注

表 6—5　　　　产品入库单

交库单位：　　　　年　　月　　日　　　　编号：

货号	品名	单位	数量	单价	金额	备注

车间主任：　　　　车间送库：　　　　检验：　　　　仓库经手人：

(三)生产业务原始凭证的设计

生产业务的原始凭证主要是反映费用的归集及分配的凭证，如工资结算单、应付福利费计提表、制造费用分配表、外购动力费分配表、成本计算单、产品成本汇总表等。这些凭证一般用于企业内部费用的计算和结转。在设计时，一般应注意以下几点：原始凭证的各项目应划分正确、详细，并应设有横行、竖栏“合计”项，以便于纵横核对；在各种费用分配凭证上应当在明显的位置记明该类费用分配的标准和分配金额栏，以便编制凭证时计算；为明确岗位责任，可以设置制证人、主管会计人员签章，但不必加盖公章。因为这些经济业务凭证大多是内部自制凭证。

(四)采购、销售业务原始凭证的设计

企业发生采购业务时，所取得的由对方单位开出的提货单和发货票，都是外来原始凭证，无须购货单位设计，但对于销售方而言是销售业务的原始凭证。在具体设计销售发票、提货单时应注意以下几点：在凭证中要有商品的品名、规格、数量与购货单位检查、验收人员的签章。由于销售业务涉及很多部门，因此销售发票要采用数联复写的方式。一般有发票联，交购货方记账；抵扣联，购货方交税务机关抵扣；存联，销货方留存；记账联，售货方记账等。销售发票要有经手人、负责人签章和单位公章；销售发票要有连续的编号，以防止发票的丢失和伪造。

(五)固定资产业务原始凭证的设计

固定资产业务主要有新建固定资产移交清册、固定资产调拨单、固定资产报废单、固定资产清查表、固定资产清查盈亏报告表、固定资产折旧计算表、固定资产租赁计算表、固定资产验收单、固定资产领用单等原始凭证。企业可根据自身特点自行设计，凭证有关内容应会同固定资产管理部门协商设计。

(六)往来结算业务原始凭证的设计

往来结算业务是指企业赊销、赊购业务和其他应收、应付款业务。除正常发票外,还有证明赊销赊购的欠款、收款单据。欠款、收款单据内容应包括欠款、收款时间,金额,日期,内容和经手人等。

情境三　记账凭证的设计

一、记账凭证内容的设计

记账凭证是会计人员根据审核无误的原始凭证,按照经济业务事项的内容加以归类,并据以确定会计分录后所填制的会计凭证,是登记账簿的直接依据。为满足记账的需要,记账凭证必须具备以下基本内容:记账凭证的名称、编号及填制日期;经济业务简要说明(摘要);会计科目名称;记账金额;所附原始凭证的张数;会计主管、审核、记账等人员签章。

二、记账凭证设计的步骤

(一)记账凭证种类的设计

根据事前调查的内容和已设计的会计账务处理程序,以及企业经营活动的特点来决定设计什么样的记账凭证。

(二)记账凭证内容的设计

记账凭证内容的设计应能简明扼要地说明经济业务发生的事实,确定登记账簿的会计科目和应记金额,它既是沟通原始凭证和账簿的桥梁,又是一种序时记录。

(三)记账凭证传递路线、登记方法和保管方法的设计

记账凭证从填制到复核,直到据以登记有关账簿,涉及凭证传递程序的问题,这个问题将在“账务处理程序”中介绍。记账凭证及所附原始凭证的保管制度也是记账凭证设计时应考虑的基本内容之一。

三、记账凭证格式的设计

复式记账凭证是将一项经济业务所涉及的应借、应贷的各个会计科目,都集中填列在一张凭证中的记账凭证。复式记账凭证按其设置的具体形式不同分为通用记账凭证、专用记账凭证。专用记账凭证又可分为收款凭证、付款凭证和转账凭证。如果单位经济业务少,可以只设置一种通用记账凭证,统一编号,使会计业务比较简洁。

通用记账凭证如表 6－6 所示。

表 6—6

记账凭证

年 月 日 第 号

摘要	总账科目	明细科目	√	借方余额										贷方余额									
				千	百	十	万	千	百	十	元	角	分	千	百	十	万	千	百	十	元	角	分

财会主管： 记账： 出纳： 审核： 制单：

收款凭证用来记录现金、银行存款收款业务，其借方科目必然是“库存现金”或“银行存款”科目，格式设计时，将借方科目固定印在表格的左上角，在表格内反映贷方科目。付款凭证用来记录现金、银行存款付款业务，其贷方科目必然是“库存现金”或“银行存款”科目，格式设计时，将贷方科目固定印在表格的左上角，在表格内反映借方科目。转账凭证用于货币资金以外的转账业务，因而借贷双方的会计科目都是不确定的，所以其格式设计基本上与通用记账凭证相同，只需将记账凭证的名称改为“转账凭证”即可。上述三种记账凭证的格式见表 6—7、表 6—8、表 6—9。

表 6—7

收款凭证

借方科目： 年 月 日 收字第 号

摘要	贷方科目		√	金额									
	总账科目	明细科目		千	百	十	万	千	百	十	元	角	分
附凭证 张	合 计												

会计主管： 记账： 稽核： 出纳： 制单：

表 6－8 **付款凭证**

贷方科目： 年 月 日 付字第 号

摘 要	借方科目		√	金 额									
	总账科目	明细科目		千	百	十	万	千	百	十	元	角	分
附凭证 张	合 计												

会计主管： 记账： 稽核： 出纳： 制单：

表 6－9 **转账凭证**

年 月 日 转字第 号

摘要	总账科目	明细科目	√	借方余额										贷方余额									
				千	百	十	万	千	百	十	元	角	分	千	百	十	万	千	百	十	元	角	分
合 计																							

会计主管： 记账： 稽核： 出纳： 制单：

四、会计凭证传递程序的设计

会计凭证的传递是指从会计凭证的取得或填制时起至归档保管过程中，在单位内部有关部门和人员之间的传送程序。会计凭证的传递是会计核算得以正常、有效进行的前提。会计凭证的传递，要求能够满足内部控制制度的要求，使传递程序合理有效，同时尽量节约传递时间，减少传递的工作量。

企业生产组织特点、经济业务的内容和管理要求不同，会计凭证的传递也有所不同。为此，企业应根据具体情况制定每一种凭证的传递程序和方法。例如，收料单的传递中应规定：材料到达企业后多长时间内验收入库，收料单由谁填制，一式几联，各联次的用途是什么，何时传递到会计部门，会计部门由谁负责收料单的审核工作，由谁据以编制记账凭证、登记账簿、整理归档等。

模块小结

本模块阐明了会计凭证设计的目标，以及会计凭证种类、内容与格式设计的基本问题。通过本模块的学习，应了解会计凭证设计的意义、目标、原则、范围，同时也应识记原始凭证、记账凭证的定义、要素和分类，更重要的是要掌握会计凭证设计的主要内容及一般要求，原始凭证设计的一般要求、步骤和方法以及原始凭证设计需要注意的事项，记账凭证设计的一般要求、步骤和方法以及记账凭证设计需要注意的事项，也应学会运用原始凭证的具体设计、记账凭证的具体设计。

模块训练

一、单项选择题

1. 登记账簿的直接依据是(　　)。

A. 原始凭证　　B. 记账凭证　　C. 会计报表　　D. 会计记录

2. 销货发票证明经济业务的发生和完成情况，属于(　　)。

A. 原始凭证　　B. 记账凭证　　C. 会计报表　　D. 会计记录

3. 原始凭证必须包括的基本要素是(　　)。

A. 原始凭证的名称、编号　　B. 发生经济业务的时间和内容

C. 原始凭证的联次和附件　　D. 接受凭证的单位或部门

4. 原始凭证的内容中不得更正的是(　　)。

A. 原始凭证的名称、编号　　B. 发生经济业务的时间和内容

C. 原始凭证的联次和附件　　D. 金额

5. 在设计会计凭证时，应遵循的原则不包括(　　)。

A. 内容全面原则　　B. 既满足管理需要又避免重复设账原则

C. 账簿设计与账务处理程序紧密配合原则　　D. 账簿设计与会计报表指标相衔接原则

二、多项选择题

1. 原始凭证的设计步骤为(　　)。

A. 根据管理要求确定凭证的格式和联次　　B. 根据业务内容确定凭证的种类

C. 建立原始凭证的使用和保管制度　　D. 规定原始凭证的传递程序

2. 记账凭证包括的基本内容有(　　)。

A. 记账凭证的名称　　B. 凭证的编号

C. 会计科目名称　　D. 所附原始凭证的张数

3. 记账凭证的设计步骤为(　　)。

A. 确定所使用的记账凭证种类

B. 确定所使用的记账凭证的基本内容

C. 设计记账凭证的格式

D. 接受凭证的单位或部门规定记账凭证的用途和管理制度

4. 会计凭证设计的原则有(　　)。

A. 清晰性原则　　B. 经济性原则　　C. 统一性原则　　D. 合法性原则

三、判断题

1. 原始凭证设计好后,应试用一个阶段,根据试行情况做出修改、完善,最后定稿,才能确定为正式的原始凭证。(　　)

2. 货币资金收付业务原始凭证一定要有单位公章。(　　)

四、案例分析题

《椒江区国有资产经营有限公司差旅费报销制度》中规定的相关内容如下:

差旅费开支标准如下:

乘坐交通工具标准:公司党政领导出差,可乘坐火车软卧、轮船二等舱、飞机一等舱;其他人员出差可乘火车硬座、轮船三等舱位、飞机经济舱,夜间(晚8时至次日7时之间)乘火车6小时以上(含6小时),或连续乘车时间超过12小时以上(含12小时)的,可购同席硬卧票。

出差期间交通补贴标准:公司领导凭车票按实报销;其他人员,按出差天数,根据补贴标准凭车票报销;未经批准,开支交通费超过补贴标准的部分由个人负担;本市以外省内地区出差的,每人每天交通补贴标准为15元;省外一般地区出差的,每人每天交通补贴标准为30元。

出差人员的伙食补贴标准:省外一般城市为50元,省内三区外城市为30元,大城镇为30元;三区内(除大城镇外)出差不报销伙食补助,实行每人每月60元包干的办法;外出参加会议,已享受会议伙食补贴的,不再发给伙食补贴。

住宿费标准:公司党政领导出差住宿费按实报销;其他人员住宿费限额标准为:省外一般城市为200元,省内三区外城市为150元,大城镇为150元;单人出差或男、女出差人员为单数,其单数人员住宿费可按照不超过上述规定限额标准两倍内凭据报销;费用原则上不得超出上述标准,在单人限额范围内的,节约部分可按50%奖励给个人(除函授、自学考试外);参加各种培训班、学习班以及到外地参加会议人员,统一安排住宿按实报销。

核销:出差人员返回后,务必于五日内填写"差旅费报销单",由财务审核无误后,交本科室负责人及总经理签字批准后方可核销。过期不办理者,财务部门从本人工资中扣发。核销时出纳人员开具收据,一联入账,冲销原借款,另一联退交个人,以抵借条,原借条附凭证后不予撤销。出差人员原则一次清账,不得拖欠。如有特殊情况不能一次清账的,需书面说明,并提交延期还款计划,由公司总经理批准后,财务部门据以按月从工资中扣发。

根据我国有关法律、法规的规定和公司相关规定回答下列问题:

出差人员报销时应设计什么原始凭证?需要反映的内容有哪些?如何设计公司出差核销的原始凭证?

模块七

会计账簿设计

学习导航

了解:会计账簿设计的概念、意义和设计的原则。

掌握:序时账簿、分类账簿和备查账簿设计的步骤和格式。

运用:序时账簿的设计、分类账簿的设计、备查账簿的设计。

模块引例

远大绿洲有限责任公司按照会计法规要求设计总账、库存现金日记账和银行存款日记账,并根据已设置的库存商品明细科目、管理费用明细科目设计明细分类账。为加强对支票的控制,设计支票登记簿备查账。

问题与任务:公司应如何设计上述总账、明细账和日记账?

情境一　会计账簿设计概述

一、会计账簿设计的概念

会计账簿是以会计凭证为依据,对全部经济业务进行全面、系统、连续、分类的记录和核算的簿籍,它是由专门的格式并以一定形式联结在一起的账页所组成的。设置会计账簿的意义在于:

(1)通过设置和登记账簿,可以把所有的经济业务按其不同性质进行分类和汇总,把分散的核算资料加以系统化,可取得总括和明细的核算资料。

(2)根据账簿所提供的核算资料,可以加强日常监督,为编制会计报表提供必要的资料。

(3)利用账簿提供的核算资料,可开展财务分析和会计检查。会计账簿的设计,就是根据企业的经营特点和管理要求对账簿的种类、数量、格式、内容、各种账簿之间的关系等进行的设计。

二、会计账簿设计的原则

(一)与企业规模和会计分工相适应的原则

企业规模较大,经济业务必然较多,会计人员的数量也相应增多,其分工较细,会计账簿也较复杂,册数也多,在设计时考虑这些特点以适应其需要;反之,企业规模小,经济业务量也相应少,在设计账簿时,明细分类账合成几本即可。

(二)既满足管理需要又避免重复设账的原则

账簿设计的目的是为了取得管理所需要的资料,因此账簿设置也以满足需要为前提,避免重复设账、记账,浪费人力、物力。

(三)账簿设计与账务处理程序紧密配合原则

账务处理程序的设计实质上已大致规定了账簿的种类,在进行账簿的具体设计时,应充分注意已选定的账务处理程序。例如,设计的是日记总账账务处理程序,就必须设计一本日记总账,再考虑其他账簿。又如,设计的是多栏式日记账账务处理程序,就必须设计四本多栏式日记账,分别记录现金收付和银行存款收付业务,然后再考虑其他账簿。

(四)账簿设计与会计报表指标相衔接的原则

会计报表是根据账簿记录编制的,报表中的有关数据指标应能直接从有关总分类账户或明细分类账户中取得和填列,以方便会计报表的编制。

三、会计账簿设计的步骤

为保障组织的严密性和有效性,会计账簿的设计应当按照下列步骤进行:

(一)确定所使用的账簿的种类

根据单位的经济业务类型、经济管理要求以及财会机构内部分工情况,确定使用账簿的种类。

(二)设计各种账簿的格式和内容

在确定所用的账簿种类后,还需要设计每一种账簿的形式、账页格式、具体内容等。

(三)规定各账簿之间的关系

设计出的各种会计账簿,虽有其各自的特点和不同用途,但它们并不是完全孤立的,相互之间存在客观的联系。例如,总分类账对其所属的明细分类账起着统驭和控制的作用,而明细分类账对其总分类账起着补充和说明的作用,两者之间是制约与被制约的关系。为此,设计账簿时,应明确规定各种账簿之间的勾稽关系,保证各种账簿的相互制约和相互补充。

(四)建立会计账簿的保管制度

会计账簿是单位重要的会计档案,必须建立归档管理制度并妥善保管,以备日后查阅。年终,应将用完的账簿装订成册,交专人负责管理。

情境二　会计账簿的具体设计

一、序时账簿的设计

序时账簿也称日记账，是按照经济业务发生时间的先后顺序，逐日逐笔登记经济业务的账簿。日记账又有普通日记账和特种日记账两类。

(一)普通日记账的设计

普通日记账是用来登记全部经济业务发生情况的日记账。在这种日记账中，根据全部经济业务及其发生时间的先后顺序，逐日逐项编制会计分录，因而这种日记账也称分录日记账或分录簿，其格式见表7—1。

表7—1　　**普通日记账**

摘　要	账户名称		借方金额	贷方金额	余　额
	一级科目	二级科目			

(二)特种日记账的设计

特种日记账是用来登记某一类经济业务发生情况的日记账，如现金日记账、银行存款日记账、转账日记账、购货日记账、销货日记账等。

1. 现金日记账和银行存款日记账的设计

在我国企业单位中，日记账一般都是指库存现金日记账和银行存款日记账。这两种日记账，无论在何种账务处理程序下，也无论在何种规模的企业单位中，都是必须设计的。如果单位经常有外币收支业务，为了加强外汇的管理，银行存款日记账除上述登记的总账日记账簿外，还应专设“外币式(或称双币式)银行存款日记账”，分别用人民币和外币登记。在中外合资企业中，必须设置双币式银行存款日记账。库存现金日记账、银行存款日记账、双币式银行存款日记账的格式见表7—2、表7—3、表7—4。

表 7—2 库存现金日记账

年		摘要	对方科目	借方										贷方										余额									
月	日			千	百	十	万	千	百	十	元	角	分	千	百	十	万	千	百	十	元	角	分	千	百	十	万	千	百	十	元	角	分

表 7—3 银行存款日记账

年		凭证		摘要	对方科目	借方										贷方										余额									
月	日	字	号			千	百	十	万	千	百	十	元	角	分	千	百	十	万	千	百	十	元	角	分	千	百	十	万	千	百	十	元	角	分

表 7—4 双币式银行存款日记账

年		凭证		借方			贷方			余额		

2. 购货日记账和销货日记账的设计

对于进货、销货业务比较频繁的企业，还应设计购货日记账和销货日记账两本账，以集中反映原材料(商品)的供应情况和销售情况。设计这两种账的企业，可不再在转账日记账中登记购销业务中的转账业务。

(1)购货日记账的设计。购货日记账是专门用来登记购货业务的账簿。购货业务有现款购进和欠款购进两种情况，因此，购货日记账的设计也可以有两种：一种是只登记欠款购进业务，将现款购进业务放在现金和银行存款日记账中登记；另一种是登记全部购进业务，即将现款购进业务也在购货日记账中登记，其格式如表7—5所示。过入分类账时，“材料采购”和“应付账款”账户，可根据定期的合计数一次过入，无须逐笔过账；“库存现金”和“银行存款”账户，用现款购进在现金日记账和银行存款日记账中也要同时登记，故无须过账；对于所欠各供货单位的应付款项，则应逐笔过入“应付账款”明细账。购货日记账如只登记欠款购进业务，则上述格式中的现金和银行存款栏可以不设，以显示与各供货单位的款项结算关系。

表7—5　　购货日记账

年		凭证		摘　要	供货单位	材料采购借方				现金贷方	银行存款贷方	应付账款贷方
月	日	字	号			买价	运费	其他	合计			

(2)销货日记账的设计。销货日记账是专门用来登记销货业务的账簿。同购进业务一样，销货业务也有现款销售和欠款销售两种情况。因此，销货日记账的登记内容也有两种：一种是只登记欠款销售业务，现款销售业务放在现金和银行存款日记账中登记；另一种是登记全部销售业务，即将现款销售业务既在销货日记账中登记，又在现金或银行存款日记账中登记，其格式如表7—6所示。过入分类账时，“应收账款”和“主营业务收入”账户，可根据该两栏的定期合计数一次过入，不必逐笔过账：对现款销售业务，可在现金日记账和银行存款日记账中也同时登记，可根据两本日记账过账，销货日记账中就无须过账，以免重复。同样，在现金日记账和银行存款日记账中，有关销售的对应账户也无须过账。对于应收账款的明细数，应逐笔过入有关明细账，以反映与各购货单位的结算情况。

表7—6　　销货日记账

年		凭证		摘　要	购货单位	现金借方	银行存款借方	应收账款借方	主营业务收入贷方
月	日	字	号						

二、分类账簿的设计

分类账簿是用于分类记录经济业务，以便了解和考核其详细情况或总括情况的账簿。分类账簿分为总分类账簿和明细分类账簿。

(一)总分类账簿的设计

总分类账簿格式一般有三栏式总账、多栏式总账、对应账户式总账、日记式总账和以表代账格式。目前，大部分企业采用三栏式总账，其他类型很少有企业使用。

三栏式总账是在每张账页上设三个金额栏，即“借方”“贷方”“余额”三栏，这种格式能全面清晰地反映各种经济业务的变化及结果，也便于记账、查账。三栏式总账的格式如表 7—7 所示。

表 7—7 **三栏式总账**

会计科目________ 第____页

年		凭证		摘　要	借　方	贷　方	借或贷	余　额
月	日	字	号					

(二)明细分类账簿的设计

明细账户具有灵活多变、账页数量难以固定、随时可能增删取舍的特点，因此，按外表形式，明细分类账簿一般使用活页式账簿或卡片式账簿。其账页格式根据管理需要和记录的具体业务内容而定，一般有三栏式明细账、多栏式明细账和数量金额式明细账三种。

1. 三栏式明细账的设计

三栏式明细账适用于只要求进行金额核算，不需要进行数量核算的账户，如债权、债务等，常用于“应付账款”“应收账款”“其他应收款”“其他应付款”等账户。其格式与“三栏式总账”相同，主要特征是在账页上分设“借方”“贷方”“余额”三个金额栏，单纯提供详细、具体的价值核算指标。三栏式明细账的格式如表 7—8 所示。

表 7—8 **三栏式明细账**

购货单位名称________ 第____页

年		凭证		摘　要	借　方	贷　方	借或贷	余　额
月	日	字	号					

2. 多栏式明细账的设计

多栏式明细分类账是将属于同一个一级账户或二级账户的明细账户，合并在一张账页上进行登记，以集中提供一组同类的若干详细资料。即在“借方发生额”和“贷方发生额”之下，再分别设置若干金额栏，分栏登记各明细账的发生额。多栏式明细账具体又分为借贷式和合计式两种。借贷式主要适用于资产、负债、所有者权益类账户。其格式是在“借方”“贷方”“余额”三方各设专栏，以起到分析控制作用。

多栏式主要适用于费用、成本和收入等类账户的明细分类核算，其作用是对经济事项进一步分类。以管理费用明细账为例，其格式如表 7—9 所示。

表 7—9　　　　管理费用明细账

年		凭证		摘　要	借　方							贷　方	余　额
月	日	字	号		职工薪酬	折旧费	业务招待费	办公费	工会经费	坏账损失	其他		

3. 数量金额式明细账

数量金额式明细账是在三栏式明细账的基础上，增加“数量”和“单价”栏而形成的。它适用于既要进行金额核算，又要进行实物量核算的财产物资科目。以库存商品明细账为例，其格式如表 7—10 所示。

表 7—10　　　　库存商品明细账

柜组________　　编号________　　名称________　　规格________　　计量单位________

年		凭证		摘　要	收　入			发　出			结　存		
月	日	字	号		数量	单价	金额	数量	单价	金额	数量	单价	金额

三、备查账簿的设计

备查账簿的主要用途是记录序时账簿和分类账簿未能或无法反映的特殊经济事项。它的种类和格式一般没有固定的模式，完全取决于特殊经济事项的种类、内容以及对此实施管理的具体要求。为此，在设计备查账簿时，必须按实际情况出发，讲求实用性、简单化。企业中常用备查账簿的格式设计如下：

(一)代管财物登记簿的设计

有些财产物资,不属于本企业所有,但企业对其保管和使用负有责任。如经营性租赁固定资产,为反映租入资产的名称、租借时间和归还时间、租金情况等内容,应设置备查账簿予以登记。租入固定资产明细账的格式如表7—11所示。

表7—11　　租入固定资产明细账

出租单位________　资产名称________　规格型号________　计量单位________　第__页

租入凭证		租入数量	原始价值	净值	租期	月租金		使用部门	负责人签字	修理费		归还期限	经手人签字
日期	编号					单位租金	总租金			各次	累计		

(二)反映重要空白凭证的备查记录的设计

现金支票、转账支票、银行本票及其他重要结算凭证从银行购回后,应专门登记,以反映购回的起止号码、领用人、领用日期、领用号码及注销责任。一旦出现问题,有利于查明真相,追究当事人责任或过失。对某些不纳入总账核算范围,而业务上需要掌握的事项均可根据需要设置备查簿登记。如对应付票据就应详细登记每一张应付票据的种类、号数、签发日期、到期日、票面金额、合同交易号、收款人姓名或单位名称,以及付款日期和金额等详细资料。应付票据到期付清时,应在备查簿内逐笔注销。支票登记簿的格式如表7—12所示。

表7—12　　支票登记簿

签发日期		支票号码	预计金额	收款单位	用途	支票领用人	财务负责人	实付金额	报销日期		报销交单人
月	日								月	日	

模块小结

本模块主要介绍了会计账簿设计的种类,包括序时账簿的设计、分类账簿的设计及备查账簿的设计。通过本模块的学习,应该了解会计账簿的概念和种类,理解会计账簿处理的原则和步骤,能够清楚地为企业设计相关的会计账簿。

模块训练

一、单项选择题

1. 下列属于特种日记账的是(　　)。

A. 日记总账　B. 凭单日记账　C. 现金日记账　D. 序时账

2. 目前日记账的标准格式是(　　)。

A. 一栏式　B. 二栏式　C. 三栏式　D. 多栏式

3. 三栏式总账是总账的基本格式,这里的“三栏”是指(　　)。

A. “日期”栏、“摘要”栏和“金额”栏　B. “日期”栏、“凭证”栏和“摘要”栏

C. “日期”栏、“凭证”栏和“金额”栏　D. “借方”“贷方”和“余额”三个金额栏

4. 三栏式账户不设置(　　)。

A. “借方”栏　B. “贷方”栏　C. “余额”栏　D. “数量”栏

5. 双栏式记账凭证是指在凭证上设置的两栏是(　　)。

A. 借方科目和贷方科目　B. 借方金额和贷方金额

C. 科目和金额　D. 一级科目和明细科目

6. 作为过账媒介的日记账与不用作为过账媒介的日记账的区别在于(　　)。

A. 是否设置登记账页栏

B. 是否反映科目对应关系

C. 是否设置登记账页栏以及是否反映科目对应关系

D. 以上说法都不对

7. 会计凭证、会计账簿和会计报表的设计是企业会计制度总体设计具体内容中的(　　)。

A. 会计核算形式的设计　B. 财产核算及其管理制度的设计

C. 成本费用核算及其管理制度的设计　D. 会计机构和人员配备的设计

8. 下列关于银行存款日记账的说法中,不正确的是(　　)。

A. 按银行存款的收、付款业务发生的先后顺序逐笔登记

B. 在我国通常作为登记银行存款总账的依据

C. 采用订本式

D. 由出纳人员登记

9. 设计分类账的数量可以不考虑的因素是(　　)。

A. 企业规模和业务特点　B. 登记方法

C. 总账与明细账的关系　D. 管理的需要(管理越细,账户越多)

二、多项选择题

1. 下列属于特种日记账的有(　　)。

A. 现金日记账　B. 银行存款日记账　C. 购货日记账　D. 销货日记账

2. 总账格式设计应该考虑(　　)。

A. 总账的登记方法　B. 企业规模　C. 会计核算形式　D. 账户的对应关系

三、判断题

1. 原材料、库存商品、在产品等存货明细账一般都采用数量金额式账簿。(　　)

2. 三栏式总账是指设“借方”“贷方”“余额”三栏。(　　)

3. 特种日记账是用来登记某一类经济业务发生情况的日记账。(　　)

4. 普通日记账是用来登记全部经济业务发生情况的日记账。（　）

四、案例分析题

某会计班的学生在学习完“会计账簿”一章后，举办了一次小型研讨会，关于各种账簿大家提出以下观点：

1.“针对现金和银行存款同时登记总分类账和日记账，显得有点重复，而且增加了会计信息加工成本。”

2.“现金和银行存款日记账是由出纳人员登记的，而出纳人员又直接进行现金和银行存款的收支工作，这不符合不相容职务分离的内部控制原则。”

3.“大型企业为了降低会计信息提供成本，对总账的登记应该采用定期汇总登记法。”

4.“对各个明细账也可以通过编制试算平衡表的方法对其检验。”

对上述各位同学的观点进行客观评价，并说明其道理。

模块八

投资业务会计制度设计

学习导航

了解：投资业务的概念和特点，投资业务的目标，投资业务的风险。

掌握：投资业务的分类和投资业务内部控制制度，对外投资的核算。

运用：岗位责任制度、财务分析制度、投资调查授权审批制度、投资取得、保管控制制度、投资核算控制制度、投资清理和处置制度、投资业务内部控制相关制度。

模块引例

帝豪公司投资部经过对项目投资的可行性研究后，与大华公司签订了投资协议。根据投资协议，2014 年 6 月对大华工资投资6 000万元。2014 年 12 月，由于大华公司增资扩股的相关法律手续尚未办理完毕，帝豪公司投资交易尚未完成。2014 年 12 月双方签订了资金占用费补充协议，帝豪公司收取了至 2014 年 12 月底资金占用费 262 万元。但是没有收到 2015 年 1 月至 4 月的资金占用费。因此帝豪公司的利益没有得到保证。

问题与任务：思考帝豪公司对该项投资业务存在的失控点有哪些？

情境一　投资业务概述

一、投资的概念及特点

投资是指货币转化为资本的过程。投资可分为实物投资和证券投资。前者是以货币投入企业，通过生产经营活动取得一定利润。后者是以货币购买企业发行的股票和公司债券，间接参与企业的利润分配。投资具有以下特点：

(1)投资是以让渡其他资产而换取的另一项资产；

(2)投资是企业在生产经营过程之外持有的资产；

(3)投资是一种以权利为表现形式的资产；

(4)投资是一种具有财务风险的资产。

二、企业投资的分类

为了加强投资管理，提高投资效益，必须对投资进行科学的分类，以分清投资的性质。对企业投资可作如下分类：

(一)按投资与企业生产经营的关系，可分为直接投资和间接投资

直接投资是指把资金投放于生产经营环节中，以期获取利润的投资。在非金融性企业中，直接投资所占比重较大。间接投资又称证券投资，是指把资金投放于证券等金融性资产，以期获得股利或利息收入的投资。随着我国证券市场的完善和多渠道筹资的形成，企业的间接投资会越来越广泛。

(二)按投资回收时间的长短，可分为短期投资和长期投资

短期投资是指准备在一年以内收回的投资，主要指对现金应收账款、存货、短期有价证券等的投资。长期投资是指一年以上才能收回的投资，主要指对房屋、建筑物、机器、设备等能够形成生产能力物质技术基础的投资，也包括对无形资产和长期有价证券的投资。一般而言，长期投资风险高于短期投资，与此对应，长期投资收益通常高于短期投资。长期投资中对房屋、建筑物、机器、设备等能够形成生产能力物质技术基础的投资，是一种以特定项目为对象，直接与新建或更新改造项目有关的长期投资行为，且投资所占比重较大，建设周期较长，所以称为项目投资。

(三)按投资的方向和范围，可分为对内投资和对外投资

对内投资是指把资金投放在企业内部，购置各种生产经营用资产的投资。对外投资是指企业以现金、实物、无形资产等方式或者以购买股票、债券等有价证券方式向其他单位的投资。从理论上讲，对内投资的风险要低于对外投资，对外投资的收益应高于对内投资，随着市场经济的发展，企业对外投资机会越来越多。

情境二　投资业务的风险及控制环节

一、企业投资业务涉及的主要风险

(1)投资行为违反国家法律法规，可能遭受外部处罚、经济损失和信誉损失。

(2)投资业务未经适当审批或超越授权审批，可能因重大差错、舞弊、欺诈而导致损失。

(3)投资项目未经科学、严密的评估和论证，可能因决策失误导致重大损失。

(4)投资项目执行缺乏有效的管理，可能因不能保障投资安全和投资收益而导致损失。

(5)投资项目处置的决策与执行不当，可能导致权益受损。

二、企业在建立与实施投资业务内部控制中，应当强化或控制的关键环节

（一）岗位责任制度

企业应当建立对外投资业务的岗位责任制，明确相关部门和岗位的职责权限，确保办理对外投资业务的不相容职务相分离、制约和监督。投资业务不相容职务至少应当包括：

（1）对外投资预算的编制与投资的审批相分离，以确保审批人员对投资可行性的研究、评估做到客观公正。

（2）对外投资项目的可行性研究与评估相分离，以规避投资风险，实现投资效益最大化。

（3）对外投资的决策者与投资活动的执行人员相分离，以确保投资活动能得到更有效的执行，企业财富得到最大程度的增加。

（4）对外投资处置的审批人员与执行人员相分离，以防止在投资资产处置过程中可能发生的舞弊行为。

（5）对外投资的执行和相关会计记录相分离，以确保业务运行和会计记录的相互核对与控制关系。

（二）财务分析制度

财务分析制度应贯穿企业投资活动的全过程，包括投资的提出、立项、调查、审批、跟踪和处理。投资负责部门和财务部门应定期或不定期地分析被投资企业的财务状况、证券市场行情等，并据此编制财务分析报告，向企业管理层或董事局汇报。若企业进行财务分析活动成本过高或能力不够时，可以聘请市场分析专家、证券分析专家或投资咨询公司来进行投资分析，以便随时掌握投资的运行状态，及时采取对策规避投资风险。财务分析制度应当包括的主要内容有：

（1）分析正常生产经营与计划中扩大生产经营情况下所需的营运资本额，核查企业的资金存量。

（2）根据生产经营计划，编制和调整资本预算。

（3）了解分析本行业或其他行业中盈利较高企业的经营政策和财务状况。

（4）及时跟踪了解证券市场的相关政策和上市公司的资料。

（5）编制财务分析报告，定期向管理层或董事会递交。

（三）投资调查授权审批制度

企业应建立严格的对外投资业务的授权审批制度，明确审批人员的授权审批方式、权限、程序、责任及相关控制措施，规定经办人的职责范围和工作要求。审批人应根据对外投资授权审批制度的规定，在授权的范围内进行审批，不得超越审批权限。经办人员应在职责范围内，按照审批人员的意见办理对外投资业务。所有投资决策应当形成书面材料予以记录，重大投资项目应通过董事会集体决策，并采取会签或连签制度。所有投资决策都应当经审批确认后，方可正式执行。投资决策的有关书面文件应当进行连续编号归档，以便日后查询。

(四)投资取得、保管控制制度

企业直接投资的合同、章程和间接投资的有价证券等,应协同专门部门或专人进行跟踪管理。无论有价证券是由银行或其他独立机构代为保管还是由企业自行保管,证券管理人都必须设置证券登记簿,根据经复核和批准的原始单据,建立详细的记录,包括登记存取证券的名称、号码、数量、面值、存放和取出日期及经手人等内容。该登记簿应同财务部门的投资明细账一起定期由专人进行核对,以保证投资资产的安全和完整。

(五)投资核算控制制度

企业的投资资产无论是由企业自行保管还是由他人代管,都要进行完整的会计记录,并对其增减变动及投资收益进行相关会计核算。投资核算控制制度主要包括投资的发生、期末计价、利息及股利的收取和投资处置等投资业务全过程的会计核算控制制度。企业应对每一种股票或债券分别设立明细分类账,并详细记录其名称、面值、证书编号、数量、取得日期、经纪人名称、购入成本、收取的股利或利息等。

(六)投资清理和处置制度

投资的收回、转让和核销,应当按规定权限和程序进行审批,并履行相关审批手续。对应收回的对外投资资产,要及时足额收取,转让对外投资应当由相关机构或人员合理确定价格,并报授权批准部门批准;必要时,可委托具有相应资质的专门机构进行评估。如果处置的结果是收回现金,还应结合现金收入的控制方法对投资资产处置进行控制。

情境三　投资业务内部控制制度设计

一、投资业务处理的具体流程设计

投资业务处理流程如下:提出投资方案→可行性研究报告→投资风险评估→投资集体决策→投资岗位分工→投资授权批准→制订实施方案→项目跟踪管理→投资收益核算→权益证书管理→核对账目→投资处置控制。具体的投资业务处理流程见图 8—1。

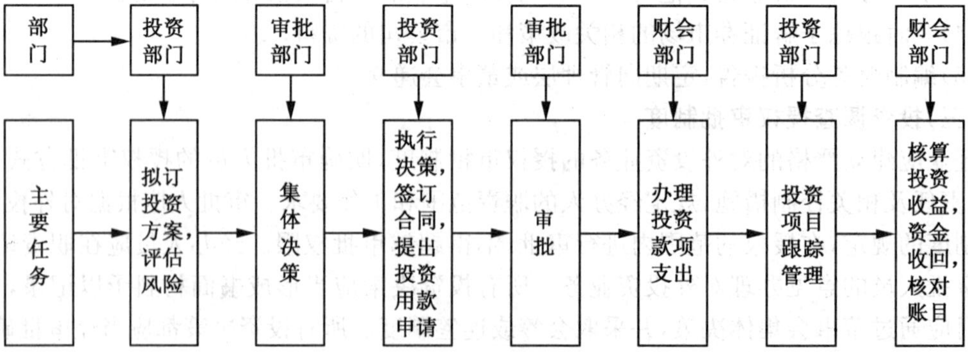

图 8—1　投资业务处理流程

二、投资业务内部控制相关制度的设计

(一)投资岗位分工制度

投资业务不相容岗位至少应当包括：

(1)投资项目的可行性研究与评估；

(2)投资的决策与执行；

(3)投资处置的审批与执行；

(4)投资绩效的评估与执行。

企业应当配备适当的人员办理对外投资业务。办理对外投资业务的人员应当具备良好的职业道德，掌握金融、投资、财会、法律等方面的专业知识。

(二)投资授权批准制度

(1)建立投资授权制度和审核批准制度，并按照规定的权限和程序办理投资业务。

(2)根据投资类型制订相应的业务流程，明确投资中主要业务环节的责任人员、风险点和控制措施等。

(3)设置相应的记录或凭证，如实记载投资业务各环节的开展情况。明确各种与投资业务相关文件资料的取得、归档、保管、调阅等各个环节的管理规定及相关人员的职责权限。

(三)投资决策内部控制制度

1. 加强投资可行性研究、评估与决策环节的控制

对投资项目建议书的提出、可行性研究、评估、决策等作出明确规定，确保投资决策合法、科学、合理。

企业因发展战略需要，在原投资基础上追加投资的，仍应严格履行控制程序。

2. 编制投资项目建议书

由相关部门或人员对投资项目进行分析与论证，对被投资企业资信情况进行调查或实地考察，并关注被投资企业管理层或实际控制人的能力、资信等情况。投资项目如有其他投资者，应当根据实际情况对其他投资者的资信情况进行了解或调查。

3. 作出投资评价

由相关部门、人员或委托具有相应资质的专业机构对投资项目进行可行性研究，编制可行性研究报告，重点对投资项目的目标、规模、投资方式、投资的风险与收益等作出评价。

企业应当由相关部门、人员或委托具有相应资质的专业机构对可行性研究报告进行独立评估，形成评估报告。对重大投资项目，必须委托具有相应资质的专业机构对可行性研究报告进行独立评估。

4. 投资决策审批

根据经股东大会(或者企业章程规定的类似权力机构)批准的年度投资计划，按照职责分工和审批权限，对投资项目进行决策审批。重大的投资项目，应当根据公司章程及相应权限报经股东大会或董事会(或者企业章程规定的类似决策机构)批准。设立投资审查委员会或者类

似机构，对达到一定标准的投资项目进行初审。在初审过程中，应当审查下列内容：

(1)拟投资项目是否符合国家有关法律法规和相关调控政策，是否符合企业主业发展方向和投资的总体要求，是否有利于企业的长远发展。

(2)拟订的投资方案是否可行，主要的风险是否可控，是否采取了相应的防范措施。

(3)企业是否具有相应的资金能力和项目监管能力。

(4)拟投资项目的预计经营目标、收益目标等是否能够实现，企业的投资利益能否确保，所投入的资金能否按时收回。只有初审通过的投资项目，才能提交上一级管理机构和人员进行审批。

5. 总额控制

企业集团根据企业章程和有关规定对所属企业投资项目进行审批时，应当采取总额控制等措施，防止所属企业分拆投资项目、逃避更为严格的授权审批的行为。

投资决策业务控制程序如图 8—2 所示。

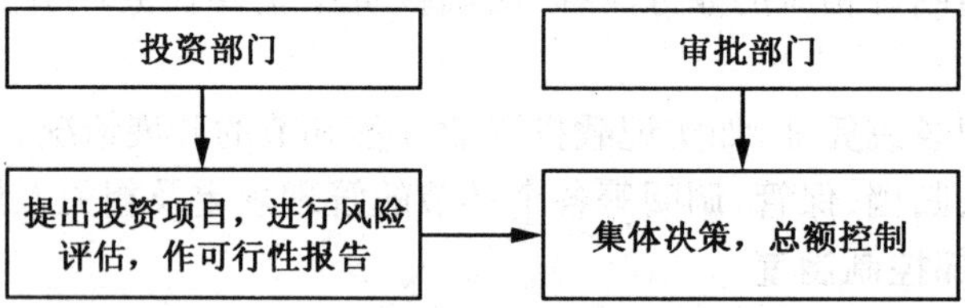

图 8—2 投资决策业务控制程序

(三)投资执行内部控制制度

1. 制订投资实施方案

制订投资实施方案，明确出资时间和金额、出资方式及责任人员等内容。投资实施方案及方案的变更，应当重新履行审批程序。投资业务需要签订合同或协议的，应当遵循《企业内部控制应用指引——合同协议》的相关规定。

2. 对投资项目跟踪管理

指定专门的部门或人员对投资项目进行跟踪管理，掌握被投资企业的财务状况、经营情况和现金流量，定期组织投资质量分析。发现异常情况，应当及时向有关部门和人员报告，并采取相应措施。根据管理需要和有关规定向被投资企业派出董事、监事、财务负责人或其他管理人员。对派驻被投资企业的有关人员建立适时报告、业绩考评与轮岗制度。

3. 核算投资收益

加强投资收益的控制，按照国家统一的会计准则、制度对投资收益进行核算。对于被投资单位以股票形式发放的股利，应及时更新账面股份数量。

4. 管理有关权益证书

加强投资有关权益证书的管理，指定专门部门或人员保管权益证书，建立详细的记录。未经授权人员不得接触权益证书。财务部门应当定期或不定期地与投资管理部门和人员清点核对有关权益证书。被投资企业股权结构等发生变化的，企业应当取得被投资企业的相关文件，及时办理相关产权变更手续，反映股权变更对本企业的影响。

5. 设置投资备查登记簿

(1)设置投资备查登记簿，记载被投资单位基本情况、动态信息，取得投资时被投资单位各项资产、负债的公允价值信息，历年与被投资单位发生的关联交易情况，发放股票股利情况等。

(2)定期和不定期地与被投资企业核对有关投资账目，保证投资的安全、完整。

(3)加强对投资项目减值情况的定期检查和归口管理，减值准备的计提标准和审批程序，按照企业资产减值内部控制的有关规定执行。

(四)投资处置控制制度

1. 加强投资处置环节的控制

对投资收回、转让、核销等的决策和授权批准程序作出明确规定。投资的收回、转让与核销，应当按规定权限和程序进行审批，并履行相关审批手续。对应收回的投资资产，要及时足额收取。若出现转让投资，应当由相关机构或人员合理确定转让价格，并报授权批准部门批准；必要时，可委托具有相应资质的专门机构进行评估。若核销投资，应当取得因被投资企业破产等原因不能收回投资的法律文书和证明文件。

2. 审核相关资料

认真审核与投资处置有关的审批文件、会议记录、资产回收清单等相关资料，确保资产处置真实、合法。

3. 建立投资项目后续跟踪评价管理制度

对企业的重要投资项目和所属企业超过一定标准的投资项目，有重点地开展后续跟踪评价工作，并作为进行投资奖励和责任追究的基本依据。

投资处置控制程序如图 8—3 所示。

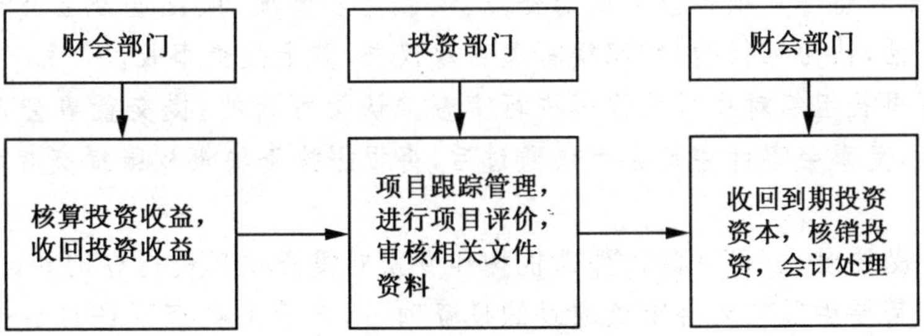

图 8—3　投资处置控制程序

【模块案例】　××股份有限公司对外投资管理制度

第一章　总　则

第一条　为规范××股份有限公司(以下简称公司)的对外投资行为，加强公司对外投资管理，防范投资风险，保障投资安全，提高投资效益，维护公司形象和投资者的利益，依照《公司法》《证券法》《深圳证券交易所股票上市规则》等法律、法规、规范性文件的相关规定，结合《公司章程》及公司的实际情况，制定本制度。

第二条　本制度所称对外投资是指公司对主营业务以及与主营业务相关的产品的生产、销售、贸易和服务进行的投资创投等风险投资行为。

第三条　公司进行对外投资应遵循符合公司发展战略，谨慎、强化风险控制，合理评估效益，并不得影响公司主营业务的正常运行的原则。

第四条　根据国家对投资行为管理的有关要求，投资项目需要报有关部门审批的，应履行必要的报批手续，保证公司各项投资行为的合规合法性。

第五条　本制度适用于公司及公司下属全资子公司、控股子公司(以下简称子公司)的对外投资行为。

第二章　投资决策权限和程序

第六条　公司对外投资实行专业管理和逐级审批制度。

第七条　公司对外投资的审批应严格按照《公司法》《深圳证券交易所股票上市规则》和中国证券监督管理委员会的有关法律、法规及《公司章程》以及《股东大会议事规则》《董事会议事规则》《总经理工作细则》等规定的权限履行审批程序。

第八条　公司对外投资归口管理部门为证券投资部，负责寻找、收集对外投资的信息和相关建议。公司的股东、董事、高级管理人员、相关职能部门、相关业务部门和各下属公司可以提出书面的投资建议或信息。

第九条　公司证券投资部等有关管理部门对拟投资的项目进行市场前景、所在行业的成长性、相关政策法规是否对该项目已有或有潜在的限制、公司能否获取与项目成功要素相应的关键能力、公司是否能筹集项目投资所需资源、项目竞争情况、项目是否与公司长期战略相吻合等方面进行评估，认为可行的，组织编写项目建议书，并上报董事长。

第十条　董事长组织对项目建议书进行审查。认为可行的，提交董事会审计委员会对投资进行事前审查，董事会审计委员会审议通过后，将根据投资决策权限提交相应有权审批机构审议。

第十一条　必要时，公司可聘请外部机构和专家对投资项目进行咨询和论证。

第十二条　需要由股东大会审议通过的投资项目，在董事会审议通过后提交股东大会审议。

第三章　风险投资特别规定

第十三条　公司进行非以扩大主营业务生产规模、执行公司发展战略或延伸产业链为目的的风险投资时，应当谨慎、强化风险控制、合理评估效益，并不得影响公司主营业务的正常运行。

第十四条 公司只能使用自有资金作为风险投资的资金来源，不得使用募集资金直接或间接进行风险投资。

第十五条 公司存在使用闲置募集资金暂时补充流动资金或募集资金投向变更为补充流动资金后，公司12个月内不得进行风险投资。风险投资后的12个月内，不得使用闲置募集资金暂时补充流动资金或募集资金投向变更为补充流动资金。

第十六条 公司进行风险投资，应当以发生额作为计算标准，并按连续12个月累计发生额计算。经累计计算达到本制度第十八条、第二十一条规定的，应当按照本制度第十八条、第二十一条履行审批程序和信息披露义务。

第十七条 公司董事会审计委员会应当对风险投资进行事前审查，对风险投资项目的风险、履行的程序、内部控制制度执行情况出具审查意见。

第十八条 公司风险投资额度的审批权限如下：

(1)风险投资金额在1 000万元以下的，由公司总经理办公会议审批：

(2)风险投资金额超过1 000万元、低于5 000万元的，由公司董事会审批；

(3)风险投资金额在5 000万元以上的，由公司董事会审议通过后提交股东大会审议。

第十九条 对于风险投资项目，公司审计委员会应在每个会计年度末对所有风险投资项目进展情况进行检查，对于不能达到预期效益的项目应当及时报告公司董事会。

第二十条 风险投资项目中涉及保证金的，公司应在投资协议中明确保证金的管理。

第二十一条 风险投资金额在1 000万元以上的，应按照深圳证券交易所《上市公司信息披露格式指引第6号:上市公司对外投资公告格式指引》的要求及时披露，同时说明审计委员会事前审查情况和本制度第十五条内容。

第二十二条 公司首次披露风险投资项目后，还应当按照以下时点持续披露风险投资项目的进展情况：

(1)被投资企业进入IPO上市辅导期；

(2)被投资企业IPO上市辅导期结束并通过验收；

(3)被投资企业的IPO招股说明书预披露；

(4)被投资企业的IPO发审会审议结果；

(5)深圳证券交易所认为应当披露的其他事项。

第二十三条 公司小额贷款银行、担保公司、期货公司、信托公司等金融类公司投资，参照风险投资管理的要求执行，但对金融类上市公司的投资除外。

第二十四条 公司控股子公司进行风险投资，视同公司的行为。参股公司进行风险投资，对公司业绩造成较大影响的，公司应当及时履行信息披露义务。

第四章 信息披露及内部信息报告程序

第二十五条 公司对外投资应严格按照《公司法》《证券法》《深圳证券交易所股票上市规则》及其他有关法律、法规、《信息披露管理办法》等的规定履行信息披露义务。

第二十六条　公司董事、监事、高级管理人员及相关知情人员在公司对外投资信息披露前，应当将该信息的知情者控制在最小范围内，不得向外部和公司其他岗位人员泄露投资信息。

第二十七条　董事会秘书负责公司未公开对外投资信息的对外公布，其他董事、监事、高级管理人员及相关知情人员，非经董事会书面授权，不得对外发布任何会司未公开的投资信息。

第二十八条　子公司应严格执行公司《信息披露管理办法》的有关规定，履行信息披露的基本义务，提供的信息应当真实、准确、完整，并在第一时间报送本企业董事会，以便公司及时对外披露。

第二十九条　子公司应当明确信息披露责任人及责任部门，负责子会司信息报告事宜，保持与公司董事会办公室的信息沟通。

第五章　实施、检查和监督

第三十条　对外投资项目经董事会或股东大会审议通过后，由董事长负责组织实施。

第三十一条　在对外投资项目实施过程中，董事长如发现该投资方案有重大疏漏、项目实施的外部环境发生重大变化或受到不可抗力之影响，可能导致投资失败时，应向董事会报告；董事会视情形决定对投资方案进行修改、变更或终止。经股东大会批准的对外投资项目，其投资方案的修改、变更或终止需由股东大会进行审议。

第三十二条　公司监事会、内审部应依据其职责对对外投资项目进行监督，对违规行为及时提出纠正意见，对重大问题提出专项报告，提请对外投资项目审批机构讨论处理。

第三十三条　独立董事有权对公司的对外投资行为进行检查。

第六章　董事、总经理、其他管理人员及相关责任单位的责任

第三十四条　公司董事、总经理及其他管理人员应当审慎对待和严格控制对外投资行为产生的各种风险，对违规或失当的对外投资行为负有主管责任或直接责任的上述人员应对该项错误对外投资行为造成的损失依法承担连带责任。

上述人员未按本制度规定程序擅自越权审批对外投资项目，对公司造成损害的，应当追究当事人的经济责任和行政责任。

第三十五条　责任单位或责任人怠于行使其职责，给公司造成损失的，可视情节轻重给予包括经济处罚在内的处分并承担赔偿责任。

第三十六条　公司股东大会及董事会有权视公司的损失、风险的大小、情节的轻重决定给予责任单位或责任人相应的处分。

第七章　附　则

第三十七条　本制度未尽事宜，按照国家有关法律、法规和公司章程的规定执行。

第三十八条　本制度自董事会审议通过之日起实施，由董事会负责解释。

模块小结

本模块主要介绍了投资业务的会计制度设计。通过本模块的学习，应该了解投资业务的概念、特点，投资业务会计制度的设计目标。能够分析对外投资的风险，找到控制的关键点。同时，能够为企业建立一套严谨、可行的投资业务内部控制制度。

模块训练

一、单项选择题

1. 企业应当由相关部门和人员或委托具有相应资质的专业机构对投资项目进行（　　），通过对与投资项目有关的经济、社会、技术等方面情况进行全面的调查研究，对各种投资方案进行分析，对投资后的经济效益和社会效益进行预测，为投资决策提供依据。

A. 可行性研究　　B. 项目建议　　C. 评估　　D. 决策

2. 对外投资应由（　　）决策，决策过程应有完整的书面记录。

A. 小组　　B. 主管部门　　C. 主要领导　　D. 集体

二、多项选择题

1. 对外投资的执行应与（　　）岗位相分离。

A. 决策　　B. 审批　　C. 绩效评估　　D. 会计记录

2. 对外投资内部控制监督检查的重点内容包括（　　）。

A. 是否存在不相容职务混岗的现象

B. 决策过程是否符合规定的程序

C. 处置是否经过集体决策并符合授权批准程序

D. 会计记录是否真实、完整

3. 采用权益法时，能引起长期股权投资账面价值增减变动的事项有（　　）。

A. 收到现金股利　　B. 收到股票股利

C. 被投资企业实现净利润　　D. 被投资企业发生净亏损

4. 投资企业与被投资单位存在（　　）关系时，投资方应采用成本法核算该长期股权投资。

A. 控制　　B. 重大影响　　C. 无重大影响　　D. 共同控制

5. 决定债券收益率的因素主要有（　　）。

A. 票面利率　　B. 持有时间　　C. 市场利率　　D. 购买价格

6. 下列关于投资基金的表述中，正确的是（　　）。

A. 是一种利益共享、风险共担的集合投资方式

B. 通过发行基金股份或受益凭证等有价证券聚集众多的不确定投资者的出资

C. 由专业投资机构经营运作

D. 以规避投资风险并谋取投资收益为目的

7. 股票投资的特点有（　　）。

A. 是一种股权性投资　　　　B. 风险较大
C. 股票价格的波动性大　　　　D. 收益不稳定

三、案例分析题

A公司股东大会批准董事会的投资权限为1亿元以下。董事会决定由总经理负责实施。总经理决定由证券部负责总额在1亿元以下的股票买卖。A公司规定:公司划入营业部的款项由证券部申请,由会计部审核,总经理批准后划转入公司在营业部开立的资金账户。经总经理批准,证券部直接从营业部资金账户支取款项。证券买卖、资金存取的会计记录由会计部处理。检查人员了解和测试投资的内部控制制度后发现:证券部在某营业部开户的有关协议及补充协议未经会计部门或其他部门审核。根据总经理的批准,会计部已将8 000万元汇入该户。证券部月底将证券买卖清单交给会计部,会计部据以汇总登记。

根据上述资料,假定其他内容不存在缺陷,请指出A公司内部会计控制在设计与运行方面的缺陷。

模块九

筹资业务会计制度设计

学习导航

了解：企业筹资业务的概念、方式和核算方法，以及筹资风险的管理和控制。

掌握：筹资业务内部控制的流程及其制度的设计。

运用：岗位责任制度、授权批准制度、筹资决策控制制度、筹资决策执行制度、筹资偿付制度、筹资凭证的记录与保管制度及监督检查制度。

模块引例

康辉酒店为提高档次，欲向外国银行借款以增加投资，遂与国内A信托公司协商，以酒店的房产及土地使用权作出反担保，请求A投资公司担任借款合同保证人。经双方协商后，2006年8月20日，由A投资公司担保，康辉酒店以荷兰商业银行香港分行为代理的几家银行签订了为期8年的贷款合同，并于2006年10月至2007年11月，分20次提取了全部贷款1 500万美元。由于康辉酒店资金短缺，无法履行信贷合同，造成违约。于是，银行于2008年7月20日宣布全部贷款本金、利息及其他费用提前到期，要求康辉酒店立即付款1 600万美元。康辉酒店一致不予偿付，贷款银行遂要求A投资公司履行保证人义务。A投资公司代康辉酒店清偿了所欠本金及利息，并于2009年2月24日发函向康辉酒店追索。因康辉酒店未予偿付，投资公司将其告上法院。最终，康辉酒店败诉，酒店财产于2009年被变卖，以偿还债务。

问题与任务：作为财务人员，你对此项筹资业务有什么看法？

情境一　筹资业务概述

一、筹资的概念和方式

筹资，是指企业为了满足生产经营发展需要，通过银行借款或者发行股票、债券等形式筹集资金的活动。筹资方式,是指企业筹集资金所采取的具体形式,它受到法律环境、经济体制、融资市场等筹资环境的制约,特别是受国家对金融市场和融资行为方面的法律法规制约。筹资方式主要有投入资本筹资、发行股票筹资、发行债券筹资、发行商业本票筹资、银行借款筹资、商业信用筹资、租赁筹资等。它可以概括为两类:股权筹资与债权筹资。

二、股权筹资与债权筹资的优缺点

(一)股权筹资的优缺点

1. 股权筹资的优点

(1)股权筹资是企业稳定的资本基础。

(2)股权筹资是企业良好的信誉基础。

(3)股权筹资的财务风险较小。

2. 股权筹资的缺点

(1)股权筹资的资本成本负担较重。

(2)股权筹资容易分散公司的控制权。

(3)股权筹资的信息沟通与披露成本较大。

(二)债权筹资的优缺点

1. 债权筹资的优点

(1)筹资速度较快。

(2)筹资弹性大。

(3)资本成本负担较轻。

(4)可以利用财务杠杆。

(5)稳定公司的控制权。

(6)信息沟通等代理成本较低。

2. 债权筹资的缺点

(1)不能形成企业稳定的资本基础。

(2)财务风险较大。

(3)筹资数额有限。

三、筹资业务会计制度设计的目标

(一)企业筹资活动所涉及的风险

(1)筹资活动违反国家法律法规,可能遭受外部处罚、经济损失和信誉损失。

(2)筹资活动未经适当审批或超越授权审批,可能因重大差错、舞弊、欺诈而导致损失。

(3)筹资决策失误,可能造成企业资金不足、冗余或债务结构不合理。

(4)债务过高和资金调度不当,可能导致企业不能按期偿付债务。

(5)筹资记录错误或会计处理不正确,可能造成债务和筹资成本信息不真实。

(二)企业在建立与实施筹资活动内部控制中应当强化或控制重要环节

(1)职责分工、权限范围和审批程序应当明确规范,机构设置和人员配备应当科学合理。

(2)筹资决策、执行与偿付等环节的控制流程应当清晰合理,筹资方案的拟订与审批、筹资合同防议的审核和签订、筹集资金的收取与使用、还本付息的审批与办理等应当有明确规定。

(3)筹资活动的确认、计量和报告应当符合国家统一的会计准则、制度的规定。

情境二　筹资业务内部控制制度设计

一、筹资业务处理的具体流程

筹资业务处理流程如下:提出多套筹资方案→风险评估→集体决策→筹资岗位分工→筹资授权批准→订立筹资合同→取得相关资产→筹资费用核算→定期核对本金利息→筹资授权偿付。筹资业务处理流程具体见图 9－1。

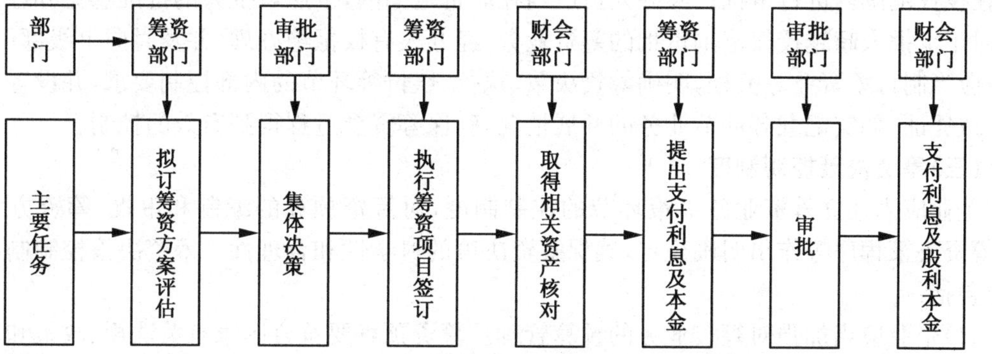

图 9－1　筹资业务处理流程

二、筹资业务内部控制相关制度设计

筹资业务内部控制的目的是规范筹资行为,防范筹资过程中的差错和舞弊,控制筹资风险,降低筹资成本,因此,企业筹资业务内部控制制度主要包括岗位责任制度、授权批准制度、筹资决策控制制度、筹资决策执行制度、筹资偿付制度、筹资凭证的记录与保管制度、监督检查制度。

(一)岗位责任制度

筹资业务及其相关业务环节有:分析确定企业短期和长期所需的资金数量;编制相应的筹资计划,审批确定筹资方式;办理债券或股票发行登记和注册手续,签订借款合同;自行或委托证券发行代理机构发行债券或股票;保管未发行的债券、股票和重新收回的股票;定期计算并支付利息或股利;进行会计记录等。企业应当建立筹资业务的岗位责任制度,明确相关机构和

岗位的职责、权限,保证办理筹资业务不相容职务的分离、制约和监督。筹资业务的不相容职务包括:

(1)筹资计划的拟订人员与决策人员相分离,以确保决策者能客观地衡量计划的优劣。

(2)筹资业务的执行人员与相关会计记录人员相分离,通常要求由独立机构来代理发行债券或股票。

(3)筹资协议或合同的订立人员与审核人员相分离。

(4)与筹资有关的各种款项偿付的审批与执行相分离。

(5)未发行债券或股票的保管人员与会计记录人员相分离。

(6)会计记录人员与利息、股利的支付人员相分离。

(二)授权批准制度

企业应当建立严格的筹资业务授权批准制度,明确授权批准的方式、程序和相关的控制措施,规定审批人的权限、责任以及经办人的职责范围和工作要求。

严禁未经授权的机构或个人办理筹资业务。审批人应当根据筹资业务授权批准制度的规定,在授权范围内进行审批。经办人员应当在职责范围内,按照审批人的批准意见办理筹资业务,对于审批人超越授权范围审批的筹资业务,经办人有权拒绝办理,并及时向上级部门报告。单位应当制订筹资业务流程,明确筹资决策、执行、偿付等环节的内部控制要求,并设置相应的记录或凭证,如实记载各环节业务的开展情况,确保筹资全过程得到有效的控制。

(三)筹资决策控制制度

企业应当建立筹资业务决策环节的控制制度,对筹资预算的编制和审批、筹资方案的拟订、筹资决策程序等作出明确规定,确保筹资决策的科学性和合理性。筹资决策控制制度的关键点包括:

(1)企业应当加强对筹资业务的预算管理。筹资预算要符合国家有关法规、政策和单位筹资预算要求,符合企业战略发展要求,筹资规模、筹资结构和筹资方式要适当、可行。

(2)企业拟订筹资方案时,应当考虑企业的经营范围、投资项目的未来收益、目标资本结构、可接受的资本成本,对筹资时机选择、预计筹资成本、潜在筹资风险和具体应对措施等作出安排和说明。

(3)企业应当建立筹资方案的集体决策制度。一般筹资方案可由授权的相关部门或人员在职权范围内批准,重大决策方案应当实行集体审议联签。

(4)筹资决策过程应有完成的书面记录。对重大筹资方案应进行风险评估,形成评估报告,报董事会或股东大会决议。评估报告应全面反映评估人员的意见,并由所有评估人员签章。

(5)企业筹资涉及中介机构的,应当对其资信状况和资质条件进行充分调查和了解。

(6)企业应当建立筹资决策追究制度,明确相关部门和人员的责任,并定期或不定期地进行检查。

(四)筹资决策执行制度

企业应当建立筹资决策执行环节的控制制度，对筹资合同的订立和审议、资产的收取以及相关会计记录等作出明确规定。其控制要点包括：

(1)企业应当根据经批准的筹资方案，按照规定程序和筹资对象、中介机构订立筹资合同或协议。筹资合同或协议的订立应符合《合同法》及其他相关法律法规的规定，并经单位有关授权人员批准。重大筹资合同或协议的订立，应当征询法律顾问或专家的意见。企业相关组织或机构对筹资合同或协议的合法性、合理性、完整性进行审核，审核情况和意见应有完整的书面记录。企业变更筹资合同或协议，应按照原授权审批程序进行。

(2)企业取得的资产是货币资金的，应按货币资金的实有数额及时入账；取得的资产是非货币资金，且需要对该资产进行验资、评估的，应按规定在验资评估后合理确定其价值，进行会计记录，并办理有关产权转移、工商变更手续。

(3)企业对已核准但尚未对外发行的有价证券应妥善保管，或委托专门机构代为保管，建立相应的保管制度，明确保管责任，定期或不定期进行检查。

(4)企业应当加强对筹资费用的计算、核对工作，确保筹资费用符合筹资合同或协议的规定。

(5)对由于市场环境变化等特殊情况导致改变资产用途的，应当履行审批手续，并对审批过程进行完整的书面记录，及时公告和披露。

(五)筹资偿付制度

企业应当建立筹资业务偿付环节的控制制度，对利息、租金、股利及本金等的计算、核对、支付作出明确规定，确保各项款项偿付符合筹资合同或协议的规定。筹资偿付制度的关键点包括：

(1)企业应当指定专人严格按照合同或协议规定的本金、利率及币种计算利息和租金，经有关人员审核、确认后，与债权人进行核对。单位支付利息、租金，应当履行审批手续，经授权人员批准后方可支付。本金与利息必须和债权人定期对账，如有不符，要及时查明原因，迅速处理。

(2)企业委托代理机构对外支付债券利息，应清点、核对代理机构的利息支付清单，并及时取得相关凭据。

(3)企业应当按照股利分配方案分配股利，股利分配方案应当按照企业章程或有关规定，按权限审批。委托代理机构支付股利的，应清点、核对代理机构的股利支付清单。

(4)企业财会部门在办理筹资业务款项偿付过程中，发现已审批拟偿付的各种款项的支付方式、金额或币种等与有关合同或协议不符的，应当拒绝支付并及时向有关部门报告，查明原因，作出处理。

(六)筹资凭证的记录与保管制度

企业吸收直接投资形成的权益性筹资或向银行借款形成的负债性筹资，企业在正常的会计记录之外，通常要设立“股本明细表”“股东名册”“长期借款明细表”和“短期借款明细表”，并由专人进行登记。采用发行证券方式进行的筹资业务，控制要点在于对事物的保管。为了加强控制，对于核准后但尚未发行的公司债券，应当委托独立的机构代为保管。企业如果自行保管尚未发行的公司债券，应指定专人存放于保险箱中保管，并详细记录。内部审计人员要定期清点在库债券。

企业应当加强对与筹资业务相关的各种文件和凭据的管理，建立筹资决策、审批过程书面记录制度以及有关合同或协议、收款凭证、验收证明、入库凭证、支付凭证等的存档、保管和调用制度，并对有关文件和凭证进行定期核对和检查。

（七）监督检查制度

企业应当建立对筹资业务内部控制的监督检查制度，明确监督检查机构或人员的职责权限，定期或不定期地进行检查。筹资业务内部控制监督检查的关键点包括：

(1)监督检查筹资业务岗位和人员设置情况，重点检查是否存在不相容职务混岗的情况。

(2)监督检查筹资业务授权批准制度的执行情况，重点检查授权批准手续是否健全、是否存在越权审批的行为。

(3)监督检查筹资决策制度的执行情况，重点检查决策是否按照规定程序进行、责任制度是否落实到位。

(4)监督检查决策执行及资产的收取情况，重点检查是否严格按照经批准的筹资方案、有关合同或协议办理筹资业务，以及是否及时、足额收取资产。

(5)监督检查各项款项的支付情况，重点检查筹资费用、本金、利息、租金、股利等的支付是否符合合同或协议的规定，是否履行审批手续。

(6)监督检查会计处理和信息披露情况，重点检查会计处理是否真实、正确，信息披露是否及时、完整。

情境三　筹资风险的管理与控制

企业筹集资金的主要目的是为了扩大生产经营规模、提高经济效益，投资项目若不能达到预期效益，会影响企业获利水平，增加偿债能力的风险。如果企业决策正确、管理有效，就可以实现其经营目标。在筹资过程中，企业管理者拓展投资渠道，必须谨慎，应着重进行对外投资决策控制与分析，对重大投资项目进行可行性研究。盲目投资，没有进行事前周密的财务分析和市场调研是造成失误的原因，从企业经济利益出发，对经济活动的正确性、合理性、合法性和有效性进行全面的监督，并分析不同渠道资金的成本以及对公司经营的影响。尽量以最低的成本获得充足的资金供应。因此，筹资风险的管理与控制就成为企业财务风险管理的首要环节和内容。

一、合理确定财务结构经营风险

在资金结构中，若负债的比例过大，即过度负债经营，则依赖于外界的因素过多，也就加大了企业的经营风险和财务风险。生产经营环节稍有脱节，资金回收不及时，资金成本就会大幅度增加，从而降低企业经营利润，削弱企业活力，因此应把握好负债经营的“度”。要合理确定债务资金与自有资金、短期资金与长期资金的比例关系，并随着企业生产的变化而变化，使企业始终处于一种动态的管理过程中。合理确定企业一定时期所需筹集资金的数额是企业筹资管理的重要内容。企业一方面要筹集到足够的资金以满足企业生存和发展的需要，另一方面还要注意筹集的资金不能过多，防止产生资金的配置风险，出现资金闲置，增加企业的债务负担。从根本上讲，企业发生风险是由于举债导致的，一个全部用自有资本从事经营的企业只有经营风险而没有财务风险。因此，要权衡举债经营的财务风险来确定债务比率，同时还要考虑债务清偿能力，要尽量做到资金的筹集量与资金的需求量相互平衡。从大量负债经营实例中不难得出以下教训：企业经营决策失误，虽然适度举债是企业发展的必要途径，但必须以自有资金为基础，如资本结构中债务资本过大，必然导致恶性循环。同时，企业偿债能力强弱是对负债经营最敏感的指标，偿债能力即企业拥有现金多少或其资产变现能力强弱；债务资本在各项目之间配置的合理程度，从偿债能力看，负债比率越低，企业偿债能力越强，但未必合理，如企业借款利率小于利润率。企业应充分利用负债经营的好处，不同产业的负债经营合理程度是不一样的。

二、正确选择筹资方式

企业的筹资方式分为两大类，即负债筹资和股票筹资。一般来说，负债筹资资金成本相对较低，利息税前支付，但偿还风险相对较大，表现为能否及时足额地还本付息。因此，企业必须根据利率走势，合理安排筹资。对必须筹措的资金，应尽量采取浮动利率的计息方式。当利率处于高水平或处于由高向低过渡的时期，应尽量少筹资。当利率处于低水平或由低向高过渡的时期，应尽量采用固定利率的计息方式来保持较低的资金成本。股票偿还风险相对较小，股票筹资不存在还本付息的问题，它的风险只在于其使用效益的不确定性上。但是股票筹资的利息需税后支付，资金成本相对较高。

三、选择适当的筹资时机

筹资机会是客观存在的，能否把握筹资的机会，不仅影响到筹资的效益，而且关系到筹资的风险。企业在选择筹资机会时要考虑以下几点：与企业经济活动的周期和财务状况相匹配；与企业的股票行市相匹配；与企业未来现金流量相匹配。

四、采用不同渠道确定合理的筹资结构

企业筹集的资金，由于来源、方式、期限或成本的不同，其筹资风险也不同。企业全部资金来源通常可分为自有资金和借入资金、长期资金和短期资金、内部筹资和外部筹资、直接筹资和间接筹资。应将负债经营资产收益率与债务资本成本率进行对比，只有前者大于后者，才能保证本息到期归还，实现财务杠杆收益；根据组合风险分散理论，多元化筹资可以有效地分散

企业的筹资风险。筹资结构的确定就是要使筹资组合中各筹资方式所占比例合理,能将筹资风险最小化的同时又使加权资金成本最小化。

五、加强财务监控机制,防范金融风险

近几年,政府反复强调要加强金融监控,并加大了监管力度,但许多企业仍然收效甚微,金融风险有增无减。其根本原因仍然是只重视外部环境的制约,而对内控制度的建设抓得不够。为了防范金融风险,建立内部控制机制,必须强调发挥财务的管理和监督职能,健全财务监控机制,巩固财务管理在企业管理中的核心地位和作用,不断提高财务管理人员的风险意识。财会部门除了自觉搞好规范化、标准化、制度化建设以外,还必须通过特有的核算和监督手段,调节、制约整个企业的营运过程,使之沿着健康的轨道运行,积极参与到企业管理中去,使财会人员的理财意识不仅仅限于传统的“增收节支”,要增强理财技能,对目前亟需研究解决的资源配置、资产重组、优化资本结构、缓解债务负担、加速资金周转、提高资金使用效率等问题,要深刻理解和认识,这必然影响到金融风险的及时化解和消除。面对不断变化的财务管理环境,企业应设置高效的财务管理机构,配备高素质的财务管理人员,健全财务管理规章制度,强化财务管理的各项基础工作,保证企业财务管理系统有效运行,以防范因财务管理系统不适应环境变化而产生的财务风险。为了把好投资、融资项目关,建立健全约束机制,提高资金使用效益,规避金融风险,应成立投资、融资项目审查委员会。各下属业务单位根据需要成立审查小组,制定、实施一整套审查规定。

【模块案例】 ××机械股份有限公司筹资管理制度

第一章 总 则

第一条 为规范公司经营运作中的筹资行为,降低资本成本,减少筹资风险,以提高资金运作效益,依据相关规范,结合公司具体情况,特制定本制度。

第二条 本制度适用于公司总部、各子公司及各分公司的筹资行为。

第三条 本制度所指的筹资,是指权益资本筹资和债务资本筹资。

权益资本筹资是由公司所有者投入以及以发行股票方式筹资;债务资本筹资是指公司以负债方式借入并到期偿还的资金,包括短期借款、长期借款、应付债券、长期应付款等方式筹资。

第四条 筹资的原则。

(1)遵守国家法律、法规原则;

(2)统一筹措、分级使用原则;

(3)综合权衡、降低成本原则;

(4)适度负债、防范风险原则。

第五条 资金的筹措、管理、协调和监督工作由公司财务部统一负责。

第二章　权益资本筹资

第六条　权益资本筹资通过吸收直接投资和发行股票两种筹资方式取得。

(1)吸收直接投资是指公司以协议等形式吸收其他企业和个人投资的筹资方式。

(2)发行股票筹资是指公司以发行股票方式筹集资本的方式。

第七条　公司吸收直接投资程序。

(1)吸收直接投资须经公司股东大会或董事会批准。

(2)与投资者签订投资协议,约定投资金额、所占股份、投资日期以及投资收益与风险的分担等。

(3)财务部负责监督所筹集资金的到位情况和实物资产的评估工作,并请会计师事务所办理验资手续,公司据此向投资者签发出资报告。

(4)财务部在收到投资款后应及时建立股东名册。

(5)财务部负责办理工商变更登记和企业章程修改手续。

第八条　吸收投资不得吸收投资者已设有担保物权及租赁资产的出资。

第九条　筹集的资本金,在生产经营期间内,除投资者依法转让外,不得以任何方式抽走。

第十条　投资者实际缴付的出资额超出其资本金的差额(包括公司发行股票的溢价净收入)以及资本汇率折算差额等计入资本公积金。

第十一条　发行股票筹资程序。

(1)发行股票筹资必须经过股东大会批准并拟订发行新股申请报告。

(2)董事会向有关授权部门申请并经批准。

(3)公布公告招股说明书和财务会计报表及附属明细表,与证券经营机构签订承销协议。定向募集时向新股认购人发出认购公告或通知。

(4)招认股份,缴纳股款。

(5)改组董事会、监事会,办理变更登记并向社会公告。

第十二条　公司财务部建立股东名册,其内容包括股东姓名、名称、住所及各股东所持股份、股票编号以及股东取得股票的日期等。

第三章　债务资本筹资

第十三条　债务资本的筹资工作由公司财务部统一负责。经财务部批准,分支机构可以办理短期借款。

第十四条　公司短期借款筹资程序。

(1)根据财务预算和预测,公司财务部应先确定公司短期内所需资金,编制筹资计划表。

(2)按照筹资规模大小,分别由财务部经理、财务总监和总经理审批筹资计划。

(3)财务部负责签订借款合同并监督资金的到位和使用。借款合同内容包括借款人、借款金额、利息率、借款期限、利息及本金的偿还方式以及违约责任等。

(4)双方法人代表或授权人签字。

第十五条　公司短期借款审批权限。

短期借款采取限额审批制，投资限额标准如下(超过限额标准的由公司董事会批准)：

(1)财务部经理审批限额为10万元；

(2)财务总监审批限额为50万元；

(3)总经理审批限额为100万元。

第十六条　在短期借款到位当日，公司财务部应按照借款类别在短期筹资登记簿中登记。

第十七条　公司按照借款计划使用该项资金，不得随意改变资金用途，如有变动须经原审批机构批准。

第十八条　公司财务部及时计提和支付借款利息并实行岗位分离。

第十九条　公司财务部建立资金台账，以详细记录各项资金的筹集、运用和本息归还情况。财务部对于未领取利息单独列示。

第二十条　公司长期债务资本筹资包括长期借款、发行公司债券以及长期应付款等方式。

第二十一条　公司长期借款必须编制长期借款计划使用书，包括项目可行性研究报告、项目批复、公司批准文件、借款金额、用款时间与计划以及还款期限与计划等。

第二十二条　长期借款计划书由公司财务部经理、财务总监和总经理依其职权范围进行审批。

第二十三条　公司财务部负责签订长期借款合同，其主要内容包括贷款种类、用途、贷款金额、利息率、贷款期限、利息及本金的偿还方式和资金来源、违约责任等。

第二十四条　长期借款利息的处理。

(1)筹建期间发生的应计利息计入开办费；

(2)生产期间发生的应计利息计入财务费用；

(3)清算期间发生的应计利息计入清算权益；

(4)购建固定资产或无形资产有关的应计利息，在资产尚未交付使用或者虽已交付使用但尚未办理竣工决算之前，计入购建资产的价值。

第二十五条　公司发行债券筹资程序。

(1)发行债券筹资应先由股东大会作出决议。

(2)向国务院证券管理部门提出申请并提交公司登记证明、公司章程、公司债券募集办法以及资产评估报告和验资报告等。

(3)制订公司债券募集办法，其主要内容包括公司名称、债券总额和票面金额、债券利率、还本付息的期限和方式、债券发行的起止日期、公司净资产、已发行尚未到期的债券总额以及公司债券的承销机构等。

(4)同债券承销机构签订债券承销协议或包销合同。

第二十六条　公司发行的债券应载明公司名称、债券票面金额、利率以及偿还期限等事项，并由董事长签名、公司盖章。

第二十七条　公司债券发行价格可以采用溢价、平价、折价三种方式，公司财务部保证债券溢价和折价采用直线法合理分摊。

第二十八条　公司对发行的债券应置备公司债券存根簿予以登记。

(1)发行记名债券的，公司债券存根簿应记明债券持有人的姓名、名称及住所，债券持有人取得债券的日期及债券编号、债券总额、票面金额、利率、还本付息的期限和方式以及债券的发行日期。

(2)发行无记名债券的，应在公司债券存根簿上登记债券的总额、利率、偿还期限和方式以及发行日期和债券的编号等。

第二十九条　公司财务部在取得债券发行收入的当日，应将款项存入银行。

第三十条　公司财务部指派专人负责保管债券持有人明细账，并组织定期核对。

第三十一条　公司按照债券契约的规定及时支付债券利息。

第三十二条　公司债券的偿还和购回在董事会的授权下由公司财务部办理。

第三十三条　公司未发行债券必须由专人负责管理。

第三十四条　其他长期负债筹资方式还包括补充贸易引进设备价款和融资租入固定资产应付的租赁费等形成的长期应付款。

第三十五条　由公司财务部统一办理长期应付款。

第四章　公司筹资风险管理

第三十六条　公司应定期召开财务工作会议，并由财务部对公司的筹资风险进行评价。公司筹资风险的评价准则如下：

(1)以公司固定资产投资和流动资金的需要决定筹资的时机、规模和组合。

(2)筹资时应充分考虑公司的偿还能力，全面衡量收益情况和偿还能力，做到量力而行。

(3)对筹集来的资金、资产、技术具有吸收和消化的能力。

(4)筹资的期限要适当。

(5)负债率和还债率要控制在一定范围内。

(6)筹资要考虑税款减免及社会条件的制约。

第三十七条　公司筹资效益的决定性因素是筹资成本，这对于选择评价公司筹资方式有重要意义。公司财务部采用加权平均资本成本最小的筹资组合评价公司资金成本，以确定合理的资本结构。

第三十八条　筹资风险的评价方法采用财务杠杆系数法。财务杠杆系数越大，公司筹资风险也越大。

第三十九条　公司财务部应依据公司经营状况、现金流量等因素合理安排借款的偿还期以及归还借款的资金来源。

第五章 附 则

第四十条 本制度由财务部编制,解释权、修改权归财务部。

××股份有限公司

二〇一五年一月

模块小结

本模块主要介绍了筹资业务的会计制度设计。通过本模块的学习,应该了解筹资的概念和特点,筹资会计制度设计的目的,重点掌握筹资业务内部控制的流程及其相关的内部控制制度的设计。此外,了解筹资业务管理的风险和控制对于设计筹资业务的会计制度具有重要作用。

模块训练

一、单项选择题

1. 企业发放的股利应由( )决定。

A. 董事会 B. 总经理 C. 职工代表大会 D. 监事会

2. 企业( )负责拟订筹资方案。

A. 投资部门 B. 证券部门 C. 销售部门 D. 财会部门

3. 对于股份制企业来讲,发行股票筹资( )。

A. 能减少企业财务风险 B. 会增加企业财务风险

C. 只能用于购建固定资产 D. 是增加企业总资产的唯一途径

4. 下列各项中,属于"吸收直接投资"与"发行普通股"筹资方式相比的缺点的有( )。

A. 限制条件多 B. 财务风险大 C. 控制权分散 D. 资本成本高

5. 在计算下列各项资金的筹资成本时,不需要考虑筹资费用的是( )。

A. 普通股 B. 债券 C. 长期借款 D. 留存收益

二、多项选择题

1. 筹资内部控制的目标主要有( )。

A. 保证筹资活动经过适当的审批程序

B. 保证筹资业务的合法性

C. 保证合理地对利息费用进行调整和正确地计提及适当地支付利息和股利

D. 保证为债权人和股东提供有助于其决策的信息

2. 企业的有价证券应妥善保管,具体有( )方式。

A. 委托独立的银行代为保管 B. 企业专人自行保管

C. 内部审计人员保管 D. 委托独立的信托公司代为保管

3. 企业筹集资金的要求是( )。

A. 精心选择资金来源　　B. 合理确定资金数额和投放时间
C. 认真选择投资方向　　D. 正确运用负债经营
E. 及时足额筹集资本金

4. 短期借款往往带有一定的信用条件，其内容有(　　)。
A. 信用额度　　B. 补偿余额　　C. 抵押借款　　D. 质押借款
E. 周转信用协议

三、案例分析题

2003年下半年，一起非法集资案引起了金融界、学术界、企业界的高度关注。民营企业家孙大午为了筹措企业发展和兴办义务教育所需资金，在无法获得银行正常贷款的情况下，以高于银行利率、不收利息税等手段，非法吸收公众存款，累计达1.8亿余元，被河北省徐水县公安局逮捕；同年11月，被地方法院以"非法吸收公众存款罪"判处3年有期徒刑，缓刑4年。这起非法集资案不仅因为其典型性引起了各界的关注，而且暴露了我国金融业存在的诸多弊端，进一步说明我国中小企业发展过程中的融资问题亟待解决。

1. 艰难创业

河北大午农牧集团有限公司位于河北省保定市徐水县，成立于1985年。那时，大午集团所在地是一片荒废的果园，有一座废弃的砖窑和数十个坟包，村里以每亩6元的价格招标，在没人承包的情况下，孙大午的妻子刘惠茹承包了这块叫作"憋闷疙瘩"的荒地，启动资金只有2万元。

2. 无可奈何的民间集资

企业要发展，最重要的是资金。此后多年内，孙大午年年申请贷款，年年落空。1993年，大午集团还是一家小型饲料厂，想投资100多万元购买一套现代化的生产设备，求助于银行，被拒。

1995年，孙大午申请50万元贷款办农民技校，还是没有贷到款。近20年来，大午集团只拿到过两笔因为荣誉而特批的政府扶持性贷款。一次是1995年大午集团被国家工商总局评为全国最大的500家私营企业之一，河北省农业银行贷给他250万元；另一次是1996年孙大午被评为河北省"养鸡状元"，农业银行又一次贷给他180万元。除此以外，想得到其他贷款就难上加难了。

2000年，孙大午想筹资1 200万元建设一个1 000亩的葡萄园，需贷款600万元，被拒。后来，大午集团与当地银行完全断绝了关系。万般无奈之下，孙大午在向律师咨询后，转而向公司职工和周围农户借款。但他没有想到，律师认为合法的"民间借贷"行为，却让他背上了"非法吸收公众存款"的罪名。

3. 无言的结局

2003年11月，孙大午被地方法院以"非法吸收公众存款罪"判处3年有期徒刑，缓刑4年。

根据上述资料，回答下列问题：

(1)大午集团集资案反映出哪些主要问题?

(2)"孙大午集资案"引发的企业内部启示有哪些?

(3)"孙大午集资案"对中小企业融资模式选择的思考与启示有哪些?

模块十

货币资金业务会计制度设计

学习导航

了解：货币资金业务的内容及其特点。

掌握：企业相应的货币资金内部控制制度和会计核算方法的设计。

运用：授权批准及岗位分工控制制度、货币资金收入的内部控制制度、货币资金支出的控制制度、货币资金清查的控制制度和备用金控制制度。

模块引例

中实公司是一家工业企业，设出纳王某、会计张某两人：(1)收、付款凭证的复核和收、付款凭证的编制由出纳员王某负责；(2)每月银行对账单由王某自己取回与银行核对；(3)王某由于生病住院，休假两个月，在此期间，公司指定由会计员张某兼任。

问题与任务：中实公司的做法有无不妥之处？

情境一　货币资金业务的内容及会计制度设计的目标

一、货币资金业务的内容及其特点

货币资金是指企业在生产经营过程中停留在货币形态的那部分资金，包括现金、银行存款和其他货币资金三部分内容。它是企业进行生产经营活动不可或缺的必要条件，任何企业的任何经营业务都必须拥有货币资金。货币资金业务会计制度的设计，就是要根据国家制定的各项法律、法规和统一会计制度的要求并结合企业自身的经营管理特点，对现金、银行存款和其他货币资金业务设计企业的内部控制制度和会计核算方法。在企业的生产经营中，货币资金表现出以下几个特点：

(一)流动性强

由于货币资金是企业进行生产经营必不可少的物质条件,又是流动性最强的一项资产,容易发生非法挪用、侵吞的犯罪行为,因此,无论是投资者、债权人,还是企业管理当局,都非常关心、重视货币资金的管理。

(二)具有同其他经营业务的广泛联系性

无论是物资的采购、员工工资的发放、各项日常费用的开支,还是营业收入、营业外收入的获取和债权、债务的结算,都离不开货币资金的收付,所以说,企业的一切生产、经营业务都与货币资金相联系,都需要通过货币资金的运行来实现。

(三)国家的宏观管理要求严格

为加强货币资金的宏观管理,国务院颁布《现金管理暂行条例》,中国人民银行发布《银行账户管理办法》和《支付结算办法》等相关规定。此外,财政部还发布了《内部控制规范——货币资金(试行)》等一系列关于货币资金控制与核算方法的规定。

二、货币资金业务会计制度设计的目标

根据货币资金业务的特点,结合企业自身的经营管理实际设计一套切实可行的货币资金控制制度和核算方法,对于落实国家关于货币资金的各项宏观管理制度,加强货币资金的控制与核算,从而保证货币资金在对外财务会计报告中的恰当披露,保证货币资金的安全和正常有效运转,促进企业生产经营活动的有序运行,进而实现企业的经营目标和发展战略具有重要意义。具体而言,货币资金业务会计制度设计的目标主要有以下几个方面:

(1)落实货币资金的经营管理责任,保证货币资金的安全;

(2)便于货币资金的合理调度,满足各项生产经营业务的需要;

(3)准确、及时地进行会计核算,真实、完整地提供货币资金的会计信息;

(4)借助于对货币资金的控制,理顺并强化对生产经营业务的管理。

情境二　货币资金业务具体的会计制度设计

一、授权批准及岗位分工控制制度

(一)货币资金的授权批准制度

货币资金的授权批准制度要求:

(1)明确审批人对货币资金业务的授权批准方式、权限、程序、责任和相关控制措施,审批人应当在授权范围内进行审批,不得超越审批权限。

(2)规定经办人办理货币资金业务的职责范围和工作要求,经办人应当在职责范围内按照审批人的批准意见办理货币资金业务。对于审批人超越授权范围审批的货币资金业务,经办人有权拒绝办理,并及时向审批人的上级授权部门报告。

(3)对于重要的货币资金支付业务,应当实行集体决策和审批,并建立责任追究制度,防范贪污、侵占、挪用货币资金行为。

(4)严禁未经授权的机构或人员办理货币资金业务或直接接触货币资金。

(二)货币资金的岗位分工制度

岗位分工的前提是建立岗位责任制,明确相关部门和岗位的职责权限,确保不相容岗位相互分离、制约和监督。货币资金岗位分工制度设计的宗旨,是不得由一人办理货币资金业务的全过程,既包括企业财会部门内部的出纳岗位与会计岗位的分工,也包括与货币资金运行有关的业务岗位分工和货币资金审批的领导岗位分工等。因此,货币资金的岗位分工制度是融于企业各级领导的岗位分工、各业务部门的岗位分工、各管理职能部门的岗位分工和财会部门内部的出纳岗位与会计岗位分工等一系列岗位责任制度中的。货币资金的岗位分工制度要求建立出纳人员、审批的领导、专用印章保管人员、会计人员、稽核人员、会计档案保管人员及货币资金清查人员的责任制度。在这一系列岗位责任制度中,涉及货币资金业务的不相容岗位相互分离、制约和监督制度主要体现在以下几个方面:

(1)货币资金的收付及保管应由被授权批准的出纳人员负责,其他人员不得接触。

(2)出纳人员不能同时负责总分类账的登记和保管。

(3)出纳人员不得同时负责非货币资金账户的记账工作。

(4)出纳人员应与货币资金审批人员相分离,实施严格的审批制度。

(5)货币资金的收付和控制货币资金收支的专用印章不得由一人兼管。

(6)出纳人员应与货币资金的稽核人员、会计档案保管人员相分离。

(7)出纳人员应与负责现金的清查盘点人员和负责与银行对账的人员相分离。

二、货币资金收入的控制制度

(一)货币资金收入的控制程序

企业的货币资金收入主要有两种情形:一种是来源于当期的营业收入和收回以前各期的应收款项;另一种是不经常发生的货币资金收入,如借款、发行债券、收回对外投资、取得投资收益、出售固定资产和无形资产等。一般而言,因出售商品、提供劳务、出售原材料取得的营业收入是货币资金收入的主要来源,其业务运行也最为复杂。对这些营业收入,企业必须根据自身经营业务的特点制定相应的货币资金收入控制程序,以便于各职能部门相互协调,共同遵守。一般企业货币资金收入的控制程序如图 10—1 所示。

对于营业收入以外的货币资金收入,如借款,发行债券,收回对外投资,取得投资收益,出售固定资产和无形资产,收取租金、押金、赔款等,也应参照图 10—1 建立严格的控制程序,保证收入的货币资金安全、完整。

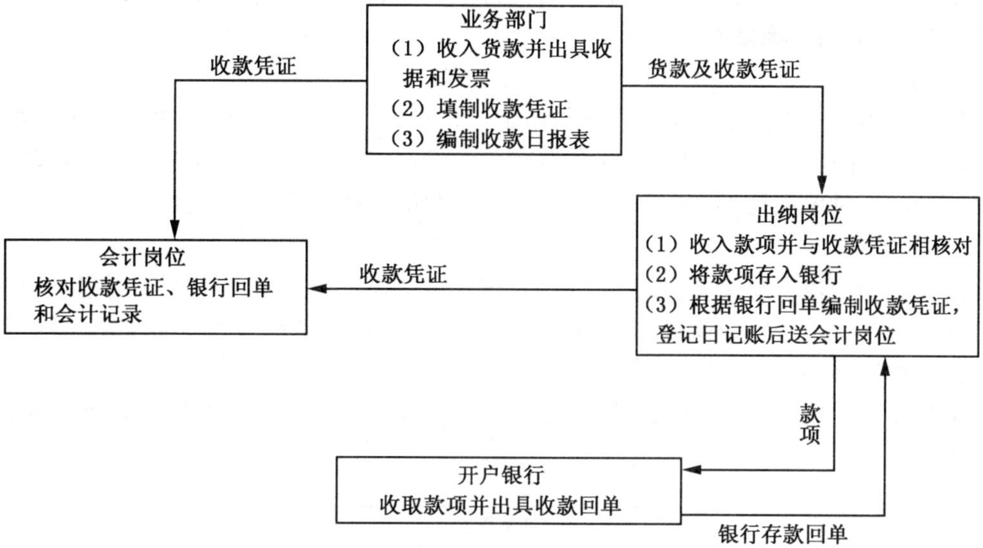

图 10—1　货币资金收入的控制程序

(二)货币资金收入的其他控制制度

企业除了制定货币资金收入的控制程序外,还必须对与货币资金收入相关的方面进行控制。主要有:

(1)严格控制收款日期和收款金额,保证应得的收入及时收取、不缺不漏并及时送存银行。

(2)所有收款收据和发票等收款凭证都必须连续编号,并建立一套严格详细的领用和回收制度。

(3)建立现金、支票、汇票等货币资金收入凭证的防伪检验制度。

三、货币资金支出的控制制度

(一)货币资金支出的控制程序

企业的货币资金支出业务涉及的范围非常广泛,主要有对外支付进货款、有关费用、上缴税金、还款和对内支付工资及劳务费用等业务事项。其支付方式主要有现金支出和银行转账支出两种方式,无论是现金支出还是通过银行转账支出,企业都必须根据支付业务的特点制定相应的货币资金支出控制程序,以便于各职能部门相互协调,共同遵守。

货币资金支出的控制程序设计一般包括以下四个环节:

1. 支付申请

单位有关部门或个人用款时,应提前向审批人提交货币资金支付申请,注明款项的用途、金额、预算、支付方式等内容,并附有经济合同或相关证明。

2. 支付审批

审批人根据其职责、权限和相应程序对支付申请进行审批。对不符合规定的货币资金支付申请，审批人应当拒绝批准。

3. 支付复核

复核人应当对批准后的货币资金支付申请进行复核，包括货币资金支付申请的批准范围、权限、程序是否正确，手续及相关单证是否齐备，金额计算是否准确、是否超出预算范围或标准，支付方式、支付单位是否妥当等。复核无误后，交由出纳人员办理支付手续。

4. 办理支付

出纳人员应当根据复核无误的支付申请，按规定办理货币资金支付手续，并及时登记现金和银行存款日记账。一般企业最主要、最经常、运行环节最复杂的货币资金支出是物资采购，其具体控制程序如图10－2所示。

以上程序既适用于对外支付的货款、费用，也同样适用于对内支付的工资、奖金和职工报销费用等。

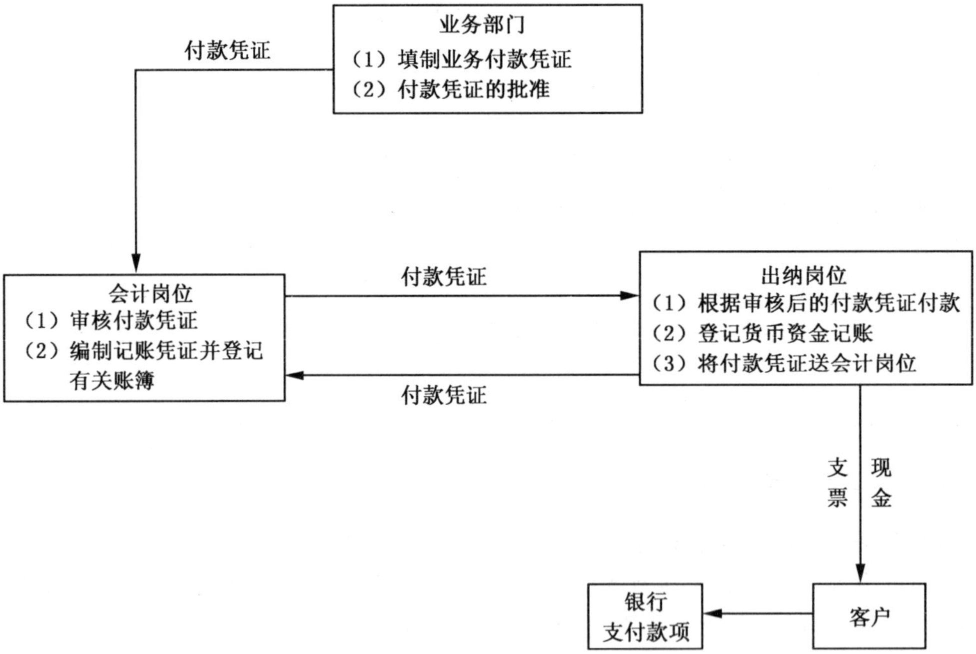

图10－2 货币资金支出的控制程序

(二)货币资金支出的其他控制制度

企业除了制定货币资金支出的控制程序外，还必须对与货币资金支出相关的方面进行控制。主要有：

(1)严格按《现金管理暂行条例》规定的范围使用现金，尽可能多地使用银行转账方式支付款项。

(2)落实库存现金的限额管理制度，根据企业的实际需要和取款的方便程度，与开户银行商定的库存现金限额一经确定，必须严格执行，这既是国家宏观管理的需要，也是企业内部保证现金安全的重要管理措施。

(3)建立收支两条线制度，将货币资金的收入与支出分别运行和管理，防止由于收支不清可能造成的经办人员舞弊。

(4)对现金支付量较多的部门建立备用金制度，实行备用金管理。

(5)企业所有的付款业务都要有合格的原始凭证，并经业务人员签字证明、主管领导批准，经会计部门审核后出纳部门才能据以付款。

(6)企业应指定专人签发支票等支付工具，并妥善保管，严格按票据顺序号签发。

(7)严格按《银行账户管理办法》和《支付结算办法》等国家有关规定，加强银行账户的管理，严格按照规定开立账户，办理款项存取和结算。同时，还应定期检查、清理银行账户的开立和使用情况，及时发现问题并处理。

(8)遵守银行的结算纪律，不得签发空头支票、空白支票、远期支票，不得出借支票，也不得将支票交收款人代签。

(9)款项付讫后，出纳必须及时在付款凭证上加盖“现金付讫”或“银行付讫”图章，以防止重付或漏付。

(10)对存出的保证金、押金和企业各部门的备用金等应定期进行清查核对。

(11)建立外埠存款、银行汇票、银行本票、信用卡、信用证和存出投资款等其他货币资金的收支管理制度。

四、货币资金清查控制制度

(一)库存现金的盘点制度

库存现金的清查应该采用实地盘点法。通过对库存现金的实地盘点，并将盘点结果与现金日记账余额相核对，查明库存现金是否账实相符。库存现金的盘点制度包括出纳人员自身随时进行的日常盘点和专门财产清查人员的定期和不定期盘点两个方面。

1. 出纳人员的日常盘点

现金出纳人员必须在每日营业终了结出现金日记账余额并实地盘点现金，将现金日记账余额与实地盘点结果相核对。如发现账实不符应立即报告主管人员，以便及时查明原因并采取措施妥善处理。

2. 专门财产清查人员的定期和不定期盘点

在现金出纳人员日常盘点的基础上，还应由专门财产清查人员进行定期与不定期相结合的复核、检查性盘点。这种复核、检查性的盘点除了对现金进行实地盘点外，还应审核现金收付凭证和有关账簿等资料，检查现金收付业务的合理、合法性，包括账簿资料是否完整、齐全，有无遗漏、计算错误等情况；检查库存现金限额的遵守情况；有无“白条”顶库、挪用情况，并在清查盘点报告的“备注”栏说明。清查结束后无论是否发现问题，都应将清查盘点结果填列在“库存现金清查盘点报告”上，并由清查人员和现金出纳签字盖章，以确保其效力。“库存现金清查盘点报告”的一般格式如表10－1所示。

表10－1 **库存现金清查盘点报告**

单位名称 年 月 日 金额单位：

实存金额	账面余额	盘盈金额	盘亏金额	备 注

现金出纳： 监盘人： 制表人：

(二)企业与银行的对账制度

企业货币资金收支的绝大部分都是通过银行进行转账结算的。为了保证银行存款核算的真实、准确，保证银行存款的安全，企业必须与银行进行银行存款的清查核对。这是因为：第一，银行存款是企业最重要的流动资产之一，它由银行负责保管；第二，企业与银行之间的账项往来频繁，双方都容易出现差错；第三，银行存款的收付有多种转账结算方式，而在有些方式下是由银行完成收付后才通知企业的，如汇兑结算方式下的企业收款，银行贷款利息的支付，企业水电费、电话费等公用设施费用的支付，往往由于多种原因致使企业财会部门迟收或没有收到这些银行收付款项后的回单通知，出现未达账项而不能及时入账或没有入账。由于银行结算凭证传递的时间关系导致企业与银行的入账时间不同，使企业无法准确掌握银行存款的实际数额。银行存款的清查核对是根据银行发出的“银行存款对账单”进行的。企业出纳员应随时根据银行的对账单及时与银行对账。如果企业银行存款的收付业务较少，银行提供对账单较迟的，企业至少应每月与银行对一次账。

为加强对银行存款的监控，除了由出纳人员随时与银行进行对账外，还必须建立由专门清查人员负责的定期与不定期相结合的银行存款复核、检查性核对制度。

五、备用金控制制度

备用金是指财会部门按企业有关制度规定，拨付给所属报账单位和企业内部有关业务与职能管理部门，用于零售找零、收购零星商品物资或日常业务零星开支的备用现金。为了保证企业各有关职能部门业务管理职能的有效实施，使业务职能管理和财务报销制度有机地结合起来，本着既方便业务部门工作又有利于堵塞管理漏洞的原则，企业可以对有关业务或职能管理部门实施定额备用金管理制度。其控制制度的设计应包括：

(一)设置批准制度

对哪些部门、哪些业务实施备用金管理，应建立一个规范的申请、批准制度。

(二)定额管理制度

对批准使用备用金的部门，必须根据需要事先核定一个科学合理的备用金定额。由使用部门按核定的金额填制借款单，一次从财会部门领出现金，实际使用后凭审核后的原始凭证向财会部门报销，再由财会部门用现金补足其定额。

(三)日常管理责任制度

备用金实质上也是现金，因此，使用部门必须对备用金指定专人管理，并明确管理人员必须执行的现金管理制度、按规定的使用范围和开支权限使用、接受财会部门的管理及定期报账等各项责任制度。

(四)清查盘点制度

财会部门必须对备用金建立定期与不定期相结合的清查盘点，防止挪用或滥用，保证备用金的安全完整。

(五)审查入账制度

对备用金使用部门报销的所有票据，财会部门都要像对其他原始凭证一样，进行严格的审核后方能付款记账。

情境三　货币资金业务核算方法的设计

一、库存现金核算方法的设计

(一)“库存现金”账户与现金日记账

企业的库存现金是通过“库存现金”账户进行核算的。为了详细了解库存现金的收支和结存情况，及时发现现金收支工作中存在的问题和可能出现的差错，企业除了对现金进行总分类核算以外，还须设置“现金日记账”进行序时核算。现金日记账应采用订本式账簿，由出纳人员根据现金收款凭证和付款凭证，按照业务发生的先后顺序逐笔登记。每日终了，应计算当日的现金收入合计数、现金支出合计数，结出账面余额，并与实际库存额核对相符。

有外币现金的企业，应分别人民币和各种外币设置“现金日记账”进行明细核算。外币现金日记账的一般格式与外币银行存款日记账的一般格式相似。

(二)库存现金的清查盘点

库存现金盘点后如果账款不符，应及时查明原因，并将短款或长款记入“待处理财产损溢——待处理流动资产损溢”账户。查明原因后，应分别情况处理：属于记账差错的应及时予以更正；对无法查明原因的长款计入营业外收入；无法查明原因或由出纳人员失职造成的短款应由出纳人员赔偿。

二、备用金核算方法的设计

(一)财会部门的“备用金”核算账户

企业的备用金在财会部门是通过“其他应收款——××部门备用金”账户，或单独设置“备用金”账户进行核算的。备用金使用部门领用时记入借方，收回时记入贷方。尚未收回时，本账户的余额表示核定的备用金定额。平时备用金使用部门报账时不通过本账户核算。

(二)使用部门的收支登记办法

备用金使用部门必须对支付现金的所有原始凭证按顺序编号，与库存现金一起妥善保管，并设立现金日记账，按原始凭证号码依照顺序逐笔反映备用金的收支情况。

三、银行存款核算方法的设计

(一)银行存款的入账时间

从理论上说，银行存款的入账时间应以实际收付时间为标准，即在实际收到银行存款时记增加，实际付出银行存款时记减少。但在实际工作中，由于银行多种转账结算方式的存在，企业无法确认银行何时实际收入和付出，因此，企业必须按照国家统一会计制度的规定，根据不同的转账结算方式下收到的不同原始凭证来分别确认银行存款的入账时间。

(二)“银行存款”账户与银行存款日记账

企业在银行和其他金融机构的存款业务是通过“银行存款”账户进行核算的。为了及时掌握银行存款的收支和结存情况，便于与银行核对账目，及时发现银行存款收支工作中存在的问题和可能出现的差错，企业除了对银行存款进行总分类核算以外，还必须按各开户银行开设的不同银行账号进行明细核算，分别设置“银行存款日记账”。银行存款日记账应采用订本式账簿，由出纳人员根据银行收款凭证、付款凭证及所附的有关原始凭证，按照业务发生的先后顺序逐笔登记。每日终了，应计算银行存款收入合计、银行存款支出合计，并结出账面余额。有外币银行存款的企业，应分别以人民币和各种外币设置银行存款日记账进行明细核算。

(三)外币银行存款

在企业的生产经营活动中，既有人民币银行存款的收付业务，也可能发生外币银行存款的结算。有外币银行存款的企业必须按外币种类单独设置“银行存款日记账”，同时登记外币金额、折合率和折合为作为记账本位币的人民币金额。按现行制度规定，外币货币资金、外币债权债务发生时，一律采用当日或当月 1 日的市场汇率作为折合率。月份终了，将这些外币账户的外币余额按月末市场汇率折合为人民币，作为其期末人民币余额。调整后，这些外币账户的人民币余额与原账面人民币余额的差额，作为汇兑损益分别情况处理：筹建期间发生的汇兑损益计入开办费；与购建固定资产有关的借款产生的汇兑损益，在固定资产交付使用前计入该项在建固定资产成本；除上述外，汇兑损益均记入“汇兑损益”或“财务费用——汇兑损益”账户。

四、其他货币资金核算方法的设计

(一)“其他货币资金”账户

从某种意义上说,其他货币资金也是一种银行存款,但它一般是承诺了专门用途的款项,不能像结算户存款那样随时可以安排使用。因此,企业的其他货币资金业务均应与现金和银行存款相区别,通过单独设立“其他货币资金”账户进行专门核算。该账户应按其内容的种类分别设置“外埠存款”“银行汇票存款”“银行本票存款”“信用卡存款”“信用证保证金存款”和“存出投资款”等明细账户。

(二)账务处理方法

1. 外埠存款

外埠存款是指企业到外地进行临时或零星采购时,汇往采购地银行开立的采购结算款项。企业委托银行将款项汇往采购地银行时,根据银行盖章退回的“汇款委托书”回单联和有关凭证,借记“其他货币资金——外埠存款”账户,贷记“银行存款”账户;收到采购员交来的供货发票等报销凭证时,借记“物资采购”账户,贷记“其他货币资金——外埠存款”账户;采购业务完成后清户时,凭银行的收账通知,借记“银行存款”账户,贷记“其他货币资金——外埠存款”账户。

2. 银行汇票存款

银行汇票存款是指企业为了取得银行汇票,按规定存入银行的款项。企业按规定将款项交存银行取得银行汇票时,根据银行盖章退回的“银行汇票委托书”存根联和有关凭证,借记“其他货币资金——银行汇票存款”账户,贷记“银行存款”账户;收到开户银行转来的“银行汇票”第四联和发票等有关凭证时,借记“物资采购”账户,贷记“其他货币资金——银行汇票存款”账户;收到开户银行转来的银行汇票余额收账通知时,借记“银行存款”账户,贷记“其他货币资金——银行汇票存款”账户。

3. 银行本票存款

银行本票存款是指企业为了取得银行本票,按规定存入银行的款项。企业按规定将款项交存银行取得银行本票时,根据银行盖章退回的“银行本票申请书”存根联和有关凭证,借记“其他货币资金——银行本票存款”账户,贷记“银行存款”账户;用银行本票支付进货款,收到进货发票等有关凭证时,借记“物资采购”账户,贷记“其他货币资金——银行本票存款”账户。

按银行结算制度规定,银行本票只能办理全额结算。结算时若有余额,应由收款方用支票退款;若有差额,可用支票或现金补足。

4. 信用卡存款

信用卡存款是指企业为了取得信用卡,按规定存入银行的款项。企业按规定将款项交存银行时,根据银行盖章退回的进账单第一联,借记“其他货币资金——信用卡存款”账户,贷记“银行存款”账户;用信用卡支付费用或进货款,收到费用发票或进货发票等有关凭证时,借记“管理费用”账户(或“物资采购”等有关账户),贷记“其他货币资金——信用卡存款”账户。

5. 信用证保证金存款

信用证保证金存款是指企业在对境外采购时为取得信用证，按规定存入银行的款项。企业按规定将款项交存银行取得信用证时，根据银行盖章退回的“信用证委托书”回单联和有关凭证，借记“其他货币资金——信用证保证金存款”账户，贷记“银行存款”账户；收到银行转来的供货方信用证结算凭证和发票等账单时，借记“物资采购”账户，贷记“其他货币资金——信用证保证金存款”账户；收到银行转来的信用证余额收账通知时，根据有关凭证借记“银行存款”账户，贷记“其他货币资金——信用证保证金存款”账户。

6. 存出投资款

存出投资款是指企业已经存入证券公司但尚未进行投资的现金。企业向证券公司划出资金时，应根据支票存根等有关凭证，按实际划出的金额，借记“其他货币资金——存出投资款”账户，贷记“银行存款”账户；购买股票、债券等时，根据有关凭证，按实际发生的金额，借记“短期投资”等账户，贷记“其他货币资金——存出投资款”账户。

为加强对其他货币资金的管理，发生其他货币资金业务较多的企业，除了上述核算以外，还应对外埠存款按开户银行设置三级明细分类账进行序时核算；对银行汇票存款、银行本票存款、信用卡存款和信用证保证金存款按收款人或经手人设置三级明细分类账。

情境四　货币资金业务报告方法的设计

一、货币资金业务报告设计概述

企业现金流量的核心就是货币资金，所以货币资金内部报告实际上是一个简易的现金流量报告。其设计可以有两种思路：一种是按对外财务会计报告中现金流量表的格式设计，另一种是按货币资金的来源、用途不加任何修饰地自然设计。按财务会计报告中现金流量表的格式进行设计，可以使对外报告与对内报告保持高度的协调性，但编制过程复杂，很多资料需进行加工，因而编制工作量较大，不适于每天营业终了的日报形式。此外，从货币资金日常报告的目的看，它主要是供管理当局及时了解当期企业货币资金的流动、结存情况，从而有效地调度货币资金，因此货币资金的内部报告也不需要对其进行精细加工。可见，货币资金内部报告的核心是如何使企业管理当局及时了解货币资金在本期的增加、减少和期末结存情况，其项目设置应一目了然，具有严密的勾稽关系；编制方法应简便易行。

按这一原则，企业货币资金内部报告的设计应全面反映各项货币资金的增减变动及结存情况，同时应尽可能详细地披露来源渠道和用途。设计时应突出以下四点：一是本日结存的货币资金，并使连续时间的各表之间具有勾稽关系；二是表明货币资金存在的具体形式；三是披露其来源渠道和用途；四是能够反映明日可实际动用的最大额度。

二、货币资金变动情况表的一般格式

按上述原则和设计要点，货币资金内部报告可以定义成“货币资金变动情况表”，编制时间应在每日营业终了，编制人应为出纳人员。货币资金变动情况表的一般格式如表 10—2 所示。

表 10—2　货币资金变动情况表

编制单位：　　　　年　　月　　日　　　　金额单位：

项　目	银行存款			现　金	其他货币资金			合　计
	X 账户	X 账户	……		银行本票	银行汇票	……	
昨日账面余额								
本日增加金额								
其中：营业收入								
融资收入								
账款收回								
投资收回								
其他收进								
本日减少金额								
其中：营业支出								
归还贷款								
归还账款								
投资支出								
内部借款								
其他支出								
本日账面余额								
未记账增加								
未记账减少								
本日实际余额								
备注：								

会计主管：　　　　复核：　　　　出纳：　　　　制表：

【模块案例】 ××股份有限公司货币资金管理制度

第一章 总 则

第一条 为了加强对公司货币资金的内部控制,保证货币资金的安全,降低资金使用成本,根据《中华人民共和国会计法》《企业内部控制基本规范》等相关法律规范,结合本公司的实际情况,制定本制度。

第二条 本制度所称货币资金是指本公司拥有的库存现金、存入银行及其他金融机构的存款以及外埠存款、银行汇票存款、银行本票存款、信用卡存款、信用证保证金存款等其他货币资金。

第三条 货币资金内部控制制度的基本要求是:货币资金收支与记账的岗位分离;货币资金收支的经办人员与货币资金收支的审核人员分离;支票(现金支票和转账支票)的保管与支取货币资金的财务专用章和负责人名章的保管分离。

第四条 公司财务负责人对货币资金内部控制的建立健全和有效实施以及货币资金的安全完整负责。

第二章 分工与授权

第五条 公司总部和各下属单位的财务部门要设置如下岗位:

(1)出纳员岗位,负责保管本单位的库存现金,保管银行支票等有编号的银行结算凭证,保管内部收款收据和本人名章,办理货币资金的结算和收付业务。

(2)设置货币资金核算岗位,负责审核货币资金收支的原始凭证,填制有关会计凭证,登记有关会计账簿,对货币资金的账簿记录和实际金额进行核对。

(3)设置货币资金主管岗位(财务部经理),负责领导、组织本单位的货币资金核算、管理工作,保管除出纳员名章之外的所有与货币资金收付有关的印章。出纳人员不得兼任稽核、会计档案保管和收入、支出、费用、债权、债务账簿的登记工作。不得由一个人办理货币资金业务的全过程。

第六条 公司总部和下属各单位应当配备具备相应专业知识和实践经验的合格人员,分别担任货币资金业务的各个岗位,办理货币资金业务,并且要定期实行财务部门内各岗位之间的轮换制度。办理货币资金业务的人员应当具备良好的职业道德,忠于职守,廉洁奉公,遵纪守法,客观公正,不断提高会计业务素质和职业道德水平。

第七条 公司货币资金支付的批准权限统一由公司总经理行使。公司总经理可根据需要按责任大小授权财务部总监、副总经理或下属各单位负责人批准,总经理的审批权限由公司董事会批准。审批人应当根据上述货币资金授权批准权限的规定,严格在授权范围内进行审批,不得超越审批范围。对已支付的货币资金建立以"谁批准,谁负责"为原则的责任追究制度,批准人要对由本人批准支付的货币资金负责任,以防范货币资金风险,保证货币资金的安全。

第八条 货币资金支付业务的批准方式为书面方式,批准人必须在付款通知书上签字批准方能生效,批准人在外地急需用款的,可在本人的批准限额之内委托本单位的货币资金主管人员代理批准手续,但批准人回来后要立即补办批准手续。

第九条　签字批准后的货币资金支付通知书，首先由本单位财务部门的货币资金核算人员或货币资金主管人员(财务部经理)对货币资金的用途和批准权限进行审核，对超越支付范围和批准权限的，审核人员有权拒绝受理或要求补办手续，批准人拒不配合的，审核人员有权向批准人的上级授权部门报告，货币资金支付通知书经审核正确无误后，由审核人员在通知书上签字，然后交出纳员填写有关支付凭证，办理货币资金支付业务。实行网上交易、电子支付等方式办理资金支付业务的，应当与承办银行签订网上银行操作协议，明确双方在资金安全方面的责任与义务及交易范围等。操作人员应当根据操作授权和密码进行规范操作，并配备专人对交易和支付行为进行审核。审核人明知付款通知书超出支付范围或有越权批准行为而签字同意支付，或出纳员按没有审核人签字的付款通知书办理货币资金支付业务的，以失职论处，并对由此引起的不良后果负连带责任。

第十条　公司总部和下属各单位应当按照以下程序办理货币资金支付业务：

(1)支付申请。有关部门或个人用款时，应当提前向审批人提交货币资金支付申请(报账结算凭证)，注明款项的用途(事由)、金额、预算、结算种类等内容，并附有效经济合同或相关证明资料。

(2)支付批准。批准人根据其职责、权限和相应程序对支付申请进行审批。对不符合规定的货币资金支付申请，批准人应当拒绝批准。

(3)支付复核。复核人应当对批准后的货币资金支付申请进行复核，复核货币资金支付申请的批准范围、权限及程序是否正确，手续及相关合同或证明资料是否完备有效，金额计算是否准确，结算种类、支付单位是否妥当等。复核无误后，由复核人在货币资金支付申请书上签字并交由出纳人员办理支付手续。

模块小结

本模块阐述了货币资金的内容构成及其业务特点，货币资金的业务特点和管理要求就决定了货币资金业务会计制度设计的目标。为实现这些目标，企业必须根据货币资金的业务特点和管理要求(包括国家的宏观管理要求和自身的管理要求)，建立货币资金业务的内部控制制度和会计核算制度。

模块训练

一、单项选择题

1. 对于审批人超越授权范围审批的货币资金业务，经办人(　　)。

A. 可按规定办理，但要向审批人的上级授权部门报告

B. 直接拒绝办理，不需要向审批人的上级授权部门报告

C. 无权拒绝办理，但应及时向审批人的上级授权部门报告

D. 有权拒绝办理，并及时向审批人的上级授权部门报告

2. 对于重要的货币资金业务，为防范贪污、侵占、挪用行为，应当(　　)。

A. 实行主管领导一支笔审批制度 B. 实行集体决策和审批，并建立责任追究制度
C. 实行授权人审批制度和报告制度 D. 实行审批报告制度

3. 不相容职务岗位分离的核心是（ ）。
A.“内部牵制” B.“岗位分离” C.“一人一岗” D.“多人一岗”

4. 货币资金的收付及保管应由被授权批准的（ ）负责。
A. 会计人员 B. 会计主管 C. 出纳人员 D. 公司文员

5. 库存现金的盘点制度不包括（ ）。
A. 出纳人员的日常盘点 B. 检查现金收付业务的合理、合法性
C. 填写“库存现金清查盘点报告单” D. 会计人员的日常实地盘点

6. 若企业的银行存款收付业务较少，则企业与银行对账至少是（ ）。
A. 每日一次 B. 每月一次 C. 每季度一次 D. 每年一次

7. 出纳人员在每日营业终了进行库存现金实地盘点时，如果发现账实不符，应（ ）。
A. 立即报告主管人员 B. 立即报告单位负责人
C. 立即报告审计人员 D. 不必报告，自行处理

8. 企业的货币资金的收付及保管应由被授权批准的（ ）负责，不允许其他人员接触。
A. 专职出纳人员或兼职出纳人员 B. 专职出纳人员
C. 会计人员 D. 会计主管人员

9. 可以及时发现企业和银行记账差错，防止银行存款非法行为发生，保证银行存款真实和货款结算及时的控制措施是（ ）。
A. 审批 B. 复核 C. 核对 D. 结账

10. 出纳人员不能够同时负责的工作有（ ）。
A. 货币资金的收付 B. 编制记账凭证 C. 现金日记账的登记 D. 货币资金收付的批准

11. 下列关于不相容职务岗位的说法中，不正确的是（ ）。
A. 那些如果由一个人担任，既可能发生错误和舞弊行为，又可能掩盖其错误和弊端行为的职务岗位
B. 单个人或部门的工作必须单独处理，不能受其他部门的影响
C. 每项经济业务都要经过两个或两个以上的部门或人员的处理
D. 不相容职务分离的核心是“内部牵制”

12. 按照货币资金内部控制制度的要求，出纳人员可以兼任（ ）。
A. 日记账登记工作 B. 债权债务账目的登记工作
C. 稽核工作 D. 会计档案保管工作

二、多项选择题

1. 配备会计人员实行回避原则是指（ ）。
A. 出纳与记账的职务不能兼容
B. 财务保管与记账的职务不能兼容
C. 企业负责人的亲属不宜在本企业担任会计人员
D. 企业会计人员的亲属不宜在本企业担任会计人员

2. 出纳人员能够同时负责的工作有（ ）。

A. 货币资金的收付　　B. 货币资金收付的批准

C. 现金日记账的登记　　D. 编制记账凭证

3. 备用金管理制度设计的内容有(　　)。

A. 设置批准制度　　B. 定额管理制度　　C. 日常管理责任制度　　D. 清查盘点制度

4. 货币资金支出的控制程序设计一般包括(　　)环节。

A. 支付申请　　B. 支付审批　　C. 支付复核　　D. 办理支付

5. 企业所有付款业务都必须(　　)才能由出纳人员据以付款。

A. 有合格的原始凭证　　B. 经业务人员签字证明

C. 经主管领导批准　　D. 经会计部门审核

6. 企业遵守银行的结算纪律，不得签发(　　)。

A. 空头支票　　B. 空白支票　　C. 远期支票　　D. 定额支票

7. 货币资金的岗位分工制度涉及人员包括(　　)。

A. 出纳人员、审批的领导　　B. 稽核人员、专用印章保管人员

C. 会计人员、会计档案保管人员　　D. 清查人员

8. 涉及货币资金业务的不相容岗位相互分离、制约和监督制度主要有(　　)。

A. 货币资金的收付及保管应由被授权批准的出纳人员负责，其他人员不得接触

B. 出纳人员不能同时负责总分类账的登记和保管

C. 出纳人员不能同时负责非货币性资金账户的记账工作

D. 出纳人员应与货币资金的稽核人员、会计档案保管人员相分离

9. 对货币资金支付申请进行复核，包括的内容有(　　)。

A. 货币资金支付申请的批准范围、权限、程序是否正确

B. 手续及相关单证是否齐备

C. 金额计算是否准确

D. 是否超出预算范围或标准，支付方式、支付单位是否妥当等

10. 对于库存现金的盘点，下列说法中正确的是(　　)。

A. 现金出纳人员必须在每日营业终了结出现金日记账余额并实地盘点现金

B. 将现金日记账余额与实地盘点结果相核对

C. 如果发现账实不符应立即报告主管人员

D. 及时查明原因并采取措施妥善处理

11. 企业货币资金的收付及保管应由被授权批准的专职出纳人员负责，不允许其他人员接触，其目的是(　　)。

A. 保证责任到人

B. 使货币资金收付、保管的权责清晰

C. 防止由越权、串岗等行为的发生而引发的一种责任多人承担

D. 让出纳人员切实承担起货币资金安全的责任

三、判断题

1. 出纳员应该在每日营业终了前结出库存现金日记账的收支和结余额，清点库存现金实有数，相互核

对。（ ）

2. 出纳员不能兼任稽核、会计档案保管和收入、费用、债权债务等账目登记工作，但可以编制收付款凭证。（ ）

3. 货币资金的收付及保管应由被授权批准的出纳人员负责，其他人员不得接触。（ ）

4. 在现金出纳人员日常盘点的基础上，还应由专门财产清查人员进行定期与不定期相结合的复核、检查性盘点。（ ）

5. 货币资金的收付及保管应由被授权批准的出纳人员负责，但特殊情况下，会计人员可以接触。（ ）

6. 企业所有付款业务都要有合法的原始凭证，并经业务人员签字证明、会计部门审核后出纳人员才能据以付款。（ ）

7. 货币资金支付业务必须经过授权批准，其批准方式可以是书面方式，也可以是口头形式。（ ）

8. 对超越支付范围和批准权限的，审核人员有权拒绝受理或要求补办手续，批准人拒不配合的，审核人员有权向批准人的上级授权部门报告。（ ）

9. 财务专用章、出纳员名章由出纳员保管，其他个人名章必须由本人或其授权人员保管。（ ）

10. 出纳员不能兼任会计记账人员的工作，但会计记账人员可以兼任出纳员工作。（ ）

四、简答题

1. 货币资金业务的特点有哪些？
2. 货币资金业务内部控制方法的设计包括哪些方面？
3. 货币资金业务的授权批准制度包含哪些设计要点？
4. 涉及货币资金业务的不相容岗位相互分离、制约和监督制度主要体现在哪些方面？
5. 货币资金支出的控制程序设计一般包括哪几个环节？
6. 备用金管理制度的设计包括哪些内容？

五、案例分析题

几年前，发生过一起典型的出纳员贪污、挪用公款案。这是一个国有小企业，财会部门设置有财务经理、会计、出纳三个岗位。其中，出纳员是一个刚从职业高中毕业的18岁女孩。按单位惯例，出纳负责现金、银行存款的收付，并掌管空白支票和企业在银行预留的法人代表印章、财务章，自己从银行取回银行对账单并负责与银行对账。

女孩有一个男朋友。一日，男孩要女孩给钱让其买辆摩托车，百般无奈，女孩只好仗着胆子偷拿了一张7 000多元的支票为男孩买了摩托车。从此，女孩每日提心吊胆，一边祈求别被发现，一边积极凑钱还账。可每月几百元的工资，还钱谈何容易。女孩明白，她偷拿的支票只要银行的对账单一来，就可能被人发现，于是，她每天有事无事都往银行跑。银行对账单终于取到了。她赶紧把对账单拿回家，照着原对账单，将偷拿的那一笔款去掉，重新再打一张，又到街上刻了一枚银行的“萝卜章”盖上。回单位后像模像样地又做了一张银行存款余额调节表。女孩在忐忑不安中度过了一个多月，可什么事也没发生。这之后男孩变本加厉，胃口越来越大，女孩胆子也越来越大，在前后不到一年的时间里共8次以此手段挪用公款近120万元。只是女孩不再自造银行对账单了。直到男孩携款外逃后，女孩才如梦方醒，自知罪孽深重和走投无路，只能投案自首。

请对照以上论述的货币资金岗位责任控制制度，对此案作一评论。

模块十一

销售与收款业务会计制度设计

学习导航

了解：销售业务的基本概念及特征；销售与收款业务会计制度设计的目标。

掌握：销售与收款业务的主要流程；授权批准及岗位分工控制制度各环节的主要风险点及控制措施；销售与收款业务核算方法的设计。

运用：销售与收款业务主要单据的设计。

模块引例

宝山钢铁股份有限公司（下称宝钢股份）为了成为全球最具竞争力的钢铁企业，实现企业价值最大化的战略目标，保证销售收入的真实性和合理性，制定了以下一系列的销售与收款业务内部会计控制制度：

一、销售与收款的业务流程

宝钢股份销售管理的一大特点是高度的信息化管理，产品销售信息由公司产品销售子系统自动生成，系统已实现从产品价格库生成、登记客户需求、签订合同、运输发货、财务评审和结算、产品质量异议处理管理等全过程控制。其主要流程有以下四个基本环节：

（一）处理订单

对用户填写的订货卡片，或宝钢国际各贸易公司输入系统的草约付款清单，销售部组织生产厂和制造部等，对品种、规格、价格等进行技术评审，并负责生产能力和运输方式评审。如评审通过，由销售业务人员在订货卡片或草约付款清单上签字或盖章确认，送交财务评审。财务人员对付款草约的结算方式、货款金额、票据安全性等进行审核，确认收款依据。

（二）签订合同

销售业务人员按评审通过的内容，打印正式合同，经供需双方确认签字后，合同生效；销售部将合同信息通过系统下发给制造部，并根据合同的交货期和生产计划编制原则进行排产；制造部依据排产计划与交货期及时安排调整生产计划，确保合同按时完成。

（三）发货

销售部根据制造部的准发信息和合同规定的运输方式，向运输部提交成品厂内转库组批计划；运输部据以编制厂内装船、装车作业计划，核对实物，按规定要求装车（船），与承运方办理实物交接和出库提货手续；销售部收到成品装运出厂信息，负责配齐码单、质量保证书和运单三单，与用户进行产品最终交付。

（四）财务结算

财务人员根据接收到的“三单”信息，开具增值税发票，进行销售结算，确认销售收入，核销预收款或进行收款。

二、销售与收款控制措施

（一）职务分离

宝钢股份的钢铁产品销售主要由销售部统一管理，财务结算由财会处负责，内部检查由审计处负责。销售部在其《组织机构与管理职责》中明确规定其内设部门的职责，并特别强调由各产品室负责处理国内外市场开拓及销售、产品订单、合同签订、执行销售政策和信用政策、用户使用情况的跟踪及反馈、催收货款等职能。物流运输室负责钢铁产品出厂运输、物流及配货、出口船期跟踪、运输合同审核及签订、运输供应商管理、产成品库存管理、运输异议处理及“三单”的管理。市场营销室负责营销环境分析、钢铁市场分析及策划、销售渠道综合管理、钢铁产品促销策划、钢铁产品价格管理、贸易纠纷处理及风险管理、钢铁产品营销策划及综合销售计划管理。市场营销室、各产品室、物流运输室，分别负责政策制定、执行、运输库存管理。财会处主要负责对销售合同的财务评审和销售款项的结算、记录，并监督销售回收。审计处根据公司有关销售的规章制度及各部门职责权限，定期或不定期地进行内部控制检查。

（二）业务流程控制

1. 销售政策制定控制

销售部严格按照公司制定的《钢铁产品价格管理办法》执行相关销售政策。该文件明确了价格管理的基本原则、产品价格制定依据、价格管理领导小组和市场营销室职责、价格管理范围，并通过价格管理流程来规范公司钢铁产品的价格制定，通过对各类产品的年度目标基价制定和日常价格调整的管理方式，经公司领导或部领导批准后，基价部分输入公司销售系统，形成公司的基价库。日常调整部分，通过对系统的授权审批进行相应调整，生成《宝山钢铁股份有限公司销售部价格文件》（包含折扣、赊销、商票结算、付款政策），供相关单位执行销售政策和价格。销售部同时对外公布公司的《价格目录》。

2. 客户信用控制

销售部制定了信用风险管理岗位和职责、信用风险评估流程，根据客户信用评级方法和客户信用授信表，建立客户信用档案。

3. 合同签订控制

宝钢股份的一大特点是根据销售合同安排生产，而其合同一般为预收款和见单付款合同，占公司销售额的90%以上。由于公司的产品销售信息是借助销售信息系统支持，销售政策和销售价格已实现系统控制，所以销售合同的签订管理，主要体现在订货信息的核对管理上。公司的《订货业务管理办法》对此有详细规定；产品室订货业务人员根据用户所填订货卡片，或宝钢国际各贸易公司通过系统传送的草约付款清单内容，对产品的品种、规格、价格和资源量进行评审，核对订货结算单位名称是否与其合同印章的内容相符。如一致，业务员在订货卡片或草约付款清单上签字，或盖章确认即评审通过；物流运输室业务员，对订货卡片上用户要求的运输方式进行确认；产品室订货业务人员，将确认无误的草约付款清单明细表送交财务审核；销售财务接到订货草约后，进行相关财务评审，评审通过后，订货业务人员打印正式合同并对所有打印项目进行审核，审核无误后销售人员根据授权与客户签订合同，并将合同信息通过系统传送给相关部门。

4. 发货控制

成品生产结束后，制造部在系统中做生产完成标记，销售部按销售合同和生产厂的成品准发信息，进行成品出厂的合同和资源管理，按合同规定的运输方式落实车(船)并编制各运输方式的成品出厂组批计划；运输部按成品出厂组批计划，编制厂内装船、装车作业计划，核对实物，按规定要求装车(船)，承运方办理实物交接，确保100%按期发货，并确保货物运送的安全性和及时性。公司制定的《成品贮存、防护、交付及运输管理程序》，对产品发运的出厂条件、出厂前准备、出厂工作程序、装运及质量保护、交付、出厂运费控制均有明确规定，建立了100%按合同发货和监控体系。同时公司在系统中，还有电子通信和装运通知系统功能，具有销售合同、生产计划、成品资源、出厂管理等内部系统管理功能。通过"宝钢在线"，顾客可查询所订合同的生产、发货、质保书等相关信息。

5. 质量异议处理控制

公司制定了产品异议处理管理制度，并通过销售系统操作，从处理原则、分工、责任、立案、调查、结案等方面规范了异议处理。特别强调处理过程的信息及时登录记载，对处理时间、异议确认、赔偿金额(折价)处理权限、财务退款、退货、转卖和换货的报批均有明确规定，所有操作的信息均登录系统，形成异议结案材料。而财务在收到销售业务部门提供的"宝钢产品异议理赔通知单"财务联后，及时核实、签收并做好台账，在收到用户的"进货退出及索取折让证明单"后，在一周内进行相应账务处理。同时相关部门将分析异议产生的原因、纠正整改措施记录在系统中，并根据需要反馈用户，形成完整的异议处理信息。

(三)财务控制

公司的销售财务管理是通过销售收款和发票结算两个子系统完成的，设立资金综合管理、结算管理、会计管理三类岗位，对收款、发票结算、应收账款和应收票据四类业务流程进行全方位的财务控制。

1. 订立合同阶段的财务控制

销售业务人员根据相关部门确认的订货信息打印出草约付款清单，并将核对无误的清单明细表送交财会处驻销售财务审核；销售财务接到订货草约后，进行系列财务评审，对于有欠款的用户，需得到销售部主管领导书面同意后方可订货。

2. 收款控制

收款作业是由财务在收到客户的支票、汇票、商票、本票、电子汇兑的款项后，进行相关财务处理的过程。对收款作业，财会处首先从岗位上对收款人员和填写进账单人员进行了分离，其次在销售收款子系统中完成该作业。其主要流程和控制措施为：根据订货政策，每收到一笔款项，先由系统生成连续编号的收款单，并向普通会计系统抛账，生成会计凭证，然后将款项分配至合约或合同。出厂中心发货后，配齐“三单”信息，并在系统中向销售财务结算组上抛发货信息，结算财务根据出厂的发货信息进行结算开票，确认销售收入。同时销售资金管理也对预收款的补合约欠款和退余款进行了明确规定。

3. 发票结算控制

销售发票结算控制由三个环节组成，即出厂中心发“三单”、销售财务结算、交寄结算单据给结算单位。《销售结算管理制度》对此均有详细规定，尤其强调“三单”结齐是结算控制点，从系统将一致的“三单”信息传入金税系统（国家税务系统），通过金税系统开具增值税发票，开票结束后，再把发票信息从金税系统回传至系统，系统自动核对发运、合同、发票信息，确保三者所载明的品名、规格、数量、价格一致后，如为预收款则进行销账处理，如为付款则编制见单付款通知单，向客户收款。公司销售发票的开具，是由金税系统控制的，每天开完发票后都必须核实所剩的空白发票实物是否与金税系统的库存发票数一致，如有出入必须及时查找原因，并予以正确处理，发票存根联按规定定期装订成册。

4. 应收票据管理控制

应收票据是公司在销售过程中，收取客户为订购货款所支付的商业汇票。公司应收票据的管理分为两部分：应收票据的收取、票据信息的录入和入账工作由销售财务人员在“销售收款子系统”中完成，票据的日常库存管理、收款、贴现和分析由公司资金管理人员在“票据管理模块”中完成，公司票据“管理模块”与“销售收款子系统”相结合实现了整个票据的信息化管理。宝钢股份的《销售资金管理办法》和《应收票据管理流程》，对销售财务人员与资金管理人员的职责、分工、日常管理内容，票据信息录入、票据入账（由连续编号的收条自动控制）、移交、承兑、贴现、背书、延期、退票及票据分析等相关票据管理流程作了明确规定，公司的应收票据设有专人保管，票据的接受、贴现和延期换新都经由保管票据以外的主管人员书面批准，各种票据信息都能在管理模块中查询并进行追踪控制，应收票据管理实现了人员分工和信息系统的双重控制。

5. 应收账款控制

公司制定了《应收账款管理及核算办法》和《应收账款管理岗位流程》，有效地规范了应收账款管理工作。该办法和流程对应收账款分事前、事中、事后三阶段进行管理，明确规定了对客户信用管理、公司内部的账务处理、信息互通和日常监督、催款管理、应收账款分析报告、账龄管理、对账管理以及申报坏账八方面的管理工作，公司对客户赊销、取得保证、限期回收货款的原则，并通过业务和财务双重评审，特别强调销售人员对应收账款的催收、应收账款账龄分析和逾期应收账款报告及追加法律保全等控制程序。

6. 坏账控制

坏账损失是指因应收款项预计不能收回而发生的损失。公司的《坏账管理办法》从职责上对申报单位法务处、财会处进行了分工，对坏账核销的处理程序有明确规定。特别强调坏账申报、法务处审核、坏账核销的批准、坏账核销的会计处理等环节的规范化处理，同时要求坏账核销后的继续催款，做到账销案存，使已注销的坏账收回时能及时入账，不会形成账外款。

问题与任务：逐一分析宝钢集团上述各项控制流程和控制方法，指出其对企业销售与收款环节内部会计控制完备性和有效性的贡献。

情境一　销售与收款业务概述

一、销售业务的基本概念及特征

销售业务是指企业出售商品（或提供劳务）及收取款项等相关活动。企业生存、发展、壮大的过程，在相当程度上就是不断加大销售力度、拓宽销售渠道、扩大市场份额的过程。生产企业的产品或流通企业的商品如不能实现销售的稳定增长，售出的货款如不能足额收回或不能及时收回，必将导致企业持续经营受阻、难以为继。所以企业经营要以促进销售稳定增长、扩大市场份额为出发点。

二、销售与收款业务会计制度设计的目标

（1）落实销售与收款各环节的经营管理责任，保证物资和销售款项的安全；
（2）制定合理的业务流程，使相关部门和人员高效协作，促进销售增长及款项顺利回收；
（3）准确及时地进行会计核算，真实完整地提供销售与收款的会计信息。

情境二　销售与收款业务内部控制要点的设计

一、授权批准及岗位分工控制制度

（一）授权批准制度

企业应当对销售与收款业务建立严格的授权批准制度，明确审批人员对销售与收款业务的授权批准方式、权限、程序、责任和相关控制措施，规定经办人办理销售与收款业务的职责范围和工作要求。审批人应当在授权范围内进行审批，不得超越审批权限；经办人应当在职责范

围内，按照审批人的批准意见办理销售与收款业务；对于审批人超越授权范围审批的销售与收款业务，经办人员有权拒绝办理，并及时向审批人的上级授权部门报告。严禁未经授权的机构和人员办理销售与收款业务。对于超过企业既定销售政策和信用政策规定范围的特殊销售业务，应当进行集体决策，防止决策失误而造成严重损失。

(二)岗位分工制度

企业应当建立销售与收款业务的岗位责任制，明确相关部门和岗位的职责、权限，确保办理销售与收款业务的不相容岗位相互分离、制约和监督。销售与收款业务中的销售、发货和收款环节应当分别由不同的部门或人员负责。具体来说，其中不相容的岗位主要有：销售部门内销售业务的经办、审核和销售通知单的开立；会计部门内开具销售发票、出纳和记账；收款、应收账款的管理和向欠款客户寄发对账单；(应收)票据的保管与记录；信用管理与销售部门职能分离。企业不得由同一部门办理销售与收款业务的全过程，并且应当根据具体情况对办理销售与收款业务的人员进行岗位轮换。

二、销售与收款业务的主要流程

设计销售业务内部控制制度，要从梳理销售与收款业务的主要流程入手，明确销售业务的主要风险点，查找管理漏洞，有针对性地逐一采取相应的控制措施，并注重与生产、资产、资金等方面管理的衔接，防范和化解经营风险。销售与收款业务的主要流程涉及销售计划管理、客户开发与信用管理、销售定价、销售谈判、订立销售合同、发货、收款、客户服务和会计控制等环节，具体如图 11－1 所示。

三、销售与收款业务各环节的主要风险点及控制措施

(一)销售计划管理

销售计划是指在进行销售预测的基础上，结合企业生产能力，设定总体目标额及不同产品的销售目标额，进而为能实现该目标而设定具体营销方案和实施计划，以支持未来一定期间内销售额的实现。

该环节的主要风险是：销售计划缺乏或不合理，或未经授权审批，导致产品结构和生产安排不合理，难以实现企业生产经营的良性循环。

该环节的主要控制措施如下：

第一，企业应当根据发展战略和年度生产经营计划，结合企业实际情况，制订年度销售计划。在此基础上，结合客户订单情况，制订月度销售计划，并按规定的权限和程序审批后下达执行。

第二，定期对各产品(商品)的区域销售额、进销差价、销售计划与实际销售情况等进行分析。结合生产现状，及时调整销售计划，调整后的销售计划需履行相应的审批程序。

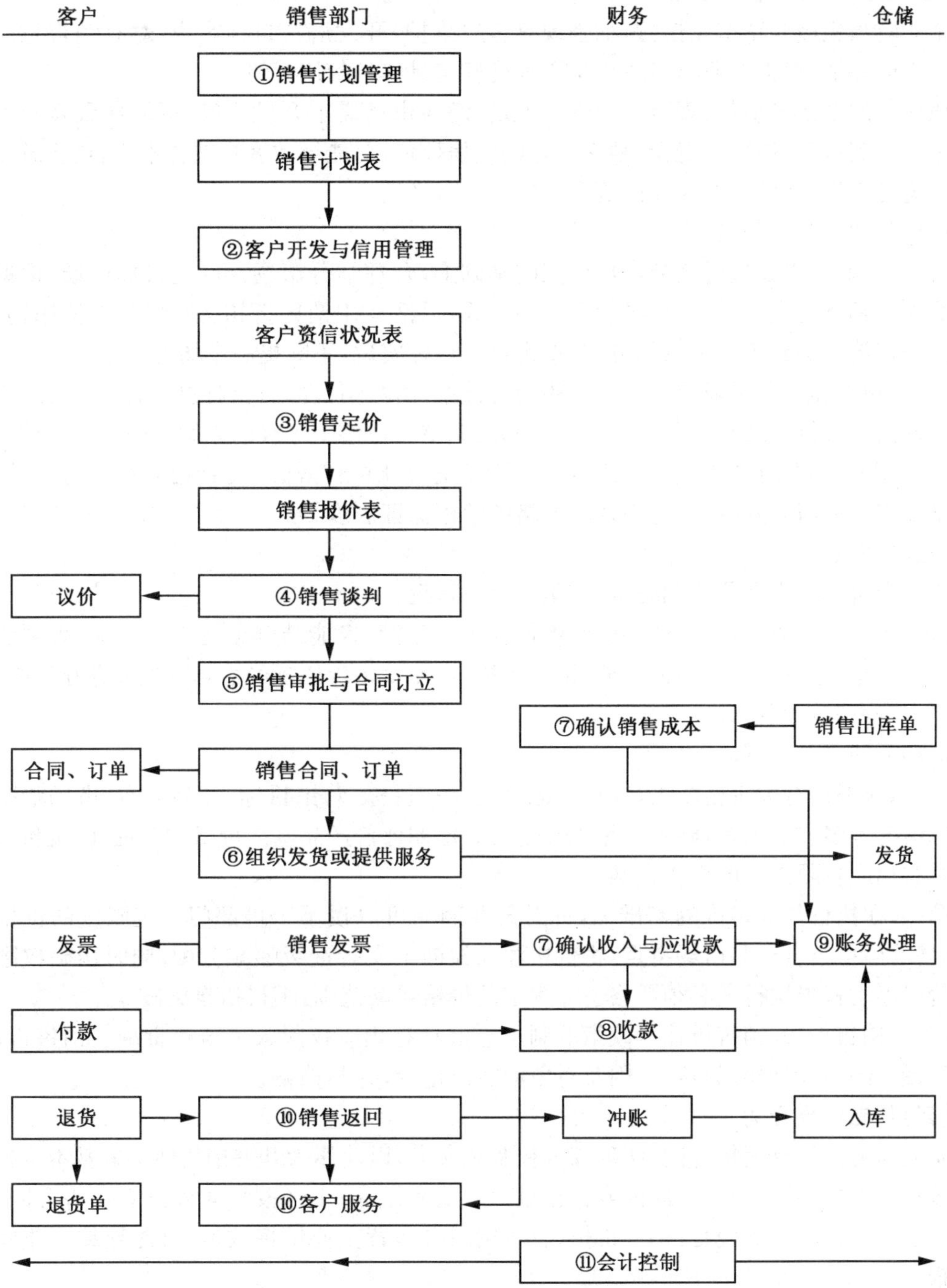

图 11—1　销售与收款业务的主要流程

(二)客户开发与信用管理

企业应当积极开拓市场份额,加强现有客户维护,开发潜在目标客户,对有销售意向的客户进行资信评估,根据企业自身风险接受程度确定具体的信用等级。

该环节的主要风险是:现有客户管理不足、潜在市场需求开发不够,可能导致客户丢失或市场拓展不利;客户档案不健全,缺乏合理的资信评估,可能导致客户选择不当,销售款项不能收回或遭受欺诈,从而影响企业的资金流转和正常经营。

该环节的主要控制措施如下:

第一,企业应当在进行充分市场调查的基础上,合理细分市场并确定目标市场,根据不同目标群体的具体需求,确定定价机制和信用方式,灵活运用销售折扣、销售折让、信用销售、代销和广告宣传等多种策略和营销方式,促进销售目标实现,不断提高市场占有率。

第二,建立和不断更新维护客户信用动态档案,由与销售部门相对独立的信用管理部门对客户付款情况进行持续跟踪和监控,提出划分、调整客户信用等级的方案。根据客户信用等级和企业信用政策,拟定客户赊销限额和时限,经销售、财会等部门具有相关权限的人员审批。对于境外客户和新开发客户,应当建立严格的信用保证制度。

(三)销售定价

销售定价是指商品价格的确定、调整及相应审批。

该环节的主要风险是:定价或调价不符合价格政策,未能结合市场供需状况、盈利测算等进行适时调整,造成价格过高或过低、销售受损;商品销售价格未经恰当审批或存在舞弊,可能导致损害企业经济利益或者企业形象。

该环节的主要控制措施如下:

第一,应根据有关价格政策,综合考虑企业财务目标、营销目标、产品成本、市场状况及竞争对手情况等多方面因素,确定产品基准定价。定期评价产品基准价格的合理性,定价或调价需经具有相应权限人员的审核批准。

第二,在执行基准定价的基础上,针对某些商品可以授予销售部门一定限度的价格浮动权,销售部门可结合产品市场特点,将价格浮动权向下实行逐级递减分配,同时明确权限执行人。价格浮动权限执行人必须严格遵守规定的价格浮动范围,不得擅自突破。

第三,销售折扣、销售折让等政策的制定应由具有相应权限人员审核批准。销售折扣、销售折让授予的实际金额、数量、原因及对象应予以记录,并归档备查。

(四)订立销售合同

企业与客户订立销售合同,明确双方权利和义务,以此作为开展销售活动的基本依据。

该环节的主要风险是:合同内容存在重大疏漏和欺诈;未经授权对外订立销售合同,可能导致企业合法权益受到侵害;销售价格、收款期限等违背企业销售政策,可能导致企业经济利益受损。

该环节的主要控制措施如下:

第一,订立销售合同前,企业应当指定专门人员与客户进行业务洽谈、磋商或谈判,关注客户信用状况，明确销售定价、结算方式、权利与义务条款等相关内容。重大的销售业务谈判还应当吸收财会、法律等专业人员参加，并形成完整的书面记录。

第二，企业应当建立健全销售合同订立及审批管理制度，明确必须签订合同的范围，规范合同订立程序，确定具体的审核、审批程序和所涉及的部门人员及相应权责。审核、审批应当重点关注销售合同草案中提出的销售价格、信用政策、发货及收款方式等。重要的销售合同，应当征询法律专业人员的意见。

第三，销售合同草案经审批同意后，企业应授权有关人员与客户签订正式销售合同。

（五）发货

发货是根据销售合同的约定向客户提供商品的环节。

该环节的主要风险是：未经授权发货或发货不符合合同约定，可能导致货物损失或客户与企业的销售争议、销售款项不能收回。

该环节的主要控制措施如下：

第一，销售部门应当按照经审核后的销售合同开具相关的销售通知交仓储部门和财会部门。

第二，仓储部门应当落实出库、计量、运输等环节的岗位责任，对销售通知进行审核，严格按照所列的发货品种和规格、发货数量、发货时间、发货方式、接货地点等，按规定时间组织发货，形成相应的发货单据，并应连续编号。

第三，应当以运输合同或条款等形式明确运输方式，商品短缺、毁损或变质的责任，到货验收方式，运输费用承担，保险等内容，货物交接环节应做好装卸和检验工作，确保货物的安全发运，由客户验收确认。

第四，做好发货各环节的记录，填制相应的凭证，设置销售台账，实现全过程的销售登记制度。

（六）收款

收款是指企业经授权发货后与客户结算的环节。按照发货时是否收到货款，可分为现销和赊销。

该环节的主要风险是：企业信用管理不到位，结算方式选择不当，票据管理不善，账款回收不力，导致销售款项不能收回或遭受欺诈；收款过程中存在舞弊，使企业经济利益受损。

该环节的主要控制措施如下：

第一，结合公司销售政策，选择恰当的结算方式，加快款项回收，提高资金的使用效率。对于商业票据，结合销售政策和信用政策，明确应收票据的受理范围和管理措施。

第二，建立票据管理制度，特别是加强商业汇票的管理：一是对票据的取得、贴现、背书、保管等活动予以明确规定；二是严格审查票据的真实性和合法性，防止票据欺诈；三是由专人保管应收票据，对即将到期的应收票据，及时办理托收，定期核对盘点；四是票据贴现、背书应经恰当审批。

第三，加强赊销管理：一是需要赊销的商品，应由信用管理部门按照客户信用等级审核，并经具有相应权限的人员审批。二是赊销商品一般应取得客户的书面确认，必要时，要求客户办理资产抵押、担保等收款保证手续。三是应完善应收款项管理制度，落实责任、严格考核、实行奖惩。销售部门负责应收款项的催收,催收记录(包括往来函电)应妥善保存。

第四,加强代销业务款项的管理,及时与代销商结算款项。

第五,收取的现金、银行本票、汇票等应及时缴存银行并登记入账,防止由销售人员直接收取款项,如必须由销售人员收取的,应由财会部门加强监控。

(七)客户服务

客户服务是在企业与客户之间建立信息沟通机制,对客户提出的问题,企业应予以及时解答或反馈、处理,不断改进商品质量和服务水平,以提升客户满意度和忠诚度。客户服务包括产品维修、销售退回、维护升级等。

该环节的主要风险是:客户服务水平低,消费者满意度不足,影响公司品牌形象,造成客户流失。

该环节的主要控制措施如下:

第一,结合竞争对手客户服务水平,建立和完善客户服务制度,包括客户服务内容、标准、方式等。

第二,设专人或部门进行客户服务和跟踪。有条件的企业可以按产品线或地理区域建立客户服务中心。加强售前、售中和售后技术服务,实行客户服务人员的薪酬与客户满意度挂钩。

第三,建立产品质量管理制度,加强销售、生产、研发、质量检验等相关部门之间的沟通协调。

第四,做好客户回访工作,定期或不定期开展客户满意度调查;建立客户投诉制度,记录所有的客户投诉,并分析原因,提出解决措施。

第五,加强销售退回控制。销售退回需经具有相应权限的人员审批后方可执行;销售退回的商品应当参照物资采购入库管理。

(八)会计系统控制

会计系统控制是指利用记账、核对、岗位职责落实和相互分离、档案管理、工作交接程序等会计控制方法,确保企业会计信息真实、准确、完整。会计系统控制包括销售收入的确认、应收款项的管理、坏账准备的计提和冲销、销售退回的处理等内容。

该环节的主要风险是:缺乏有效的销售业务会计系统控制,可能导致企业账实不符、账证不符、账账不符或者账表不符,影响销售收入、销售成本、应收款项等会计核算的真实性和可靠性。

该环节的主要控制措施如下:

第一,企业应当加强对销售、发货、收款业务的会计系统控制,详细记录销售客户、销售合同、销售通知、发运凭证、商业票据、款项收回等情况,确保会计记录、销售记录与仓储记录核对一致。具体为:财会部门开具发票时,应当依据相关单据(计量单、出库单、货款结算单、销售通知单等)并经相关岗位审核。销售发票应遵循有关发票管理规定,严禁开具虚假发票。财会部门对销售报表等原始凭证审核销售价格、数量等,并根据国家统一的会计准则制度确认销售收入,登记入账。财会部门与相关部门月末应核对当月销售数量，保证各部门销售数量的一致性。

第二，建立应收账款清收核查制度，销售部门应定期与客户对账，并取得书面对账凭证，财会部门负责办理资金结算并监督款项回收。

第三，及时收集应收账款相关凭证资料并妥善保管；及时要求客户提供担保；对未按时还款的客户，采取申请支付令、申请诉前保全和起诉等方式及时清收欠款。对收回的非货币性资产应经评估和恰当审批。

第四，企业对于可能成为坏账的应收账款，应当按照国家统一的会计准则规定计提坏账准备，并按照权限范围和审批程序进行审批。对确定发生的各项坏账，应当查明原因，明确责任，并在履行规定的审批程序后做出会计处理。企业核销的坏账应当进行备查登记，做到账销案存。已核销的坏账又收回时应当及时入账，防止形成账外资金。

四、销售与收款业务的主要单据

(一)主要单据列表

表 11－1 按业务办理流程列示了销售与收款业务的主要单据及其相关部门。

表 11－1　　销售与收款业务的主要工作任务及单据

主要工作任务	对应单据	相关的主要部门
销售计划管理	销售计划表	销售
客户开发与信用管理	客户资信状况表	销售、财务
销售定价	销售报价表	销售、财务
销售审批与合同订立	销售合同或订单	销售、财务、货管、采购
组织发货或提供劳务	销售出库单、发票	货管、销售、财务
收款	收款凭证	财务、销售
退货	退货单	货管、销售、财务
会计控制	往来对账单	财务、销售

(二)部分单据样式(见表 11－2 至表 11－10)

表 11－2　　月度/年度销售计划表

年　　月　　　　批发/零售

序号	商品类别	商品名称	编号	规格/品牌	上年/月销售量	单价	本年/月计划销量	预计采购量

续表

序号	商品类别	商品名称	编号	规格/品牌	上年/月销售量	单价	本年/月计划销量	预计采购量
其中团体客户销售计划								
客户名称			序号	品名		计划销售量		

填表人：

表 11—3 **客户资信状况表**

客户名称： 填表日期：

填表人： 公司业务联系人：

<table>
<tr><td rowspan="9">企业基本情况</td><td colspan="2">公司成立日期： 年 月 日　　目前注册资本： 万元</td></tr>
<tr><td rowspan="3">公司性质</td><td>按所有制分：□国有 □集体 □私营 □中外合资 □外商独资</td></tr>
<tr><td>按股东的责任分：□有限责任公司 □股份有限公司 □个体</td></tr>
<tr><td>营业执照注册号：</td></tr>
<tr><td colspan="2">办公场所：
□自有________平方米，
地址为：____________________________，房产证号：______________________________。
□租借________平方米。</td></tr>
<tr><td colspan="2">固定资产情况：
公司车辆：□有____辆，□无。
公司自有房产：
□有，地址为：____________________________房产证号：______________________________。
□无。</td></tr>
<tr><td colspan="2">店面情况：
□自有________平方米，
地址为：____________________________，房产证号：______________________________。
租借________平方米。</td></tr>
<tr><td rowspan="2">职员人数：
人</td><td>员工素质：硕士及以上：________人。本科：________人。
专科：________人。专科以下：________人。</td></tr>
<tr><td>职员构成：管理人员________人。技术人员________人。市场人员________人。
销售人员________人。商务财务人员________人。</td></tr>
</table>

续表

<table>
<tr><td rowspan="5">企业基本情况</td><td colspan="6">目前经营的 IT 类业务有：
□微机　□外设产品　□网络产品　□笔记本　□Modem　□办公设备　□软件
□显示设备　□通信产品　□网站　□其他
按当期营业额排名：</td></tr>
<tr><td colspan="6">公司关联情况：
□有母公司，名称：______________________　□无母公司
□有子公司，名称：______________________　□无子公司
□有子公司，名称：______________________
□有分公司，名称：______________________　□无分公司
□有分公司，名称：______________________
其他关联公司：
关联公司之间签订《联保协议》后可以共享在××公司的信用额度，请务必填写全面。</td></tr>
<tr><td colspan="6">上级主管单位：□无　□有，名称：______________________</td></tr>
<tr><td>主要股东（合伙人）名称及股权比例：</td><td colspan="5">股东名称：　　　　持股比例（%）：
①
②
③
④
⑤</td></tr>
<tr><td colspan="6">有无固定的客户群（可多选）：
□无　□有
若有，所属行业为：□政府　□金融　□财税　□邮电　□交通　□航空　□教育
□公安　□医疗　□石化　□制造　□外企　□电力　□军队　□其他</td></tr>
<tr><td rowspan="20">人员及负责人情况</td><td colspan="6">法定代表人：</td></tr>
<tr><td colspan="2">姓名：</td><td>性别：</td><td>年龄：</td><td colspan="2">从事 IT 行业工作的时间：　　年</td></tr>
<tr><td colspan="2">学历：</td><td colspan="2">毕业院校：</td><td colspan="2">专业：</td></tr>
<tr><td colspan="4">家庭地址：</td><td colspan="2">身份证号码：</td></tr>
<tr><td rowspan="5">主要工作经历</td><td>时　间</td><td colspan="2">单　位</td><td colspan="2">职　务</td></tr>
<tr><td></td><td colspan="2"></td><td colspan="2"></td></tr>
<tr><td></td><td colspan="2"></td><td colspan="2"></td></tr>
<tr><td></td><td colspan="2"></td><td colspan="2"></td></tr>
<tr><td></td><td colspan="2"></td><td colspan="2"></td></tr>
<tr><td colspan="6">总经理：</td></tr>
<tr><td colspan="2">姓名：</td><td>性别：</td><td>年龄：</td><td colspan="2">从事 IT 行业工作的时间：　　年</td></tr>
<tr><td colspan="2">学历：</td><td colspan="2">毕业院校：</td><td colspan="2">专业：</td></tr>
<tr><td colspan="4">家庭地址：</td><td colspan="2">身份证号码：</td></tr>
<tr><td rowspan="5">主要工作经历</td><td>时　间</td><td colspan="2">单　位</td><td colspan="2">职　务</td></tr>
<tr><td></td><td colspan="2"></td><td colspan="2"></td></tr>
<tr><td></td><td colspan="2"></td><td colspan="2"></td></tr>
<tr><td></td><td colspan="2"></td><td colspan="2"></td></tr>
<tr><td></td><td colspan="2"></td><td colspan="2"></td></tr>
</table>

续表

人员及负责人情况	销售主管：				
	姓名：	性别：	年龄：	从事 IT 行业工作的时间：　　年	
	学历：	毕业院校：		专业：	
	家庭地址：			身份证号码：	
	主要工作经历	时　间	单　位	职　务	
	财务主管：				
	姓名：	性别：	年龄：	从事 IT 行业工作的时间：　　年	
	学历：	毕业院校：		专业：	
	家庭地址：			身份证号码：	
	主要工作经历	时　间	单　位	职　务	
说明：财务状况表不必填写，请附近期资产负债表和损益表，由我方人员协助填写。					

财务状况

简易资产负债表

年　月　日　　单位：元

资产	年初数	年末数	负债及所有者权益	年初数	年末数
货币资金			应付账款		
应收账款			预收账款		
存货			未交税金		
			短期借款		
流动资产合计			流动负债合计		
固定资产合计			负债合计		
			所有者权益合计		
资产总计			负债及所有者权益总计		

财务状况

简易损益表

年　月　日　　单位：元

项目	本月数	本年累计数	重要比率(客户不用填写)	
销售收入			流动比率(%)：	总资产周转次数：
销售成本			速动比率(%)：	税前利润率(%)：
销售费用			资产负债率(%)：	资产回报率(%)：
利润总额			净资产收益率(%)：	应收账款周转天数：
净利润			存货周转次数：	报表评价：

续表

<table>
<tr><td rowspan="4">公司印章预留</td><td colspan="3">公司公章预留印鉴</td><td colspan="2">财务专用章预留印鉴</td></tr>
<tr><td colspan="3"></td><td colspan="2"></td></tr>
<tr><td colspan="3">公司合同章预留印鉴</td><td colspan="2">银行预留印鉴(支票盖章印鉴两枚)</td></tr>
<tr><td colspan="3"></td><td colspan="2"></td></tr>
<tr><td rowspan="5">联系人</td><td>联系人类型</td><td>姓名</td><td>联系电话</td><td>传真</td><td>E-MAIL</td></tr>
<tr><td>对账接口人</td><td></td><td></td><td></td><td></td></tr>
<tr><td>付款审批人</td><td></td><td></td><td></td><td></td></tr>
<tr><td>订货审批人</td><td></td><td></td><td></td><td></td></tr>
<tr><td colspan="5">库存地有________个,地址:
①________________________,面积
②________________________,面积
③________________________,面积</td></tr>
<tr><td>仓储及送货签收情况</td><td colspan="5">收货地址有________个(以下收货地址会作为贵公司的永久送达方维护到 ERP 系统,请慎重填写):
①送达方公司全称:________________详细地址:____________
②送达方公司全称:________________详细地址:____________
③送达方公司全称:________________详细地址:____________
④送达方公司全称:________________详细地址:____________
货物签收章备案:(可以为每一收货地址指定多枚印章)
印章一　　　　印章二　　　　印章三

指定收货人姓名及签名样本如下:(可以为每一收货地址指定三位收货人)
姓　　名:__________　姓　　名:__________　姓　　名:__________
本人签名:__________　本人签名:__________　本人签名:__________
电　　话:__________　电　　话:__________　电　　话:__________
手　　机:__________　手　　机:__________　手　　机:__________
身 份 证:__________　身 份 证:__________　身 份 证:__________
1. 客户应在××公司送货单上加盖以上备案的公司印章之一或经以上授权人之一签收。
2. 如不符合以上条件,送货人有权拒绝交货直至条件备齐。由此产生的一切额外费用由买方承担。
3. 以上所述条款解释权归××公司所有。
4. 本表格复印及传真件有效。
5. 以上印章及指定收货人如有变动,应尽快通知××公司,更改此备案表格;否则,由此产生的经济责任将由买方承担。</td></tr>
</table>

续表

其他情况	1. 有无诉讼 □有 □无 2. 近期有无主要领导人变更 □有 □无 3. 公司经营范围有无变化 □有 □无 4. 公司分支机构有无增减 □有 □无 5. 有无公司经营场所变更 □有 □无

法定代表人：

公司盖章(公章)：

年　月　日

表 11—4 **销售报价表**

公司账号：　　开户行：　　户名：

客户名称：

序号	货品名称	规格型号	单位	数量	单价	金额
以上报价是否含税：是□　否□						
客户确认：						

表 11—5 **客户订单**

编号：

客户名称					
电话		联系人		地址、邮编	
订货审批人签字					
商品名称					
品牌	规格	数量	单价	金额	备注

续表

品牌	规格	数量	单价	金额	备注
合 计					
送货方式					
时间		地点		方式	◆送货上门◆门店取货
付款事项					
时间		方式		责任人	
付款审批人签字					
备注					

总经理： 销售经理： 经办人：

表 11－6 **销售发票**

购买方名称： 日期：

销售方名称：

所属增值税专用发票代码： 号码：

序号	货物(劳务)名称	规格型号	单位	数量	单价	金额	税率	税额

续表

序号	货物(劳务)名称	规格型号	单位	数量	单价	金额	税率	税额

销售方(章):

注:本清单一式两联。第一联,销售方留存;第二联,销售方送交购买方。

表 11—7 **收款凭证**

借方科目: 年 月 日 收字第 号

摘 要	贷方科目		√	金 额									
	总账科目	明细科目		千	百	十	万	千	百	十	元	角	分
附凭证 张	合 计												

会计主管: 记账: 稽核: 出纳: 制单:

表 11—8 **销售出库单**

购货单位: 日期:

序号	产品代码	产品名称	规格型号	单位	应发数量	实发数量	单价	金额	备注

审核: 收货签字(章): 发货: 制单:

注:第一联白联:存根 第二联红联:财务 第三联黄联:备用 第四联蓝联:客户

表 11—9　　　　退货单

供应商						
收货日期			退货原因			
订单号			订单金额			
序号	产品名称	规格	单位	数量	单价	金额
小计						
备注						
退货人	退货日期：　年　月　日					

表 11—10　　　　往来对账单

年　月　日

付款单位		收款单位	
付款内容	金额	收款内容	金额
付款合计(大写)		收款合计(大写)	
付款单位财务专用章		收款单位财务专用章	
财务负责人		财务负责人	
经办人		经办人	
对账时间		对账时间	

情境三　销售与收款业务核算方法的设计

一、销售与收款业务核算方法的设计

(一)一般销售商品业务

符合收入确认条件确认本期实现的营业收入时,应按实际收到或应收的价款,借记“银行存款”“应收账款”“应收票据”等账户;按实现的营业收入,贷记“主营业务收入”账户;按专用发票上注明的增值税税额,贷记“应交税费——应交增值税(销项税额)”账户。

(二)已经发出商品但不符合收入确认条件的销售业务

企业处理这类业务可设置“发出商品”账户。“发出商品”账户反映已经发出但尚未确认销售收入的商品成本。企业应按发出商品的成本,借记“发出商品”账户,贷记“库存商品”等账户。实现营业收入时,按已收或应收的款项,借记“银行存款”“应收账款”等账户;按实现的营业收入,贷记“主营业务收入”账户;按应交的增值税销项税额,贷记“应交税费——应交增值税(销项税额)”账户。结转销售成本时,借记“主营业务成本”账户,贷记“发出商品”账户。

(三)销货退回的核算。

按企业会计制度规定:本期发生的销货退回,应冲减本期的销售收入时记:

借:主营业务收入

　　应交税费——应交增值税(销项税额)

　　　贷:银行存款

如果该商品尚未结转销售成本,只需对退回的商品在“库存商品”明细分类账中将减少数量冲回即可;若该商品已结转销售成本,则还应记:

借:库存商品

　　　贷:主营业务成本

销售退回若是在年度会计报表之前发生的,属于报告年度或以前年度的销货,应调整报告年度会计报表的有关项目。

(四)销货折让的核算

发生销货折让时,记:

借:应交税费——应交增值税(销项税额)

　　主营业务收入

　　　贷:应收账款

(五)商业折扣的核算

1. 假定折扣部分与销售额开具在同一张发票上的会计处理:

借：库存现金

　　贷：主营业务收入

　　　　应交税费——应交增值税（销项税额）

同时，结转销售成本：

借：主营业务成本

　　贷：库存商品

2. 假定折扣部分与销售额开具在两张发票上的会计处理：

借：库存现金

　　销售费用

　　贷：主营业务收入

　　　　应交税费——应交增值税（销项税额）

同时，结转销售成本时的会计处理：

借：主营业务成本

　　贷：库存商品

（六）现金折扣的核算（总价法）

借：应收账款

　　贷：主营业务收入

　　　　应交税费——应交增值税（销项税额）

借：银行存款

　　财务费用

　　贷：应收账款

借：银行存款

　　贷：应收账款

（七）委托代销商品的核算

委托方企业在进行代销商品业务的核算时，应设置"委托代销商品"账户，来核算企业委托其他单位代销的商品实际成本（或进价）或计划成本（或售价）。该账户应按受托单位设置明细账，进行明细核算。委托方企业委托代销商品的账务处理，应包括以下三部分内容：

1. 发出代销商品

委托方企业将委托代销的商品发交给受托代销单位时，应按照实际成本（或进价，采用计划成本或售价核算的按计划成本或售价），借记"委托代销商品"账户，贷记"库存商品"账户。

2. 收到代销清单

委托方企业收到代销单位报来的代销清单时，应按应收金额，借记"应收账款——×代销单位"账户；按应确认的收入，贷记"主营业务收入""其他业务收入"账户；按应交的增值税税额，贷记"应交税费——应交增值税（销项税额）"账户；同时，按代销商品的实际成本（或进价）或计划成本（或售价），借记"主营业务成本""其他业务支出"账户，贷记"委托代销商品"账户。

3. 收到代销款项

委托方企业在收到代销单位代销款项时，应借记“银行存款”账户，贷记“应收账款——×代销单位”账户。采用不同的代销方式，其会计处理略有不同：在采用收取手续费的方式下，除上述账务处理以外，还应按应支付的代销手续费等，借记“销售费用——代销手续费”账户，贷记“应收账款——×代销单位”账户；在采用视同买断的方式下，主营业务收入的确定，应按代销商品的协议价反映。

(八)受托代销商品的核算

受托方企业在进行代销商品业务的核算时，应设置“受托代销商品”账户，来核算企业接受其他单位委托代销的商品。本账户应按委托单位设置明细账，进行明细核算。受托方企业受托代销商品的账务处理，应包括以下三部分内容：

1. 收到代销商品

受托方企业收到受托代销商品时，采用进价核算的，应按接收价，借记“受托代销商品”账户，贷记“代销商品款”账户。采用售价核算的，应按售价，借记“受托代销商品”账户；按接收价，贷记“代销商品款”账户；按售价与接收价之间的差额，贷记“商品进销差价”账户。

2. 采用视同买断方式

受托方企业不采取收取手续费方式代销的商品，售出受托代销商品后，应按售价和应收的增值税税额(采用售价核算的，按售价)，借记“银行存款”“应收账款”等账户；按实现的营业收入，贷记“主营业务收入”“其他业务收入”账户；按增值税销项税额，贷记“应交税费——应交增值税(销项税额)”账户。结转营业成本时，采用进价核算的，按接收价，借记“主营业务成本”“其他业务支出”账户，贷记“受托代销商品”账户；同时，按接收价，借记“代销商品款”账户；按收到的专用发票上注明的增值税税额，借记“应交税费——应交增值税(进项税额)”账户；按应付委托单位的款项，贷记“应付账款——×委托代销单位”账户。采用售价核算的，应按售价，借记“主营业务成本”“其他业务支出”等账户，贷记“受托代销商品”账户；同时，按接收价，借记“代销商品款”账户；按收到的专用发票上注明的增值税税额，借记“应交税费——应交增值税(进项税额)”账户；按应付委托单位的款项，贷记“应付账款——×委托代销单位”账户；按支付给委托单位的代销款项，借记“应付账款——×委托代销单位”账户，贷记“银行存款”账户。采用售价核算的企业，月度终了应分摊已销代销商品的进销差价。

3. 采用收取手续费方式

受托方企业采取收取手续费方式代销的商品，售出受托代销商品后，应按售价和应收的增值税税额(采用售价核算的，按售价)，借记“银行存款”“应收账款”等账户；按增值税销项税额，贷记“应交税费——应交增值税(销项税额)”账户；按应付委托单位的款项，贷记“应付账款——×委托代销单位”账户；按收到的专用发票上注明的增值税税额，借记“应交税费——应交增值税(进项税额)”账户；同时，按接收价，借记“代销商品款”账户；按接收价(或售价)，贷记“受托代销商品”账户；按接收价与售价的差额，借记“商品进销售价”账户；计算代销手续费等收入，借记“应付账款——×委托代销单位”账户，贷记“其他业务收入”账户；按支付给委托单位的代销款项，借记 “应付账款——×委托代销单位”账户，贷记“银行存款”账户。

(九)结转本年利润

年度终了，应将全部实现的利润自“本年利润”账户转入“利润分配——未分配利润”账户。如为盈利，应借记“本年利润”账户，贷记“利润分配——未分配利润”账户。如为亏损，应借记“利润分配——未分配利润”账户，贷记“本年利润”账户。同时，应将本年已分配的利润分别从“利润分配——提取法定盈余公积、提取法定公益金、提取任意盈余公积、提取储备基金、提取企业发展基金、提取职工奖励及福利基金、应付优先股股利、应付普通股股利、利润归还投资、转作股本的普通股股利”账户，转入“利润分配——未分配利润”账户的借方，即借记“利润分配——未分配利润”账户，贷记“利润分配——提取法定盈余公积”等账户，结转后，“利润分配”账户的“提取法定盈余公积”等明细账均无余额，而“未分配利润”明细账户的贷方余额则为企业未分配的利润，借方余额为未弥补的亏损。

年度结转利润分配：将本年的收入和支出相抵后的结出的本年实现的净利润：

借：本年利润

　　贷：利润分配——未分配利润

如果是亏损：

借：利润分配——未分配利润

　　贷：本年利润

二、销售与收款业务的报告设计

为全面、及时地了解销售与收款业务动态，通常每月末销售和财务人员核对销售记录，销售人员编制订单执行情况表(见表 11－11)，财务人员编制应收账款汇总表(见表 11－12)、销售毛利分析表(见表 11－13)并填制往来客户对账单(见表 11－10)，与有较大应收款余额的客户进行书面对账。

表 11－11　　**订单执行情况表**

订单号	日期	客户	存货	销量	销售额	已发货量	未发货量	应收款额

填表人：

表 11—12　　应收账款汇总表

编制部门：　　年　月　日　　单位:元(月表)

项目	金额	预定收款日期	账龄	占全部应收款(%)	备注
元以上					
1.　公司 2.　公司 ……					
元以上					
1.　公司 2.　公司 ……					
元以上					
1.　公司 2.　公司 ……					
元以上					
1.　公司 2.　公司 ……					
合　计					

表 11—13　　销售毛利分析表

年　月

存货名称	销售收入	成本	毛利	销售收入百分比	销售毛利百分比

编制人：

模块小结

本模块按销售业务环节分别阐述了企业销售与收款内部控制制度的设计方法和销售与收款业务会计核算的设计方法。为实现销售与收款业务会计制度设计的目标，必须建立科学规范的相应内部控制制度。这些制度的有效贯彻依赖于规范的单据和业务凭证流转程序的设计。

模块训练

一、单项选择题

1.（　　）应定期编制并向顾客寄送应收账款对账单，与顾客核对账面记录。

A. 会计部门　　B. 信用管理部门　　C. 销售部门　　D. 仓库部门

2. 企业在设计销售与收款业务的内部会计控制制度时，销售与收款业务的不相容岗位是指（　　）。

A. 销售货款的确认、回收与办理发货的岗位

B. 销售货款的确认、回收与相关会计记录的岗位

C. 销售货款的确认、回收与销售合同的审批的岗位

D. 销售货款的确认、回收与销售合同的签订的岗位

二、多项选择题

1. 针对销售业务的特点，其内部控制制度设计的目标应（　　）。

A. 保证营业收入的真实性、合理性、完整性

B. 杜绝销售业务中可能出现的一切违法乱纪和侵吞企业利益的行为

C. 保证销售折让和销售退回的合理处理与揭示

D. 保证应收账款记录的真实性和可收回性

2. 企业销售中的发票控制制度主要包括（　　）。

A. 指定专人负责发票的保管和使用　　B. 领用发票时应注明所领用发票的起讫号码

C. 企业与税务部门定期核对发票　　D. 发票必须以实际业务为依据如实填写

3. 销售与收款业务会计制度设计的目标主要有（　　）。

A. 保证销售收入的真实性和合理性

B. 保证产品的安全和完整

C. 保证销售折扣措施恰当，保证销售折让和退回的合理与正确

D. 保证货款及时足额地收回

4. 以下与销售业务相关的内部控制中，正确的是（　　）。

A. 开具账单的人员根据商品价目表的单价和发货凭证的数量开具销售发票，发货凭证留，发票副联交财务部门记账

B. 会计部门记账前，根据销售发票的号码推算已开具的销售发票的张数，并与实际清点的张数核对一致

C. 开具发票后，连同由公司自行编制、连续编号、贴足邮票的汇款通知单交购货方，以便其实际付款时通过快件直接寄给公司财务部门不负责收款的人员

D. 每月由财务部门收取汇款通知单的人员向未付款的大额客户寄发月末顾客对账单

5. 销售与收款循环主要凭证和记录按业务顺序排列不正确的是(　　)。

A. 订货单、贷项通知单、现金日记账

B. 订货单、销货单、销货合同、发运凭证、销货发票

C. 销货日记账、发票、贷项通知单、收款凭证

D. 发货单、销货合同、订货单

6. 以下有关收款交易的内部控制描述中,正确的是(　　)。

A. 企业应当将销售收入及时入账,不得账外设账,不得擅自坐支现金

B. 企业应当建立应收账款账龄分析制度和逾期应收账款催收制度

C. 企业注销的坏账应当进行备查登记,做到账销案存

D. 企业票据的取得和贴现由保管票据的人执行

7. 以下控制措施对防范相应风险有效的是(　　)。

A. 赊销的审批可以防止以巨额坏账损失为代价的大量销售风险

B. 销售价格、销售条件、运费、折扣等必须经过审批是为了保证销售交易按照企业定价政策规定的价格开票收款

C. 对于超过既定销售政策和信用政策规定范围的特殊销售交易,应当进行集体决策是为了防止因审批人决策失误而造成严重损失

D. 发货以后才开具账单是为了防止漏开账单的风险

三、案例分析题

1. 珠江公司是珠江集团下属的子公司,主营业务是制造、销售力能空调机。集团公司对珠江公司派出了检查组进行财务检查,检查组对珠江公司商品销售业务的内部控制进行了专题调查,抽查了有关凭证、账簿等会计资料。其中,检查组对"发货单"进行调查的有关情况如下:

(1)检查组对仓库留存的发货单第二联"仓库发货联"进行了检查,并与仓库根据第二联登记的商品保管明细账的发货数量进行了核对,证实账单核对相符。将仓库的发货数量与销售部门统计的销售数量核对时,发现两者存在误差;会计部门根据会计核算使用的发货单第三联计算的销售数量与仓库计算的数量相同。仓库保管员声称,每笔发货均以销售部门事先开具的发货单为依据。但检查组发现有两笔业务存在疑问,这两笔业务在商品保管明细账登记的发货日期比发货单的开出日期早了两天。

(2)检查组发现只有会计部门与仓库坚持进行"发货单"第三联和第二联的定期核对工作。检查组将销售部门开出发货单时留存的第一联"存根"与第六联"货物放行联"进行了核对,发货单第六联"货物放行联"是公司大门口的保安在货物放行时收到并保存的。检查发现:有两张"货物放行联"没有编号,与第一联"存根"核对时没有发现与之对应的"存根",检查组认为可能存在重大问题,并将此事做了记录。有7张用汽车提货的"货物放行联"上,保安没有按公司规定登记车牌号码;有一张"货物放行联"上没有加盖销售部门的印章(已与"存根"核对无误)。按规定,在这种情况下,保安不应放行。发货单第四、五联分别交运输部门和客户,检查组没有对其进行核对。

根据以上资料,回答下列问题:

(1)指出珠江公司与"发货单"有关的内部控制制度在授权批准、内部核查程序、凭证记录及其预先编号等方面存在的漏洞或缺陷,并分析其危害。

(2)根据上述资料,说明"发货单"的凭证流转程序、各联式的用途及其相互核对关系。

(3)为使公司的内部控制制度得到有效的执行,应对哪些人员进行哪些方面的教育?

2. 龙源股份有限公司销售与收款相关业务流程与内部控制如下(未列出的内部控制可视为不存在):

(1)龙源股份有限公司设有销售部门、货物保管装运部门、生产部门和会计部门。

(2)销售部门职员接受客户订单,与经批准销售的顾客名单核对,对未列入名单的客户由销售部门经理来决定批准销售与否。

(3)对于已经批准的顾客订单,销售部门经理与客户已经批准的信用额度相核对,符合信用额度的销售,编制一式多联的销售单。

(4)货物保管装运部门根据经过批准的销售单发出产品,填写产品装运凭证,装运凭证一式两联,一联货物保管装运部门自留,一联交给会计部门。

(5)会计部门的会计人员甲根据经过批准的销售单和产品装运凭证填写销售发票,同时登记"主营业务收入"和"应收账款"。

(6)财务人员乙负责对销售发票的编制作内部审查,将销售发票的商品总数与装运凭证的商品总数相核对,将销售发票的商品价格与经过批准的商品价目表相核对,并且重新计算发票计价和计算的正确性。

(7)财务人员丙每月核对应收账款明细账与总账,向客户寄送对账单。

(8)要求客户将任何例外情况向龙源公司会计部门报告。

(9)财务人员甲同时负责开具销售发票、收取客户货款,登记"应收账款"和"银行存款"。

根据以上资料,回答下列问题:

(1)龙泉公司职责分工不符合内部控制要求的有(　　)。

A. 销售部门批准信用额度

B. 按照经批准的销售单供货与按照销售单装运货物职责未分离

C. 登记"主营业务收入"和"应收账款"职责未分离

D. 登记应收账款明细账、登记银行存款明细账及收取客户货款由一人办理

(2)需要连续编号的凭证有(　　)。

A. 客户订单　　B. 销售单　　C. 装运凭证　　D. 销售发票

(3)如果主营业务收入明细账记有销售退回业务,但未查到退货凭证,可能存在的问题有(　　)。

A. 隐匿营业收入　　B. 虚增营业收入　　C. 偷税漏税　　D. 资产虚减

(4)检查营业收入计算的正确性时,如果企业以现金或支票结算方式销售产品,则应与销货发票存根相核对的账有(　　)。

A. 应收账款明细账　　B. 银行存款日记账　　C. 主营业务收入明细账　　D. 现金日记账

(5)销售与收款环节内部控制必要的措施有(　　)。

A. 编制和寄送对账与收款、记账业务相互独立

B. 批准赊销与发货开票相互独立

C. 收取货款与记录相互独立

D. 批准坏账与收款、记账相互独立

模块十二

生产制造过程业务会计制度设计

学习导航

了解：生产制造过程业务会计制度设计的目标。

掌握：生产制造过程业务内部控制流程设计；生产制造过程业务内部控制制度的设计；生产制造业务核算方法的设计。

运用：生产制造过程业务主要单据的设计。

模块引例

中华设备厂为单件小批生产的中型企业，生产过程分为铸工、加工（下设两个生产车间）和装配三个步骤，从事 MG—31 磨床、ZG—42 钻床和 XG—51 铣床的生产。另外设有机修和供汽两个辅助生产车间。

该企业的生产工艺流程是：铸工车间根据生产计划浇铸各种铁铸件，经检验合格后送交自制半成品仓库；加工车间分别从仓库领用各种铸件，经不同工序加工制成各种不同的零部件，直接送交装配车间；装配车间将收到的零部件连同由仓库领来的外购件等组装成各种机床，经检验合格后送交成品仓库。

产品成本计算规程如下：该厂实行厂部和车间两级核算，成本计算方法以分步法为主，结合运用品种法和分批法。铸工车间以铁铸件和铝铸件作为成本计算对象，采用品种法计算铸件成本；铸工车间→半成品仓库→加工车间之间，采用逐步综合结转的方法结转各种铸件成本；加工车间和装配车间以磨床、钻床和铣床三种产品作为成本计算对象，采用分批法计算各机床成本；加工车间和装配车间之间采用平行结转的方法结转产品成本。

铸工车间月末在产品数量很少，故不计算月末在产品成本。加工车间按定额比例法计算各产品应计入最终完工产品成品的份额。由于在产品的种类和生产工序繁多，计算月末在产品的原材料定额费用和定额工作量很繁重，因而采用简化的“倒挤”方法进行计算。装配车间按约当产量法计算各产品应计入最终完工产品成本的份额，由于直接材料费用数额较大，在产品只负担材料费用，而不负担加工费用。

为简化核算，成本项目只设直接材料、直接人工和制造费用三大项目。半成品(铸件)按实际成本计价，发出半成品成本采用月末一次加权平均法。

各项间接费用分配方法如下：外购水电费按耗用数量比例分配；辅助生产费用按计划成本分配方法分配，成本差异计入管理费用；铸工车间间接材料费用按铸件重量比例分配；装配车间间接材料费用按各产品本期直接材料实际费用比例分配；基本生产车间其他间接费用均按各产品实用工时比例分配。

问题与任务：中华设备厂成本计算方法的选择是否合适？该厂应该如何设计品种法、分批法、分步法？

情境一　生产制造过程业务会计制度设计的目标

生产制造过程业务内部控制和核算方法设计的目标：明确产品生产核算程序，正确计算产品成本，反映产品成本的实际水平，为编制财务报告提供信息；及时向有关管理者提供在产品和产成品的成本耗费情况，考核成本、计划的完成情况，并保护在产品和产成品的安全完整；划清各种费用界限，控制成本开支，提供降低产品成本的途径；建立成本责任制，考核成本责任。

情境二　生产制造过程业务内部控制要点的设计

企业生产过程中所发生的生产费用，以不同的形式转移到企业产品成本中。产品成本核算实质是生产费用的归集、分配和成本计算的过程。通过这一过程，应把实际发生的各项生产费用，按其用途，正确地分配到不同的成本计算对象中，从而使各项费用开支能够得到合理的补偿。设计生产费用的归集和分配程序，不仅有利于了解和掌握成本计算的过程，而且在一定程度和范围内也说明了账务处理程序。由于生产费用归集和分配的程序需要通过设置相应的账户进行成本的计算，因此在设计生产费用的归集和分配程序时，必须将有关的会计账户和成本计算方法联系。

一、生产制造过程业务的内容

生产制造过程业务的开展实质上是一种从货币资金到原材料、生产设备，再到加工中的在产品，最后形成库存商品的资金循环过程。企业生产划分为三个阶段：生产准备阶段、生产阶段和生产完成阶段。其起点是制订生产计划，终点是完工产品经检验合格后验收入库或直接发货给购货企业。

二、生产业务内部控制流程设计

(1)生产计划部门下达生产指令给生产管理部门。

(2)生产管理部门依据生产指令填制领料单。领料单一式三联,其中一联由生产管理部门存档备查,一联作为领料凭据交仓储部门登记明细账,另外一联在发料后交财务部门登记账簿和办理成本核算。

(3)生产管理部门根据产品完工情况填制产品入库单。产品入库单一式四联,一联由生产管理部门存档,其余三联随同产品交仓储部门验收,并盖"收讫"章。盖完"收讫"章的三联入库单,一联返还给生产管理部门,一联留仓储部门登记明细账,另外一联交财务部门进行成本核算,登记账簿。

(4)生产管理部门根据工时耗用情况填制人工工时费用分配表。分配表一式两联,一联由生产管理部门存档,一联交财务部门进行成本核算。

(5)生产管理部门根据设备的使用情况及制造费用耗用记录填制制造费用分配表。分配表一式两联,一联由生产管理部门存档,一联交财务部门进行成本核算。

(6)财务部门依据领料单、人工工时费用分配表、制造费用分配表和产品入库单编制产品成本计算表,并进行成本核算。

三、生产制造过程业务内部控制制度的设计

为了生产出符合用户需要的产品,减少商品库存,降低产品生产成本,实现良好的财务状况和经营成果,企业必须建立一套行之有效的生产制造过程业务内部控制制度。其主要包括:

(一)生产制造计划控制制度

生产制造计划控制是整个生产制造过程业务内部控制的起点,也是对生产制造过程进行有效控制的重要依据,它又可以分为确定生产需要和制订生产制造计划两部分。

1. 确定生产需要(以销定产)

对制造企业而言,确定生产需要是一种重要的决策行为,决策不当就会造成生产资源的浪费和企业财务状况的恶化,因此它必须由企业最高管理当局或其授权的人员进行决策,根据产品的市场销售情况作出科学的分析和判断,明确决策责任。

2. 制订生产制造计划(生产数量时间标准和单位,估算料工费等)

确定生产需要后就可以制订生产制造计划。由于生产制造计划的制订约束企业生产投入的多少,并影响未来产品的销售情况,企业在制订生产制造计划的过程中应注意征求各方面的意见,尤其应注意与销售计划的协调一致。

在制订生产制造计划中,除了标明产品投产数量、生产开始日期、产品完工日期、质量标准以及生产单位(车间)等内容外,还应尽可能准确地估算出产品生产所耗用的材料、工时和生产成本,从而为生产制造过程的实际成本控制提供依据。

(二)产品成本核算控制制度

如何将产品制造过程中发生的生产耗费正确、及时地归集和分配到各种产品中去,提供产品成本核算资料,并监督各项生产费用发生的合理性,严格控制不应该发生的生产耗费,降低产品成本等,所有这些都必须依靠设计健全的成本核算制度并贯彻执行来实现。

1. 成本核算的基础工作控制制度

成本核算的基础工作控制制度是成本核算控制制度的基本条件，是成本核算控制制度有效运行的重要前提。成本核算的基础工作控制制度主要有：

(1)建立和健全有关成本核算的原始记录制度，并建立合理的原始凭证传递流程。企业反映材料耗费情况的原始记录主要有材料的领料单、退料单、月末根据领料单和退料单汇总编制的材料费用分配表、材料盘点溢缺报告单等；反映人工耗费情况的原始凭证主要有出勤记录、产量工时记录、根据出勤记录和产量工时记录编制的工资结算表等。除此以外，辅助生产车间生产费用按一定的方法在各受益对象之间的分配表、基本生产车间间接费用按一定的方法在各成本计算对象之间的分配表、废品损失的计算表、产成品和自制半成品的交库单等也都是重要的反映生产耗费的原始凭证。原始记录上要正确填写业务内容、数量、单位和金额、经办人员的签名或盖章等。原始记录应及时传递，不得积压。成本会计部门要会同其他相关部门制定原始记录的传递程序，以加强企业的内部控制。

(2)制定合理的消耗定额，完善定额管理制度。利用定额，可以查明生产过程中实际消耗量与定额的差异及其原因，明确责任人员，同时定额的制定有利于企业实行例外管理原则，对产生重大差异的重点管理，能抓住显著的、突出的问题，解决生产中导致差异的关键问题，从而加强成本的控制，进一步降低产品成本。

(3)制定产品成本定额时，既要先进，又要切合实际。定额的制定一般采用平均先进的定额，即经过努力多数人能达到，且该定额应随生产技术水平的提高而定期修订。如果某种定额与实际的差异经常在5%以上，就应及时调整。各种定额制定后必须认真执行。

(4)制定内部结算价格和内部结算制度。采用内部结算价格在企业各部门、车间之间相互进行结算，可以明确经济责任，简化和减少核算工作，并便于考核厂内各单位成本计划的完成情况。企业常以生产制造的标准成本、成本加成的方法或市场价格来确定内部结算价格。合理的转移价格必须为转出和转入双方都能接受，必须对转出和转入双方都有利，且同时有利于企业整体。企业制定的内部结算价格应相对稳定，由企业统一颁布，各部门、车间遵照执行。内部结算价格应根据市场的变化和生产技术的发展予以修订。

2. 成本责任控制制度

成本责任控制制度就是通过设置成本费用责任中心，明确该类责任中心的成本控制目标，并将成本控制目标作为考核其成本责任或管理业绩完成情况，实施奖惩的一种成本管理制度。

需要强调的是，成本责任控制制度所确定的成本控制目标要以各成本费用中心的可控成本为依据。所谓可控成本，是指符合下面三个条件的成本：责任中心能够通过一定的方式了解将要发生的成本；责任中心能够对发生的成本进行计量；责任中心能够通过自己的行为对成本加以调节和控制。

成本的可控与不可控是相对而言的，它与责任中心所处管理层的高低、管理权限的大小以及控制范围的大小有直接的关系。对于企业来说，所有的成本都应被看作可控成本，而对于企业内部的各个管理层次和责任中心来说，则既有其各自的可控成本，又有其各自的不可控成本。

企业在进行成本责任控制制度设计时，一项核心工作就是要解决相对于某个责任中心而言其可控成本的数额，并以此为基础确定控制目标和责任奖惩。

(三)成本核算方法控制制度

成本核算方法控制制度主要表现在如何根据企业生产特点和管理要求，正确选择成本核算方法。企业生产特点对产品成本核算方法的影响，主要表现在成本计算对象的确定、生产费用在完工产品和在产品之间的分配两个方面。

1. 成本计算对象的确定

计算产品成本，必须首先确定成本计算对象。确定成本计算对象是设置产品成本明细账、分配生产费用和计算产品成本的前提。成本计算对象的设计既要适应生产组织与生产工艺的特点，又要满足企业加强成本管理的要求。一般包括产品品种、产品订单、步骤等。

2. 生产费用归集分配方式

(1)成本项目。为了具体地反映计算产品生产成本的生产费用的各种用途，还应进一步将其划分为若干个项目，即成本项目。产品成本一般由下列项目构成：直接材料、燃料动力、直接人工、制造费用、废品损失、自制半成品等。

在成本项目设计时应遵循以下原则：将尽可能多的成本项目归入直接成本内，从而减少间接费用分配造成的误差；重要性与恰当性结合。它一方面要求凡是在制造成本中占有较大比重的直接成本费用应以相应的成本项目单独列示。如企业发生的废品损失很多，应增设"废品损失"项目；如企业耗用燃料和动力较多，可增设"燃料与动力"成本项目等。另一方面要求成本项目的设置要恰当，分类不能过粗或者过细。

(2)生产费用的分配标准。设计生产费用分配标准时应遵循以下原则：①相关性原则：待分配费用与分配标准要具有一定的相关性；②作为分配标准的因素必须是数据资料易于取得、计量的；③选定的分配标准，实际核算简易，工作量不大；④分配标准的选择要有利于成本控制和成本考核，满足企业加强成本责任管理的需要；⑤生产费用分配标准一经确定，必须保持一定时期的相对稳定。生产费用分配的基本方法是比率法。其计算公式如下：

$$分配率=\frac{待分配的生产费用}{各分配对象的分配标准之和}$$

$$各分配对象应分配的费用=分配对象的分配标准\times分配率$$

常用的生产费用分配标准如下：共同耗用的材料的分配可以采用按产品的产量、定额耗用量比例法和材料定额费用比例法；直接人工费用的分配一般采用生产工时或定额工时比例法等进行分配；辅助生产费用的分配方法有直接分配法、交互分配法、顺序分配法、计划成本分配法和代数分配法等；制造费用的分配方法通常有按生产工人工时比例分配法、按生产工人工资比例分配法、按机器工时比例法和按年度计划分配率法分配等。

(3)完工产品成本和在产品成本的划分标准。产品成本在完工产品与在产品之间的分配是成本计算工作中一个重要问题，在产品加工工序较多的企业，又是一个复杂问题。企业应该根据在产品数量的多少、各月在产品数量变化的大小、各项费用比重的大小以及定额管理基础等具体条件并考虑管理的要求，选择合理而又简便的方法。企业常用的完工产品成本和在产品成本的分配方法有：不计算在产品成本法、在产品成本按其年初固定数计算法、在产品成本按所耗原材料费用计算法、约当产量比例法、在产品成本按定额成本计算法、在产品按完工产品成本计算法、定额比例法等。约当产量法适用于月末在产品结存数量较大，且各月月末在产品结存数量不稳定，各成本项目在产品成本中所占比重相差不大的情况。定额成本计价法适用于定额管理基础工作比较扎实，各项消耗定额比较正确、稳定，各月月末在产品结存数量较稳定的情况。定额比例法适用于定额管理基础较好，各项消耗定额或定额成本比较正确、稳定，但各月月末在产品数量变化较大的情况。

情境三　生产制造过程业务核算方法的设计

成本计算方法是指按照一定的成本计算对象，将其在生产过程中发生的生产费用进行归集和分配，以确定产品的完工总成本和单位成本所采用的业务技术方法。针对不同的生产组织和生产工艺过程以及成本管理的要求，成本计算可采用品种法、分批法、分步法、分类法以及定额法等具体方法。

一、生产制造过程业务核算方法的设计基础

(一)产品成本计算方法设计的依据

各种成本计算方法都是在特定的条件下产生和运用的。设计成本计算方法必须以一定的条件为依据，才能保证其科学合理、简明实用。产品成本计算方法的基本特征是由成本计算对象的特点决定的，而成本计算对象的特点又取决于企业的生产特点和成本管理的要求，所以产品成本计算方法的设计依据，归根结底也是企业的生产特点和成本管理要求。

1. 企业的生产特点

企业的生产特点是由企业的生产组织特点和生产工艺特点决定的。企业生产组织的特点，就是企业的生产是大量生产还是成批生产（既有大批生产，又有小批生产），或者是单件生产。生产工艺的特点主要是企业的生产是简单生产（即单步骤生产）或复杂生产（即多步骤生产），其中复杂生产又有连续式多步骤生产和装配式多步骤生产之分。连续式多步骤生产又进一步区分为封闭式连续多步骤生产（如某些化工产品的生产）和开放式连续多步骤生产（如钢铁企业的钢产品生产、纺织企业的产品生产等）。

企业采用何种成本核算方法计算产品成本，除了考虑生产特点外，还必须结合企业成本管理的要求，从而确定出适合企业生产特点和管理要求的成本核算方法。企业成本管理的要求主要表现在对成本信息的需求方面，需要的成本信息越多、越详细、越及时，成本核算对象就越具体，成本计算期就越短。

2. 成本管理要求

成本管理要求是指企业对各产品成本计算、管理和控制等提出的愿望和条件。例如，是按全厂计算成本还是按阶段、步骤计算成本，是否结合定额进行成本控制或标准成本控制，是否结合定额进行责任成本的核算等。又如，连续加工、大批大量生产一种产品应用分步法计算产品成本，但各生产步骤的半成品如何结转，即怎样确定最终产品成本，则取决于管理的需要。一般来讲，企业为了分清每一生产步骤的经济责任、成本升降的主客观原因及有关情况、考核各生产部门的工作业绩，需要分别计算各生产步骤的半成品成本，并逐步累计计算产品成本，为成本管理提供资料，满足成本管理对于成本资料的要求。由于产品成本在生产过程中形成，成本管理需要的成本资料在很大程度上受到生产特点的影响，因此，每个企业或车间在计算产品成本时，都应根据生产特点和管理要求来确定适宜的成本计算方法。计算最终产成品成本，为了便于各步骤进行成本计算，克服“逐步结转分步法”的下步骤成本计算需要等待上步骤计算结果的弊端，加速成本计算，则需要将各步骤的半成品成本按成本项目平行结转于最终产成品，以确定产成品成本，由此应当采用“平行结转分步法”。可见，成本计算方法的设计要考虑的因素很复杂，设计时必须统筹兼顾，以设计出既符合企业生产特点，又满足成本管理要求的、科学高效的成本计算方法。

企业生产特点和管理要求对产品成本核算方法的影响是多方面的，这也决定了每一种成本核算方法都有自身的适用范围。

(二)成本开支范围的设计

我国企业成本开支范围在理论上应包括产品价值构成中的 $C+V$。为了正确计算产品成本，要划分以下六个方面的费用界限：(1)划清收益性支出与资本性支出的界限。(2)划清生产经营支出与营业外支出的界限。营业外支出是指企业发生的与其生产经营活动无直接关系的各项支出，不能作为企业的成本或费用。它包括固定资产盘亏、处置固定资产净损失、处置无形资产净损失、债务重组损失、计提的无形资产及固定资产减值准备、计提的在建工程减值准备、罚款支出、捐赠支出、非常损失等。(2)划清产品制造成本与期间费用的界限。制造成本通常由直接材料、直接人工、制造费用构成。期间费用包括销售费用、管理费用和财务费用。(4)划清不同会计期间产品成本的界限。以权责发生制为基础。(5)划清不同产品成本的界限。直接材料、直接人工一般直接计入各种产品成本，制造费用不能分清哪种产品，要选择合理的分配方法分配后计入。(6)划清在产品和产成品成本的界限。根据约当产量法、定额成本法、定额比例法等方法计算。

(三)成本计算方法的具体设计

成本计算方法是按照成本计算对象来归集和分配生产费用所使用的方法，不同的成本计算对象与不同的生产费用归集分配程序相结合，就形成不同的成本计算方法。因此，设计成本计算方法，应将成本计算对象与生产费用的归集分配程序有机地结合起来，才能保证成本计算方法的可行性和适用性。

1. 品种法

大批大量生产一种产品，生产过程比较简单，一般为单步骤生产，或者虽是多步骤但各步骤之间联系很密切，属于封闭式生产，如采煤、发电、采油等，应以产品品种作为成本计算对象，按产品及其规定的成本项目归集和分配生产费用，采用品种法。在这种方法下，应以会计期间作为成本计算期，每月计算一次成本。对多步骤生产但管理上不要求分步计算成本的，也可采用品种法。如果企业只生产一种产品，该种产品就是成本计算对象，由此设置基本生产成本明细账，归集和分配生产费用，计算该种产品的成本。或开设一张成本计算单，按成本项目开设专栏。在这种情况下发生的费用都是直接费用，可以直接记入基本生产成本明细账或产品成本计算单。如果企业生产多种产品，成本计算对象就是各种产品。按各种产品分别设置基本生产成本明细账或产品成本计算单，发生的直接费用可以直接记入各种产品的基本生产成本明细账或产品成本计算单；应由几种产品共同负担的间接费用，则要选择适当的方法，在各产品之间分配，然后记入各种产品的基本生产成本明细账或成本计算单。期末如有在产品，费用应在完工产品和在产品之间进行分配。大批大量单步骤生产的产品，产品品种一般比较单一，月末一般没有在产品，就不需将生产费用在完工产品和月末在产品之间进行分配；而大批大量多步骤生产的产品，月末一般有在产品，就需要将生产费用在完工产品和月末在产品之间进行分配，从而确定完工产品成本和在产品成本。

品种法作为产品成本计算的一种最基本的方法，其成本计算的一般程序主要有以下几个步骤：(1)按产品品种设置基本生产成本明细账。按产品品种设置基本生产成本明细账或产品成本计算单，并按成本项目开设专栏，如“直接材料”“直接人工”“制造费用”等。(2)归集和分配本月生产费用。根据原始凭证和其他有关资料编制各种要素费用分配表，将本月发生的生产费用进行分配，生产产品发生的直接费用，如“直接材料”“直接人工”等费用，记入各种产品成本明细账，间接费用先在“制造费用明细账”中进行归集，辅助生产车间发生的费用在“辅助生产费用明细账”中进行归集。(3)分配辅助生产费用。根据辅助生产对外提供的劳务数量，按受益单位受益情况编制“辅助生产费用分配表”，将辅助生产费用明细账中所归集的生产费用采用适当的方法分配给各受益对象，并据以登记有关成本费用明细账。(4)分配基本生产车间制造费用。将基本生产车间为组织和管理生产所发生的费用，通过“制造费用明细账”进行归集后，月末编制“制造费用分配表”。将制造费用分配给各受益的产品，并据以登记“基本生产成本明细账”。(5)计算完工产品成本和月末在产品成本。将产品基本生产成本明细账中按成本项目归集的生产费用采用适当的方法在完工产品和月末在产品之间进行分配，确定完工产品成本和在产品成本。(6)结转完工产品成本。根据产品基本生产成本明细账或产品成本计算单，汇总编制完工产品成本汇总表，汇总计算各种完工产品的总成本和单位成本，然后编制记账凭证，结转完工产品成本。

2. 分批法

单件、小批组织生产的产品，生产过程虽然复杂，大多为多步骤生产，但一般不要求计算各步骤的半成品成本，因此应以每批产品或每一“订单”作为成本计算对象，按批别及其成本项目归集和分配生产费用。采用分批法，应以产品生产周期作为成本计算期，在每批产品完工后，根据产品成本明细账中归集的费用总额计算各批产品的总成本和单位成本。

在小批、单件生产下，由于完工产品成本计算期与产品的生产周期一致，因而在月末计算产品成本时，一般不存在完工产品与在产品之间分配费用的问题。在单件生产中，产品完工前，产品成本明细账所记录的生产费用，都是在产品成本；产品完工时，产品成本明细账所记录的生产费用，就是完工产品的成本，因而在月末计算成本时，不存在完工产品与在产品之间费用的分配问题。在小批生产时，由于产品批量较小，批内产品一般都能同时完工，或者在相距不久的时间内全部完工。月末计算成本时，或是全部已经完工，或是全部未完工，因而一般也不存在完工产品与在产品之间费用分配的问题。

分批法的产品成本计算程序如下：会计部门根据生产计划部门下达的"生产通知单"所规定的产品批别，为每批产品设置生产成本明细账，并按成本项目分设专栏，以归集各批产品所发生的生产费用。在生产开始时，企业的生产计划部门下达生产任务通知单，财会部门根据每一生产任务通知单副本开设产品生产成本明细账，并在账上注明产品批号以及生产任务通知单上所提供的其他规定性或说明性信息，如产品的品名、规格、样式、生产数量等。成本计算单的开设和结账，应注意同生产通知单的签发和结束配合一致，各批号之间不能混同或串户，以保证各批产品成本计算的正确性。按批别归集和分配本月发生的各项费用，登记有关明细账。企业在生产产品领用各种原材料、耗用有关费用时，都要在有关的原始凭证上注明生产通知单号，月末根据费用的原始凭证，编制各种费用分配表，将各批产品的直接费用按产品批别分别成本项目直接记入各产品生产成本明细账内；将发生的间接费用按照一定的方法在各批产品之间进行分配，并记入有关各批产品成本明细账内。分配辅助生产费用：归集辅助生产车间发生的制造费用，按其提供的劳务数量，在各批别或订单产品、制造费用以及其他受益对象之间进行分配。对于辅助生产车间生产的产品，应计算其完工产品成本，期末从辅助生产成本明细账中转出。分配基本生产车间制造费用：将基本生产车间"制造费用明细账"中归集的制造费用进行汇总，根据投产的批别或订单的完成情况，选择一定的方法分配制造费用。计算完工产品成本：采用分批法一般不需要在完工产品和在产品之间分配生产费用。生产周期内，各月月末结账时，各产品生产成本明细账上累计的生产费用，都是各该批在产品成本；当某批别或生产通知单的产品在完工并检验合格后，应由生产车间填制完工通知单，报送财会部门。此时，产品生产成本明细账上的全部费用，就是产成品成本。但如果某批产品出现跨月陆续完工情况，则需要将产品生产成本明细账中全部的费用，采用一定的方法在完工产品与在产品之间进行分配，并确定计算出完工产品和月末在产品成本。结转完工产品成本：月末将各批完工产品成本以及批内陆续完工产品的成本加以汇总，编制"完工产品成本汇总表"，结转完工入库产品的成本。

3. 分步法

大批大量多步骤生产的产品，生产过程复杂，管理上要求计算各步骤的半成品成本。因此，应以各种产品品种作为最终成本计算对象，以每种产品的各个生产步骤作为中间性成本计算对象，按产品品种和经过的生产步骤以及成本项目分别归集各生产步骤的费用，采用分步法。这种方法以会计期间作为成本计算期，每月计算产成品成本和各步骤半成品成本。半成品成本可通过“逐步结转”或“平行结转”等方法进行计算。

采用分步法计算产品成本，生产过程中的各项费用按加工步骤进行核算，其中属于各产品的直接费用应按产品归集，对于每一步骤的一般费用，先按整个步骤归集，然后在步骤内的各产品之间进行分配。由于分步法的成本计算期与会计报告期一致，又是连续式加工，因此月终时各步骤都有在产品，在计算成本时必须把生产费用在完工产品和在产品之间进行分配。分步法下的成本计算程序，由于半成品成本的结转方式不同，又分为“逐步结转分步法”和“平行结转分步法”两种。

逐步结转分步法又称顺序结转分步法，它是按照生产步骤的顺序，计算并结转半成品成本，上一生产步骤的半成品成本随半成品实物转移到下一步骤的产品成本中，直到最后步骤累计计算出产成品成本。逐步结转分步法也称半成品成本计算法，其成本计算程序是：先计算第一步骤所产半成品成本，并将其转入第二步骤；再将第二步骤所发生的生产费用，加上第一步骤转入的半成品成本，计算出第二步骤所产半成品成本，并将其转入第三步骤。按照生产步骤依次逐步结转，在生产的最后一步计算出完工产成品成本的成本计算程序。

平行结转分步法与逐步结转分步法的主要区别是：各步骤只计算本步骤的加工费用，一般不计算完工半成品的成本，半成品成本不随着半成品实物向下一步骤转移，各步骤应计入半成品的加工费用，平行地计入产成品成本，再加上原材料成本即可计算出产成品的成本。采用这种方法，半成品成本不随半成品实物的转移而结转，仍留在各加工步骤的成本计算单内，直到最后加工成产成品，才将其成本从各步骤中结转出来。按产品生产步骤和产品品种开设生产成本明细账，各步骤成本明细账按成本项目归集本步骤发生的生产费用（不包括耗用上一步骤半成品的成本）。月终，将各步骤归集的生产费用在产成品与广义在产品之间进行分配，计算各步骤应计入产成品成本的费用份额。将各步骤生产费用总额减去本步骤应计入产成品成本的费用份额，即为本步骤期末在产品成本，计算公式为：

某步骤月末在产品成本＝该步骤月初在产品费用＋该步骤本月生产费用－该步骤应计入产成品成本的份额

将各步骤应计入产成品成本的费用份额平行相加汇总后，就得到产成品总成本，再除以完工产品数量，即为单位成本。

概括来讲，在大量大批单步骤生产的企业，由于产品生产工艺过程连续不断地进行，大量大批生产着品种相同的产品，因而只要求也只能够按照产品的品种计算产品成本。在大量大批多步骤生产的企业，由于产品生产工艺过程是可以间断的，因此不仅可以按照产品的品种计算成本，还可以按照产品的生产步骤计算成本。在小批单件生产的企业，一般根据客户的订单或生产部门下达的生产批别组织生产，因而这类企业在进行成本计算时，通常以产品批别作为成本计算对象，归集和分配生产费用，计算每一批别产品的成本。在大量大批生产的企业，产品的生产周期较短，月内有大量的完工产品，其产品的成本计算期与会计报告期一致，而与产品的生产周期不一致，并且月末需要将生产费用在完工产品和在产品之间进行分配。反之，在小批单件生产的企业，只有每一订单或批别的产品全部完工时，才能计算完工产品的成本，其产品的成本计算期与会计报告期不一致，而与产品的生产周期一致，并且月末不需要将生产费用在完工产品和月末在产品之间进行分配，因为当每一订单或批别的产品全部未完工时，所有生产费用都是在产品成本；产品全部完工时，所有生产费用都是产成品成本。例如，大量大批单步骤生产的企业，在成本管理上为了分析和考核每批产品成本的水平，就有必要分批计算产品的成本。在多步骤生产企业，成本管理上为了加强各生产步骤的成本责任分析和考核，往往不仅要求按照产品品种提供产品成本信息，而且还要求按照生产步骤计算产品成本，以便为分析和考核各种产品及其生产步骤的成本计划完成情况提供资料。多步骤生产企业，若企业规模较小，在成本管理上不要求提供每一生产步骤的成本资料，只要求计算每种产品的成本时，就可以采用品种法计算产品成本。在制造技术比较先进、产品成本中的制造费用所占比重较大的企业，成本管理要求提供与作业相关的成本信息，这时就需要采用作业成本核算法进行成本计算。

4. 计划成本核算方法

计划成本核算方法有计划成本核算法、标准成本核算法、定额成本核算法、责任成本核算法等。这些成本核算方法都是通过事先计算分析确定成本控制的计划或目标，将其作为实施成本控制，进行成本奖惩的依据，因此它们并无本质上的区别，只是成本控制所依据的标准不同。因此都属于计划成本核算方法。

（1）标准成本核算方法。标准成本是指经过仔细调查分析和运用技术测定等科学方法制定的在有效经营条件下应该实现的成本，是根据产品的耗费标准和耗费的标准价格预先计算的一种目标成本。企业采用的标准成本有：理想标准成本、正常标准成本和现实标准成本。理想标准成本是现有生产条件所能达到的最优水平的成本，这种成本难以实际运用；正常标准成本是根据正常的工作效率、正常的生产能力利用程度和正常价格等条件制定的标准成本，它一般只用来估计未来的成本变动趋势；现实标准成本是根据适用期合理的耗费量、合理的耗费价格和生产能力可能利用程度等条件制定的切合适用期实际情况的一种标准成本。标准成本法一般采用这种标准成本。

标准成本核算方法的实施程序：按照成本项目制定出各种产品的标准成本。依据产品的标准成本进行产品成本核算，记入“生产成本”“产成品”和“半成品”等账户的借方或贷方。分成本项目计算产品实际成本与标准成本的各种成本差异，并设立对应的成本差异账户进行归集，以便用来控制和考核产品成本。在各个成本差异账户中，借方登记超支差异，贷方登记节约差异。每月月末根据各成本差异账户的借、贷方余额编制成本差异汇总表，将各种成本差异余额转入“主营业务成本”或“本年利润”账户，计入当月损益。分析各种成本差异，找出产生差异的原因，确定成本责任，进行成本考核。

标准成本核算法设计的主要内容包括：标准成本的制定（前提和关键：事前控制）、成本差异的计算、成本差异的账务处理和成本差异的分析（重点：考评经济责任，达到成本控制的目的）。

①标准成本的制定。

一是直接材料标准成本的制定：

$$直接材料标准成本=直接材料标准用量\times直接材料标准价格$$

二是直接人工标准成本的制定：

$$直接人工标准成本=标准工时\times标准工资率$$

$$单位工时标准工资率=\frac{标准总工时}{标准工资总则}$$

三是制造费用标准成本的制定：

$$制造费用标准成本=标准工时\times标准费用分配率$$

$$标准费用分配率=\frac{标准制造费用总额}{标准工资总则}$$

成本差异按照成本项目分类，可以分为直接材料差异、直接人工差异和变动制造费用差异、固定制造费用差异等。

②成本差异的计算。

一是直接材料成本差异。直接材料成本差异，是指直接材料实际成本与标准成本之间的差额。该项差异形成的基本原因有两个：一个是材料价格脱离标准（价差），另一个是材料用量脱离标准（量差）。有关计算公式如下：

$$直接材料成本差异=直接材料实际成本-直接材料标准成本$$

$$直接材料用量差异=(材料实际用量-材料标准用量)\times材料标准价格$$

$$直接材料价格差异=(材料实际价格-材料标准价格)\times材料实际用量$$

【引例分析】

某企业本月投产甲产品 8 000 件，使用 A 种材料 32 000 千克，其实际价格为每千克 40 元。根据该产品标准成本卡所列，A 材料的用量标准为 3 千克，标准价格为 45 元。试分析该企业甲产品生产中的成本差异，并分析该成本差异产生的原因。

生产甲产品直接材料成本差异计算如下：

直接材料实际成本＝32 000×40＝1 280 000（元）

直接材料标准成本＝8 000×3×45＝1 080 000（元）

直接材料成本差异＝200 000（元）

其中：材料用量差异＝（32 000－8 000×3）×45＝＋360 000（元）

材料价格差异＝（40－45）×32 000＝－160 000（元）

通过以上计算可以看出，甲产品本月耗用 A 材料发生 200 000 元超支差异。由于生产部门耗用材料超过标准，导致超支 360 000 元，应查明材料用量超标的具体原因，以便改进工作，节约材料耗费。从材料价格看，材料价格降低节约了 160 000 元，抵消了一部分由于材料超标耗用形成的成本超支，这是材料采购部门的工作成绩，也应查明原因，以便巩固和表扬成绩。

二是直接人工成本差异。直接人工成本差异，是指直接人工实际成本与标准成本之间的差额。它也被区分为“价差”和“量差”两部分。价差是指实际工资率脱离标准工资率，其差额按实际工时计算确定的金额，又称工资率差异。量差是指实际工时脱离标准工时，其差额按标准工资率计算确定的金额，又称人工效率差异。有关计算公式如下：

工资率差异＝实际工时×(实际工资率－标准工资率)

人工效率差异＝(实际工时－标准工时)×标准工资率

直接人工成本差异＝工资率差异＋人工效率差异

三是制造费用差异。制造费用差异可以分为变动制造费用差异和固定制造费用差异两大部分。

变动制造费用是制造费用总额中随业务量成本比例变化的那一部分，如生产用机器设备按照工作量法计提的折旧、车间管理人员按照产量获得的奖金。变动制造费用的差异，是指实际变动制造费用与标准变动制造费用之间的差额。

变动制造费用效率差异＝(实际工时－标准工时)×变动制造费用标准分配率

变动制造费用耗费差异＝(变动制造费用实际分配率－变动制造费用标准分配率)×实际工时

固定制造费用是不随业务量发生变化的那部分制造费用。多数制造费用属于固定制造费用，如车间管理人员工资、厂房折旧费等。固定制造费用差异是指实际发生的固定制造费用与实际产量的固定制造费用标准数之间的差异。

固定制造费用差异＝实际固定制造费用－标准工时×固定制造费用标准分配率

(2)定额成本核算方法。定额成本是以现行消耗定额为根据计算出来的产品成本，是企业现有生产条件和技术水平下所应达到的成本水平。

产品定额成本与计划成本既有相同之处，又有差异。两者的相同之处是：它们都是以产品生产耗费的消耗定额和计划价格为依据确定的目标成本。两者的不同之处是：计算计划成本的消耗定额，是计划期(一般为一年)的平均消耗定额，在计划期内通常保持不变，也称计划定额；而用来计算定额成本的消耗定额，则是企业的现行定额，它应随着企业产品生产技术和劳动生产率的提高而不断加以修订，以满足对现实的产品成本进行控制和考核的要求。

定额成本差异的计算和控制包括：直接材料定额差异的计算和控制、直接人工定额差异的计算和控制、制造费用定额差异的计算和控制、材料成本差异的计算和控制及定额变动差异的控制。在定额成本核算法下，产品的实际成本应按下列公式计算：

$$\text{产品实际成本}=\begin{matrix}\text{按现行定额计算的}\\\text{产品定额成本}\end{matrix}\pm\begin{matrix}\text{脱离定额}\\\text{差异}\end{matrix}\pm\begin{matrix}\text{材料成本}\\\text{差异}\end{matrix}\pm\begin{matrix}\text{月初在产品}\\\text{定额变动差异}\end{matrix}$$

模块小结

本模块按生产制造过程业务环节分别阐述了企业生产制造过程内部控制制度的设计方法和生产制造过程会计核算的设计方法。在生产制造过程业务中，针对生产制造采购业务的特点，提出了其会计制度设计的目标。为实现生产制造过程业务会计制度设计的目标，必须建立规范科学的相应内部控制制度。这些制度的有效贯彻依赖于规范的单据和业务凭证流转程序的设计。企业内部控制制度落实在生产制造环节的业务凭证上。

模块训练

一、单项选择题

1. 下列关于定额成本核算法设计的说法中，正确的是(　　)。

A. 定额成本核算法仅仅是一种成本计算方法

B. 定额成本核算法不仅是一种成本计算方法，而且是一种成本控制方法

C. 定额成本核算与实际成本核算相同

D. 定额成本核算法仅仅是一种成本控制方法

2. 成本核算的基础工作控制制度设计中不应包括(　　)。

A. 定额管理和原始记录制度　　B. 奖惩制度

C. 材料物资的收发、领退、清查制度　　D. 内部计划价格制度

3. 产品成本核算控制制度一般由三个方面相互联系的控制制度构成。下列不是成本核算控制制度的是(　　)。

A. 成本核算的基础工作控制制度　　B. 制定合理的消耗定额，完善定额管理制度

C. 成本责任控制制度　　D. 成本核算方法控制制度

二、多项选择题

1. 生产制造过程业务内部控制和核算方法设计应具有的特点是(　　)。

A. 以成本的经济实质作为设计的指导　　B. 满足国家宏观经济管理的需要

C. 适应企业的生产经营特点　　D. 适应企业经营管理的要求

E. 有利于计算产品成本，简化成本核算手续

2. 生产制造过程业务内部控制和核算方法设计的目标体现在(　　)方面。

A. 明确产品成本核算程序，正确计算产品成本

B. 及时向有关管理者提供在产品和产成品的成本耗费情况，考核成本计划的完成情况

C. 划清各种费用界限，控制成本开支，提供降低产品成本的途径

D. 建立成本责任制，考核成本责任

E. 根据考核情况，实施奖惩

3. 生产制造计划控制是整个生产制造过程业务内部控制的起点，也是对生产制造过程进行有效控制的重要依据，它又可以分为(　　)两部分。

A. 确定生产需要　　B. 制订生产制造计划

C. 按生产计划生产产品　　D. 根据销售情况确定生产计划

E. 检查计划执行情况

4. 生产业务内部控制流程包括(　　)。

A. 生产计划部门下达生产指令给生产管理部门，生产管理部门依据生产指令填制领料单

B. 生产管理部门根据产品完工情况填制产品入库单

C. 生产管理部门根据工时耗用情况填制人工工时费用分配表

D. 生产管理部门填制制造费用分配表

E. 财务部门依据各种表单编制产品成本计算表，并进行成本核算

三、案例分析题

北方机电公司设有两个基本生产车间。第一车间生产 A、B 两种产品，两种产品都是开工时一次投料方式进行加工，企业的组织方式为大量大批的生产，加工类型为单步骤加工。第二车间生产 C 产品，需要经过三个加工环节加工完成，半成品直接由上一生产步骤转入下一生产步骤，但企业需要分步骤提供 C 产品的成本资料。公司设有两个辅助生产车间（动力车间和运输车间），为了简化核算，两个辅助车间的制造费用不单独核算。根据该主要产品的生产特点和管理要求，企业成本核算采用集中核算的方式，由各车间提供基础资料，公司成本核算会计师负责成本的计算。

根据上述资料，回答下列问题：

(1)北方机电公司根据产品的生产特点和管理要求，A 产品、B 产品和 C 产品各采用的成本计算方法为(　　)、(　　)、(　　)。

A. 品种法　　B. 逐步结转分步法　　C. 分批法　　D. 平行结转分步法

(2)A、B 两种产品成本计算过程中，需要涉及的成本计算程序有(　　)。

A. 按产品品种设置基本生产成本明细账

B. 归集和分配本月生产费用

C. 分配辅助生产费用

D. 分配基本生产车间制造费用

E. 计算完工产品成本和月末在产品成本

F. 结转完工产品成本

(3)C 产品成本计算过程中，需要涉及的成本计算程序有(　　)。

A. 按产品生产步骤设置基本生产明细账　　B. 归集和分配本月生产费用

C. 分配辅助生产费用　　D. 分配基本生产车间制造费用

E. 计算完工产品成本和月末在产品成本　　F. 结转完工产品成本

(4)生产制造过程业务内部控制和核算方法设计的内容，即针对生产制造过程所发生的生产耗费，设计出一套比较完整的成本核算制度和管理制度，从而保证企业产品成本信息的真实。北方机电公司设计的生产制造过程业务内部控制制度主要包括(　　)。

A. 建立生产制造计划控制制度　　B. 产品成本核算控制制度

C. 成本责任控制制度　　D. 成本核算的基础工作控制制度

5. 公司设有两个辅助生产车间（动力车间和运输车间）的费用的归集，可以通过辅助生产成本明细账进行归集，项目按照各项生产费用的内容设计，两个车间主要对产品的生产提供劳务，相互提供的劳务不多，且费用多少相当。为了简化计算，辅助生产费用的分配采用(　　)分配给各受益单位较为合适。

A. 直接分配法　　B. 交互分配法　　C. 顺序分配法　　D. 平行结转分步法

模块十三

采购与付款业务会计制度设计

学习导航

了解:采购的基本概念及特征;采购与付款业务会计制度设计的目标。

掌握:采购与付款业务的主要流程;授权批准及岗位分工控制制度各环节的主要风险点及控制措施;采购与付款业务核算方法的设计。

运用:采购与付款业务主要单据的设计。

模块引例

上海通用汽车有限公司成立于1997年6月12日,由上海汽车工业(集团)总公司、美国通用汽车公司各出资50%组建而成。上海通用汽车有限公司目前已经形成凯迪拉克、别克、雪佛兰、萨博4大品牌、13大系列、50多个品种的产品矩阵,其各系列产品含有多项先进技术,在安全性、动力性、舒适性和环保方面表现优越并在各自的细分市场中处于领先地位。2005年销售整车325 429辆,市场占有率为10.5%;销售额450亿元人民币,出口创汇3.5亿美元。目前上海通用汽车有限公司年总产能可达到48万辆,其规模与实力在国内汽车企业中位居前茅。

由于推行了先进的采购管理体系,上海通用汽车有限公司自成立至今,不但取得了良好的经济效益,节约了大量的资金,也取得了良好的社会效益,连续九年累计采购金额超过1 650亿元,可在这一领域却没有发现一起经济犯罪案件。上海通用汽车有限公司在建厂时,通过美国通用公司采购网络平台,在全球范围寻找涂装线和冲压线供应商。经过联合采购委员会反复评估,采购部门与供应商进行商务谈判,在4家专业涂装设备供应商和6家冲压机供应商中进行竞价,最终德国2家著名的专业供应商中标。这次涂装线和冲压线设备的实际采购价格比预算节约了数百万美元,节约采购成本5%以上。选择高质量的供货商使企业成本下降,同时还保证了零部件采购的质量。目前,上海通用汽车有限公司零部件采购质量已经超过美国本土生产的同类车型。近期一家对世界各大汽车厂商进行评估的权威机构在对上海通用汽车有限公司等几家国内汽车企业生产的几种车型进行了第三方质量评估，上海通用汽车有限公司的产品名列前茅，其中一款车还获得了质量第一名。

上海通用汽车有限公司的采购管理体系，遵循集中采购、全球采购、公平竞争、集体决策的"四大原则"，由一整套采购流程和30多个管理制度文件组成。整个采购流程大致可分为三个阶段：

一是申请阶段。由采购部门或使用部门填写"采购申请单"，并经过项目必要性审批、费用核准和批准申请等手续。对于一般采购和生产原材料采购，由采购申请部门提出申请，本部门领导核准后，再经财务部门批准；对于固定资产项目的申请，由部门提出申请，再经过项目费用管理部门审核，最后经财务部门批准。

二是采购阶段。主要是确定供应商，上海通用汽车有限公司把它分为两步进行：第一步是确定潜在供应商，由项目提出部门和采购部门同时提出一定数量的供应商名单。供应商必须在全球范围考虑，提供选择的供应商不得少于3家。先进行初选，再由项目提出部门和技术部门对供应商进行技术评审，选择技术条件较好的若干供应商报联合采购委员会，由联合采购委员会确定潜在供应商，联合采购委员会由采购、财务、审计等部门的中外双方有关人员组成。第二步是向潜在供应商发出标书，潜在供应商进行至少3轮报价，采购人员按标书进行评审，再将完整的资料提交联合采购委员会。资料包括申请人、技术部门的评估意见、财务部门批准的预算、潜在供应商报价清单等。第三步是由联合采购委员会进行认真的讨论确定最终供应商。接着进入商务谈判签约等程序。

三是实施阶段。主要是进货、验货和执行付款等程序。由于持续运用这套严格的采购流程，使得上海通用汽车有限公司的采购活动不会因为人员的变动有所改变。在上海通用汽车有限公司，国内一些合作企业之间请客吃饭、送礼、搞联谊活动等，供应商根本不用考虑。

上海通用汽车有限公司这几年来为防止滥用权力对采购环节造成不良影响，加强了对权力的监督制约并完善了把采购权分解到整个采购流程之中的制约机制。公司成立了由总经理（中方担任）、执行副总经理（外方担任）、2名副总经理（中外方各一人担任）组成的执行委员会。凡是公司重大事项的决定必须经过执行委员会讨论通过，形成的文件必须由中外双方联合签署，使用资金必须由中外双方代表联合签署。在财务部，业务人员开具的支票上都有中外双方人员用中英文签名，这就是他们称之为非常管用、非常有效的"两支笔"。据业务人员介绍，上海通用汽车有限公司的采购资金支出非常严格，没有预算的项目不能开支，凡有新的项目需要增加预算的，必须提交执行委员会进行审批。启动资金支付体系必须具备三个必要条件：有采购申请批准书；有采购部制作的与供应商签订的合同；有收料清单，包括材料和劳务等，也就是必须做到发票、合同、收货三单匹配。支付时，还必须由部门提出申请，财务部按授权进行审批。在开具支票和支付凭证时，需要由中外双方的有关人员共同签署方能有效。

供应商的选择是采购过程中十分重要的、也是最容易诱发经济犯罪的一个环节。然而，上海通用汽车有限公司通过实施采购管理体系，有效堵塞了这一环节上的漏洞。从潜在供应商名单的批准到最终供应商的确定，都必须提交联合采购委员会决定，联合采购委员会的每个人都拥有一票否决权,每个人的权力又都受到监督。采购决定作出后,还要进行各方面的修正,所有的过程都是透明的,而且都有可测量的数据作为依据。

上海通用汽车有限公司把所有采购活动计算机化,即所有用户单位提出的申请、所有的批准等在计算机上都可以看出。设计好的电子化流程规定了每个相关人员的权限、确保了采购运作按程序严格执行。比如,预算控制和支付控制两个体系由计算机全过程辅助控制,体系一旦运行起来,如果上道程序不全就不能进入下一道程序,就不能实施最后的支付。在这一严格的程序下,采购过程中人为因素的影响和不规范操作几乎是零。

除上述措施以外,上海通用汽车有限公司的投资双方每年还要不定期地进行流程审计,对经营管理的各环节进行评估审查,将审计结果分为满意、不满意和需要改进3个等次,对评审不合格的要限期整改,并将审计结果在全球通报。同时公司常设独立审计部门,可以对任何的采购决定和实施结果进行审计,以维护公司的合法利益。为不断加强制度的执行力,上海通用汽车有限公司还严肃了纪律,对违反规定和制度的人坚决予以查处。铁的纪律不仅保障了制度的落实,也塑造了一大批守法、诚信的高素质的上海通用员工。

上海通用汽车有限公司结合实际探索推行的先进采购管理体系,不仅有效地促进了企业管理工作和反腐倡廉工作的加强,达到了效率、效益和廉洁的统一,而且在降低采购成本、选择高质量供货商、提高产品质量方面均有明显的推动作用。

问题与任务:评价上海通用汽车有限公司采购业务内部会计控制取得成功的原因(提示:可以主要从采购申请、采购审批、供应商选择等方面进行分析)。

情境一　采购与付款业务概述

一、采购的基本概念及特征

采购是指企业购买物资或接受劳务及支付款项等相关活动。其中物资主要包括企业的原材料、商品、工程物资、固定资产等。

采购是企业生产经营的起点,既是企业的"实物流"的重要组成部分,又与"资金流"密切关联。采购物资的质量和价格、供应商的选择、采购合同的订立、物资的运输和验收等供应链状况,在很大程度上决定了企业的生存与可持续发展。采购流程的环节虽不是很复杂,但蕴藏的风险巨大。

二、采购业务会计制度设计的目标

(1)落实采购与付款各环节的经营管理责任,保证物资和采购资金的安全。

(2)制定合理的业务流程,使相关部门和人员高效协作,及时满足生产经营的物资或劳务需要。

(3)准确及时地进行会计核算,真实完整地提供采购与付款的会计信息。

情境二　采购与付款业务内部控制要点的设计

一、采购业务的授权批准制度

采购业务的授权批准制度要求包括以下五个方面：

（1）明确审批人对采购业务的授权批准方式、权限、程序、责任和相关控制措施，审批人应当在授权范围内进行审批，不得超越审批权限。

（2）规定经办人办理采购业务的职责范围和工作要求，经办人应当在职责范围内按照审批人的批准意见办理采购与付款业务。对于审批人超越授权范围审批的采购与付款业务，经办人有权拒绝办理，并及时向审批人的上级授权部门报告。

（3）对于重要和技术性很强的采购业务，应当实行集体决策和审批，必要时组织专家论证，防止出现决策失误而造成严重损失。

（4）严禁未经授权的机构或人员办理采购与付款业务。

（5）按照请购、审批、采购、验收、付款等规定的程序办理采购业务，并在各环节设置相关的记录，填制相应的凭证，建立完整的采购登记制度。加强请购手续、采购订单（合同）、验收证明、入库凭证、采购发票等文件和凭证的相互核对工作。

二、采购业务的岗位分工制度

（1）建立岗位责任制，明确相关部门和岗位的职责权限，确保不相容岗位相互分离、制约和监督。

（2）不得由同一部门或个人办理采购与付款业务的全过程。

（3）采购与付款业务不相容岗位至少包括：请购与审批、询价与确定供应商、采购合同的订立与审计、采购与验收、采购验收与相关会计记录、付款审批与付款执行。

（4）配备合格的业务人员并视具体情况进行岗位轮换。

三、采购与付款业务的主要流程

设计采购业务内部控制制度，要从梳理采购与付款业务的主要流程入手，明确采购业务的主要风险点，有针对性地逐一提出相应的控制措施。采购流程主要涉及编制需求计划和采购计划、请购、选择供应商、确定采购价格、订立框架协议或采购合同、管理供应过程、验收。

采购与付款业务的主要流程如图 13—1 所示。

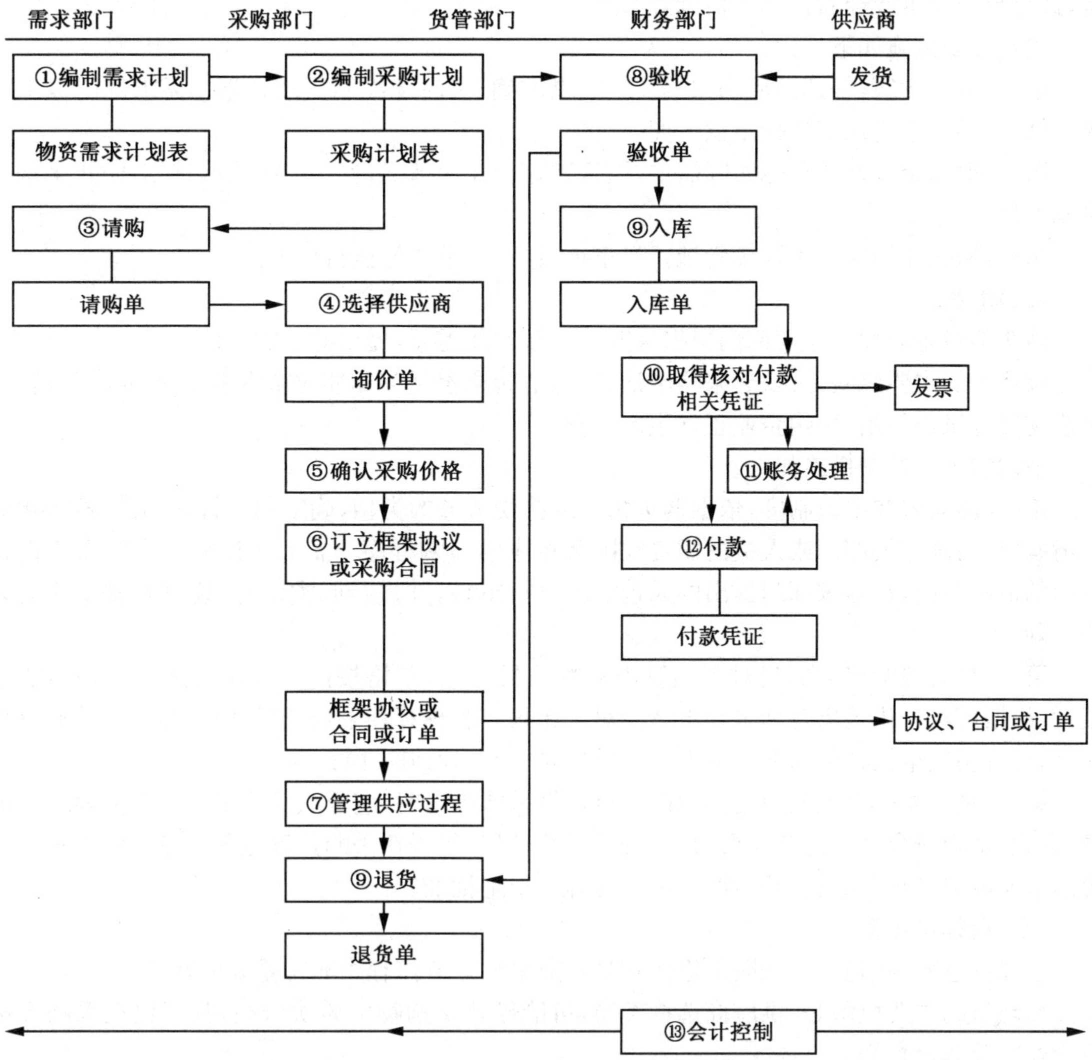

图 13—1　采购与付款业务的主要流程

四、采购与付款业务各环节的主要风险点及控制措施

(一)编制需求计划和采购计划

采购业务从计划(或预算)开始,包括需求计划和采购计划。一般由需求部门根据生产经营需要向采购部门提出物资需求计划,采购部门根据该需求计划归类汇总平衡现有库存物资后,统筹安排采购计划,并按规定的权限和程序审批后执行。

该环节的主要风险是:需求或采购计划不合理,不按实际需求安排采购或随意超计划采购，甚至与企业生产经营计划不协调等。

主要控制措施如下：

第一，生产、经营等部门应当根据实际需求准确、及时地编制需求计划。需求部门提出需求计划时，不能指定或变相指定供应商。

第二，根据企业发展目标实际需要，结合库存和在途情况，科学安排采购计划，防止采购过量或不足。

第三，采购计划应纳入预算管理。经审批后，作为重要的执行依据。

（二）请购

请购是指企业生产经营部门根据采购计划和实际需要，提出的采购申请。

该环节的主要风险是：缺乏采购申请制度，请购未经适当审批或超越授权审批，可能导致采购物资过量或不足，影响企业正常生产经营。

请购的主要控制措施如下：

第一，建立采购申请制度，依据购买物资或接受劳务的类型，确定归口管理部门，授予相应的请购权，明确相关部门或人员的职责权限及相应的请购程序。企业可以根据实际需要设置专门的请购部门，对需求部门提出的采购需求进行审核，并进行归类汇总，统筹安排企业的采购计划。

第二，具有请购权的部门对于预算内采购项目，应当严格按照预算执行进度办理请购手续，并根据市场变化提出合理采购申请。对于超预算和预算外采购项目，应先履行预算调整程序，由具备相应审批权限的部门或人员审批后，再行办理请购手续。

第三，具备相应审批权限的部门或人员审批采购申请时，应重点关注采购申请内容是否准确、完整，是否符合生产经营需要，是否符合采购计划，是否在采购预算范围内等。对不符合规定的采购申请，应要求请购部门调整请购内容或拒绝批准。

（三）选择供应商

选择供应商，就是确定采购渠道。它是企业采购业务流程中非常重要的环节。

该环节的主要风险是：供应商选择不当，可能导致采购物资质次价高，甚至出现采购人员收受贿赂等舞弊行为。

选择供应商的主要控制措施如下：

第一，建立科学的供应商评估和准入制度，对供应商资质信誉情况的真实性和合法性进行审查，确定合格的供应商清单，健全企业统一的供应商网络。企业新增供应商的市场准入、供应商新增服务关系以及调整供应商物资目录，都要由采购部门根据需要提出申请，并按规定的权限和程序审核批准后，纳入供应商网络。

第二，采购部门应当按照公平、公正和竞争的原则，择优确定供应商，在切实防范舞弊风险的基础上，与供应商签订质量保证协议。

第三，建立供应商管理信息系统和供应商淘汰制度，对供应商提供物资或劳务的质量、价格、交货及时性、供货条件及其资信、经营状况等进行实时管理和考核评价，根据考核评价结果，提出供应商淘汰和更换名单，经审批后对供应商进行合理选择和调整，并在供应商管理系统中作出相应记录。

（四）确定采购价格

如何以最优“性价比”采购到符合需求的物资，是采购部门永恒的主题。

该环节的主要风险是：采购定价机制不科学，采购定价方式选择不当，缺乏对重要物资品种价格的跟踪监控，导致采购价格不合理，可能造成企业资金损失。

确定采购价格的主要控制措施如下：

第一，健全采购定价机制，采取协议采购、招标采购、询比价采购、动态竞价采购等多种方式，科学合理地确定采购价格。对标准化程度高、需求计划性强、价格相对稳定的物资，通过招标、联合谈判等公开、竞争方式签订框架协议。

第二，采购部门应当定期研究大宗通用重要物资的成本构成与市场价格变动趋势，确定重要物资品种的采购执行价格或参考价格。建立采购价格数据库，定期开展重要物资的市场供求形势及价格走势商情分析并加以合理利用。

（五）订立框架协议或采购合同

框架协议是企业与供应商之间为建立长期物资购销关系而作出的一种约定。采购合同是指企业根据采购需要、确定的供应商、采购方式、采购价格等情况与供应商签订的具有法律约束力的协议，该协议对双方的权利、义务和违约责任等情况作出了明确规定（企业按照支付合同规定的结算方式向供应商支付规定的金额，供应商按照约定时间、期限、数量、质量、规格交付物资给采购方）。

该环节的主要风险是：框架协议若签订不当，可能导致物资采购不顺畅；未经授权对外订立采购合同，合同对方主体资格、履约能力等未达要求，合同内容存在重大疏漏和欺诈，可能导致企业合法权益受到侵害。

该环节的主要控制措施如下：

第一，对拟签订框架协议的供应商的主体资格、信用状况等进行风险评估；框架协议的签订应引入竞争制度，确保供应商具备履约能力。

第二，根据确定的供应商、采购方式、采购价格等情况，拟订采购合同，准确描述合同条款，明确双方的权利、义务和违约责任，按照规定权限签署采购合同。对于影响重大、涉及较高专业技术或法律关系复杂的合同，应当组织法律、技术、财会等专业人员参与谈判，必要时可聘请外部专家参与相关工作。

第三，对重要物资验收量与合同量之间允许的差异，应当作出统一规定。

（六）管理供应过程

管理供应过程，主要是指企业建立严格的采购合同跟踪制度，科学评价供应商的供货情况，并根据合理选择的运输工具和运输方式，办理运输、投保等事宜，实时掌握物资采购供应过程的情况。

该环节的主要风险是：缺乏对采购合同履行情况的有效跟踪，运输方式选择不合理，忽视运输过程保险风险，可能导致采购物资损失或无法保证供应。

该环节的主要控制措施如下：

第一，依据采购合同中确定的主要条款跟踪合同履行情况，对有可能影响生产或工程进度的异常情况，应出具书面报告并及时提出解决方案，采取必要措施，保证需求物资的及时供应。

第二，对重要物资，建立并执行合同履约过程中的巡视、点检和监造制度。对需要监造的物资，择优确定监造单位，签订监造合同，落实监造责任人，审核确认监造大纲，审定监造报告，并及时向技术等部门通报。

第三，根据生产建设进度和采购物资特性等因素，选择合理的运输工具和运输方式，办理运输、投保等事宜。

第四，实行全过程的采购登记制度或信息化管理，确保采购过程的可追溯性。

（七）验收

验收是指企业对采购物资和劳务的检验接收，以确保其符合合同相关规定或产品质量要求。

该环节的主要风险是：验收标准不明确、验收程序不规范、对验收中存在的异常情况不作处理，可能造成账实不符、采购物资损失。

验收的主要控制措施如下：

第一，制定明确的采购验收标准，结合物资特性确定必检物资目录，规定此类物资出具质量检验报告后方可入库。

第二，验收机构或人员应当根据采购合同及质量检验部门出具的质量检验证明，重点关注采购合同、发票等原始单据与采购物资的数量、质量、规格型号等是否一致。对验收合格的物资，填制入库凭证，加盖物资“收讫章”，登记实物账，及时将入库凭证传递给财务会计部门。物资入库前，采购部门须检查质量保证书、商检证书或合格证等证明文件。验收时若涉及技术性强的、大宗的和新、特物资，还应进行专业测试，必要时可委托具有检验资质的机构或聘请外部专家协助验收。

第三，实行验收与入库责任追究制度。对于验收过程中发现的异常情况，如无采购合同或大额超采购合同的物资、超采购预算的物资、毁损的物资等，验收机构或人员应当立即向企业有权管理的相关机构报告，相关机构应当查明原因并及时处理。对于不合格物资，采购部门依据检验结果办理接收、退货、索赔等事宜。对延迟交货造成生产建设损失的，采购部门要按照合同约定索赔。

（八）退货

采购部门根据企业的相关规定，就经常采购货物的性质、特点及常见的供应商供货问题等编制物资采购退货管理制度，上报审批后执行。

若验收过程中发现质量、规格型号差错等问题，采购人员要立即提出解决方案上报审批。通常有两种解决方案：一种方案是采购人员开出退货单，并与供应商交涉退货、赔偿事宜，供应商核对信息后，取回不合格的货物并进行赔偿，采购人员重新进行采购程序。另一种方案是采购人员开出退货单，双方协商后，由供应商取得合格货物后，重新发货，并赔偿由此给企业造成的损失。

采购退货的管理流程如图 13－2 所示。

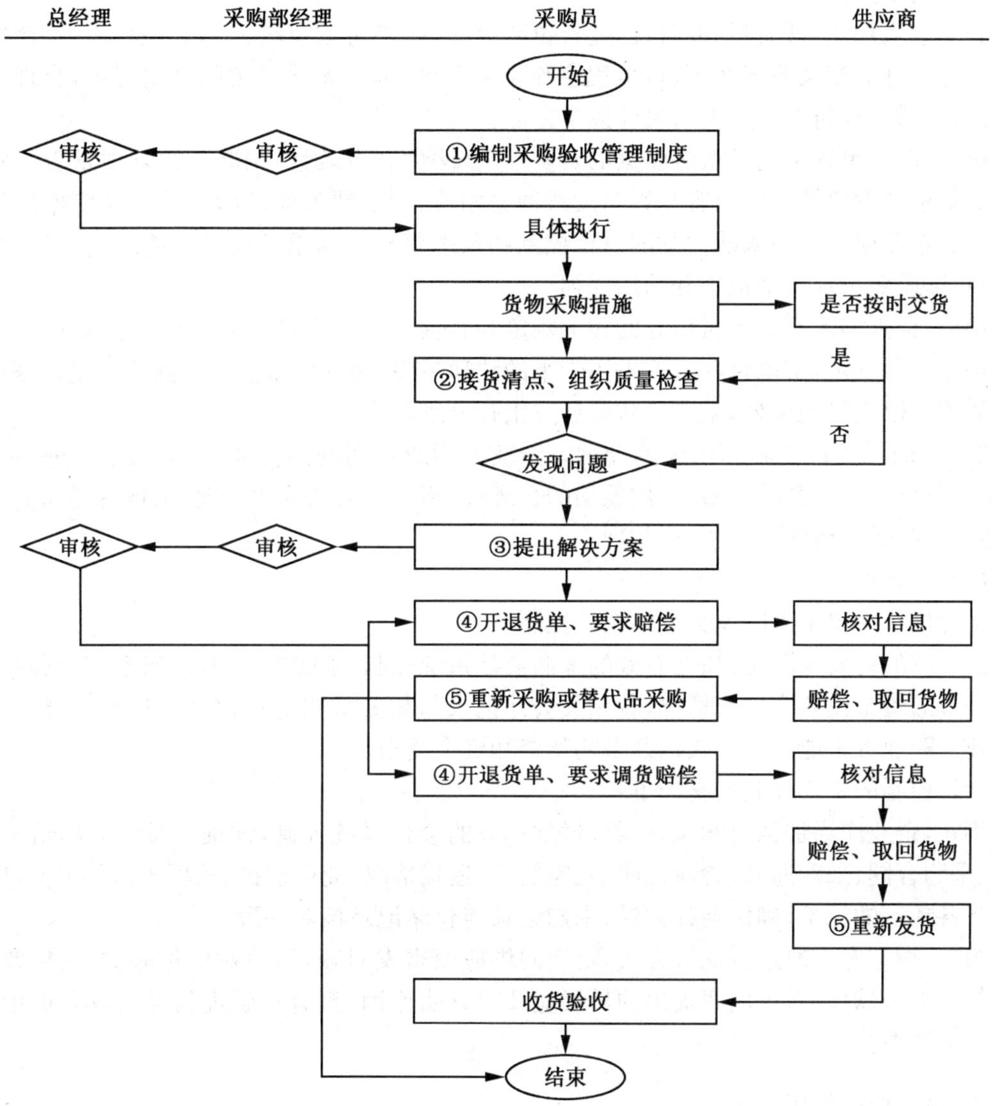

图 13－2　采购退货的管理流程

(九)付款

付款是指企业在对采购预算、合同、相关单据凭证、审批程序等内容审核无误后，按照采购合同规定及时向供应商办理支付款项的过程。

该环节的主要风险是:付款审核不严格、付款方式不恰当、付款金额控制不严,可能导致企业资金损失或信用受损。

付款的主要控制措施如下:

企业应当加强采购付款的管理,完善付款流程,明确付款审核人的责任和权力,严格审核采购预算、合同、相关单据凭证、审批程序等相关内容,审核无误后按照合同规定,合理选择付款方式,及时办理付款。要着力关注以下方面:

第一,严格审查采购发票等票据的真实性、合法性和有效性,判断采购款项是否确实应予支付。如审查发票填制的内容是否与发票种类相符合、发票加盖的印章是否与票据的种类相符合等。企业应当重视采购付款的过程控制和跟踪管理。如果发现异常情况,应当拒绝向供应商付款,避免出现资金损失和信用受损。

第二,根据国家有关支付结算的相关规定和企业生产经营的实际,合理选择付款方式,并严格遵循合同规定,防范付款方式不当带来的法律风险,保证资金安全。除了不足转账起点金额的采购可以支付现金外,采购价款应通过银行办理转账。

第三,加强预付账款和定金的管理。涉及大额或长期的预付款项,应当定期进行追踪核查,综合分析预付账款的期限、占用款项的合理性、不可收回风险等情况,发现有疑问的预付款项,应当及时采取措施,尽快收回款项。

(十)会计控制

会计控制主要指采购业务会计系统控制。

该环节的主要风险是:缺乏有效的采购会计系统控制,未能全面真实地记录和反映企业采购各环节的资金流和实物流情况,若相关会计记录与相关采购记录、仓储记录不一致,可能导致企业采购业务未能如实反映以及采购物资和资金受损。

会计控制的主要控制措施如下:

第一,企业应当加强对购买、验收、付款业务的会计系统控制,详细记录供应商情况、采购申请、采购合同、采购通知、验收证明、入库凭证、退货情况、商业票据、款项支付等情况,做好采购业务各环节的记录,确保会计记录、采购记录与仓储记录核对一致。

第二,指定专人通过函证等方式,定期向供应商寄发对账函,核对应付账款、应付票据、预付账款等往来款项,对供应商提出的异议应及时查明原因,报有权管理的部门或人员批准后,做出相应调整。

五、采购业务的后评估

由于采购业务对企业生存与发展具有重要影响,企业应当建立采购业务后评估制度。企业应当定期对物资需求计划、采购计划、采购渠道、采购价格、采购质量、采购成本、协调或合同签约与履行情况等物资采购供应活动进行专项评估和综合分析,及时发现采购业务薄弱环节,优化采购流程。同时,将物资需求计划管理、供应商管理、储备管理等方面的关键指标纳入业绩考核体系，促进物资采购与生产、销售等环节的有效衔接，不断防范采购风险，全面提高采购效能。

六、采购与付款业务的主要单据

单据是实施内部控制的核心载体，表 13－1 按业务办理流程列示了采购与付款业务的主要单据及其相关部门。

表 13－1　　采购与付款业务主要工作任务及单据

主要工作任务	对应单据	相关的主要部门
编制需求计划	物资需求计划表	需求、采购、货管
编制采购计划	采购计划表	采购、财务、货管
请购商品或劳务	请购单	需求、货管、采购、财务
选择供应商，确定采购价格	询价单	采购、财务
订立采购合同	采购合同	需求、货管、采购、财务
下订单	采购订单	需求、货管、采购、财务
验收	验收单	货管、采购、财务
入库	入库单	货管、采购、财务
确认支出及负债	发票	采购、财务
退货	退货单	货管、采购、财务
付款	付款凭证	采购、财务
会计控制	往来对账单	采购、财务

部分单据参考样式见表 13－2、表 13－3、表 13－4、表 13－5 和表 13－6。

表 13－2　　物资需求计划表

序　号	物资名称	规格型号	单　位	数　量		质量需求	需用日期
				需求	库存		

法定代表人：　　　　主管会计工作负责人：　　　　会计机构负责人：

表 13—3 **请购单**

填单日期： 需用日期： 编号：

请购	品名	规格型号		单位	数量	交货地点及方式		库存量	可用天数
询价	厂商名称	单价	总价	品质			交货日期	付款条件	
审核	货管部							经办人	
	需求部门								
审批	总经理							请购：	询价：
	分管副总								
	财务部								
	采购部								

本单一式四联，需求、采购、货管及财务部门各执一联。

表 13—4 **验收入库单**

年 月 日 编号：第 号

品名	生产日期	编号	型号/规格		数量	单价	金额	生产厂家	备注
合计金额大写： 佰 拾 万 仟 佰 拾 元 角 分 小写：									
供货单位				联系人				联系电话	
使用部门意见				验收小组意见					

会计： 采购员： 请购人： 货管员：

本单一式四联：第一联货管员记账留存，第二联会计记账联，第三联采购留存，第四联返交货人作回执联。

表 13—5

往来对账单

年　月　日

付款单位		收款单位	
付款内容	金额	收款内容	金额
付款合计(大写)		收款合计(大写)	
付款单位财务专用章		收款单位财务专用章	
财务负责人		财务负责人	
经办人		经办人	
对账时间		对账时间	

表 13—6

退货单/借项凭单

年　月　日

退货人	收货人	退货原因	发票号码	发票类型	折让额
商品名称	数量	含税单价	不含税单价	含税金额	不含税金额

审批：　　　　　　　　　　　　　　经办人：

情境三　采购与付款业务核算方法及报告的设计

一、采购与付款业务的核算方法设计

(一)原材料采购业务核算方法设计

原材料采购与付款业务有以下四种常见情形：

(1)货到付款，即结算凭证和发票等单据与材料同时到达；

(2)交款发货，即货款已付或商业汇票已开出但材料尚未到达或验收入库；

(3)赊购交易采购核算，即材料已到，结算凭证未到，货款尚未支付；

(4)预付货款采购。

(二)其他物资采购核算

商品采购另设“物资采购”“在途物资”“库存商品”“商品进销差价”等科目，选用库存商品进价或售价法核算，方法与原材料采购业务核算相似。

其他采购另设“工程物资”“固定资产”“在建工程”等科目核算。

二、采购与付款业务的报告设计

为全面、及时地了解采购与付款业务动态，采购和财务人员通常于每月月末核对采购记录，由采购人员编制采购订单明细表(见表13—7)，分四种情况反映订单执行情况，填毕分送财务货管部门存档备查。财务人员编制应付账款汇总表(见表13—8)，并填制往来对账单，与有较大应付款余额的供应商进行书面对账。

表13—7 **采购订单明细表**

年　月

订单编号	客户名称	订购品名	数量	金额	货到票到	货到票未到	货未到票到	货票均未到	付款情况

表13—8 **应付账款汇总表**

年　月　日　　单位:元

供应商	交易日期	预定付款日	应付	已付	余额
合　计					

会计:

情境四　存货业务会计制度设计

一、存货的基本概念及特征

存货是指企业在日常活动中持有以备出售的产成品或商品、处在生产过程中的在产品、在生产过程或提供劳务过程中耗用的材料和物资等。存货包括各类材料、在产品、半成品、商品、周转材料和委托加工物资。

存货的基本特征有：企业持有存货的目的是用于日常经营活动；企业持有存货的目的是直接出售或进一步加工后出售；企业持有存货的目的不是自用或消耗。

二、存货业务会计制度设计的目标

存货业务会计制度设计的目标包括：(1)提供存货的各种真实、完整、有用信息；(2)保证存货的安全；(3)控制存货的流动；(4)监督、落实存货的经营责任；(5)加速存货资金周转，考核存货的经济效益。

三、存货业务的主要流程

存货业务的主要流程如图 13－3 所示。

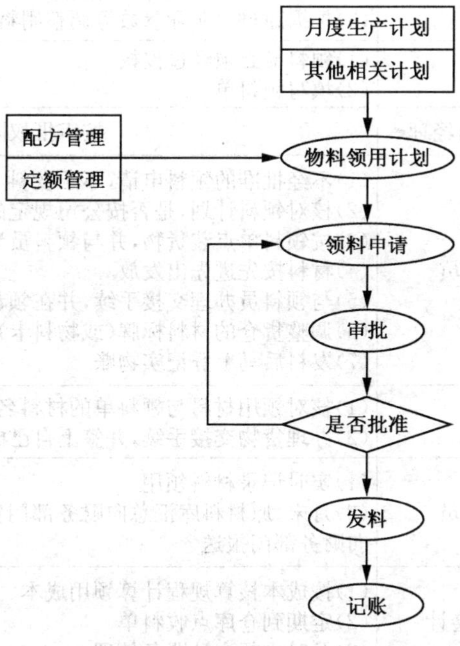

图 13－3　存货业务的主要流程

四、授权批准及岗位分工控制制度

(一)存货的授权批准制度

审批人应根据存货授权批准制度的规定,在授权范围内进行审批,不得超越审批权限。经办人应在职责范围内,按照审批人的批准意见办理存货业务。应对存货业务建立严格的授权批准制度,明确审批人对存货业务的授权批准方式、权限、程序、责任和相关控制措施,规定经办人办理存货业务的职责范围和工作要求。

(二)存货业务的岗位分工制度

公司应建立存货业务的岗位责任制,明确相关部门和岗位的职责、权限,确保办理存货业务的不相容岗位相互分离、制约和监督。存货业务的不相容岗位至少包括:存货的请购、审批与执行;存货的采购、验收与付款;存货的保管与相关记录;存货发出的申请、审批与记录;存货退回的申请、审批与记录;存货处置的申请、审批与记录。

五、存货业务各环节的主要风险点及控制措施

存货业务各环节的主要风险点及控制措施如表 13－9 所示。

表 13－9　　存货业务各环节的主要风险点及控制措施

业务操作	操作人	内控要求
物料领用计划	计划员	(1)生产用料计划,根据配方标准和物料耗用标准编制 (2)其他领料计划,根据其他相关计划和定额消耗标准编制 (3)根据原材料实际参数等调整用料计划并作为领料控制标准
领料申请	领料员	(1)领料员必须经过授权 (2)填写领料单
领料审批	班组长、部门经理	按审批权限审批
发料	仓库保管员	(1)不经批准的领料申请,不予发料 (2)核对领料计划,是否按公司规定的审批权限审批 (3)按领料单点装货物,并与领料员当面点清,不得多发或少发 (4)材料按先进先出发放 (5)与领料员办理交接手续,并在领料单签上名字 (6)调整货仓的材料标牌(或物料卡)数量 (7)发料后马上登记实物账
	领料员	(1)核对领用材料与领料单的材料名称、型号、数量是否一致 (2)办理货物交接手续,并签上自己的名字
账目记录	仓库保管员	(1)实时记录材料领用 (2)月末,原材料库汇总向财务部门报送领料单,其他材料一领一单向财务部门报送
	财务部门会计	(1)按成本核算规程计算领用成本 (2)定期到仓库点收料单 (3)及时进行会计账务处理

六、存货业务的主要单据

单据是实施内部控制的核心载体。部分单据参考样式见表 13－10、表 13－11 和表 13－12。

表 13－10　**物料领用计划**

编制单位：

序号	材料名称	规格	单位	数量	需用时间	备注

审核：　　　　　　　　　　　　主管：　　　　　　　　　　　　填单：

表 13－11　**领料单**

领料单位：　　　　　　　　　　　　　　　　　　　　　　　凭证编号：

用途：　　　　　　　　　　　日期：　　　　　　　　　　　发料仓库：

收料类别	材料编号	材料名称及规格	计量单位	数量		单价(元)	金额(元)
				请领	实发		
备注：						合计	

仓库保管员：(签章)　　　　　　　　发料：(签章)　　　　　　　　领料主管：(签章)

表 13－12　**收料单**

供货单位：　　　　　　　　　　　　　　　　　　　　　　　凭证编号：

收料日期：　　　　　　　　　　　　　　　　　　　　　　　收料仓库：

收料类别	材料编号	材料名称及规格	计量单位	数量		金额(元)			
				应收	实收	单价	买价	运杂费	合计
备注：						合　计			

仓库保管员：(签章)　　　　　　　　　　　　　　　　　　收料人：(签章)

七、存货的计价

(一)存货的入账价值

1. 购入的存货

存货在取得时应按实际成本入账。实际成本的构成依照取得方式的不同而有所不同。

按买价加运输费、装卸费、保险费、包装费、仓储费等费用,运输途中的合理损耗,入库前的挑选整理费用和按规定应计入成本的税金以及其他费用,作为实际成本。

商品流通企业购入的商品,按照进价和按规定应计入商品成本的税金,作为实际成本,

采购过程中发生的运输费、装卸费、保险费、包装费、仓储费等费用,运输途中的合理损耗,入库前的挑选整理费用等,直接计入当期损益。

按照《企业会计制度》的规定,原材料日常收发的核算,可以按实际成本核算,也可以按计划成本核算,具体采用哪一种方法,应由企业根据具体情况自行决定。鉴于本部分内容已在中级财务会计中系统论述,下面只就主要问题简要说明,对具体账务处理方法不再赘述。

原材料按实际成本计价方法进行日常收发核算的特点是:从材料的收发凭证到明细分类账和总分类账全部按实际成本计价。

原材料按实际成本计价进行核算时,企业应设置“原材料”账户,反映和监督原材料的收入、发出和结存情况。该账户应按材料的保管地点(仓库)、类别、品种和规格,设置材料明细账(或材料卡片)。

原材料按计划成本计价方法进行日常收发核算的特点是:从材料的收发凭证到明细分类账和总分类账,全部按计划成本计价。材料的实际成本与计划成本的差异通过“材料成本差异”账户核算。

原材料按计划成本计价进行核算时,企业除了要设置“原材料”“物资采购”等账户以外,还要设置“材料成本差异”账户。该账户应分别“原材料”“包装物”和“低值易耗品”等大类,并按照类别或品种进行明细核算。企业根据具体情况,可以单独设置该账户,也可以不设置该账户,在“原材料”“包装物”和“低值易耗品”账户内分别设置“成本差异”明细账户核算。

按实际成本计价时,所计算的材料成本相对来说较准确,而且对于中小型企业来说核算工作较为简单。但是,在这种计价方式下,看不出收入材料的实际成本与计划成本相比是节约还是超支了,难以从账簿中反映物资采购业务的经营成果;由于材料价格变动对产品成本产生的影响得不到反映,所以也不利于考核车间的经营成果;同时,对于材料收发业务频繁的企业,材料计价的工作量也非常大。因此,这种计价方法一般只适用于材料收发业务较少的中小企业。

与按实际成本计价相比,按计划成本计价的方法具有以下一些优点:第一,便于考核各类或各种物资采购业务的经营成果,分析材料成本发生节约或超支变动的原因,有利于改进物资采购的经营管理工作;第二,可以剔除材料价格变动对产品成本的影响,有利于分析车间材料消耗发生节约或超支的原因,考核车间的经营成果;第三,可以简化材料收发凭证的计价和材

料明细分类账的登记工作。其缺点是材料成本计算的准确性相对差一些。因此，这种计价方法适用于材料收发业务频繁，且具备材料计划成本资料的大型企业。

2. 自制的存货

企业自制的存货，按制造过程中的各项实际支出，作为实际成本。

3. 委托外单位加工完成的存货

企业委托外单位加工完成的存货，以实际耗用的原材料或者半成品以及加工费、运输费、装卸费和保险费等费用以及按规定应计入成本的税金，作为实际成本。商品流通企业加工的商品，以商品的进货原价、加工费用和按规定应计入成本的税金，作为实际成本。

4. 投资者投入的存货

投资者投入的存货，按照投资各方确认的价值，作为实际成本。应支付的相关税费，作为实际成本；

5. 以非现金资产抵偿债务方式取得的存货，或以应收债权换入的存货

企业接受的债务人以非现金资产抵偿债务方式取得的存货，或以应收债权换入的存货，按照应收债权的账面价值减去可抵扣的增值税进项税额后的差额，加上应支付的相关税费，作为实际成本。涉及补价的，按以下规定确定受让存货的实际成本：收到补价的，按应收债权的账面价值减去可抵扣的增值税进项税额和补价，加上应支付的相关税费，作为实际成本；支付补价的，按应收债权的账面价值减去可抵扣的增值税进项税额，加上支付的补价和应支付的相关税费，作为实际成本。

6. 以非货币性交易换入的存货

企业以非货币性交易换入的存货，按换出资产的账面价值减去可抵扣的增值税进项税额后的差额，加上应支付的相关税费，作为实际成本。涉及补价的，按以下规定确定换入存货的实际成本：收到补价的，按换出资产的账面价值减去可抵扣的增值税进项税额后的差额，加上应确认的收益和应支付的相关税费，减去补价后的余额，作为实际成本；支付补价的，按换出资产的账面价值减去可抵扣的增值税进项税额后的差额，加上应支付的相关税费和补价，作为实际成本。

7. 盘盈的存货

盘盈的存货，按照同类或类似存货的市场价格，作为实际成本。

(二)存货的发出计价

存货入账后，会陆续地被消耗和出售，它总是处在不断的流转之中。存货的流转包括实物流转和成本流转两个方面。理论上，存货的两方面流转应该是一致的，即购置存货时所确定的成本应当随着该项存货的耗用或出售而结转，但在实际工作中，由于存货品种繁多、进出量大、单位成本多变等原因，难以保证各种存货的成本流转与实物流转相一致。同时，尽管同一种存货的单价不同，但均能满足销售或生产的需要，所以，成本的流转顺序和实物的流转顺序可以分离。存货会计着重考虑的是存货的成本流转，而不是实物流转。按不同的成本流转顺序确定已发出存货的成本和结存存货的成本是存货会计的任务。这样就出现了存货成本流转假

设，采用不同的成本流转假设，也就产生了不同的发出存货计价方法。存货发出的计价方法主要有个别计价法、先进先出法、加权平均法、移动平均法、后进先出法和按计划成本计价、毛利率法、零售价格法等。这些方法中，有的适用于永续盘存法，有的适用于实地盘存法，有的虽然既适用于永续盘存法又适用于实地盘存法，但在两种盘存制下计算出来的结果可能不相同。企业必须在统一会计制度允许的范围内，根据自身经营管理的特点，谨慎选择适用的方法，经选用后不能随意更改。

（三）存货的期末计价

1. 成本与可变现净值孰低法的计算方法

《企业会计制度》规定：企业应当按单个存货项目的成本与可变现净值计量。如果某些存货具有类似用途并与在同一地区生产和销售的产品系列相关，且实际上难以将其与该产品系列的其他项目区别开来进行估价，可以合并计量成本与可变现净值；对于数量繁多、单价较低的存货，可以按存货类别计量成本与可变现净值。

2. 成本与可变现净值孰低法的会计处理

（1）计提存货跌价准备的条件。企业应当在期末对存货进行全面清查，如有存货毁损、陈旧过时或销售价格低于成本等原因，使存货成本高于可变现净值的，应按可变现净值低于存货成本部分，计提存货跌价准备。《企业会计制度》规定，当企业存在下列情况之一时，应当计提存货跌价准备：①市价持续下跌，并且在可预见的未来无回升的希望；②企业使用该项原材料生产的产品的成本大于产品的销售价格；③企业因产品更新换代，原有库存原材料已不适应新产品的需要，而该原材料的市场价格又低于其账面成本；④因企业所提供的商品或劳务过时或消费者偏好改变而使市场的需求发生变化，导致市场价格逐渐下跌；⑤其他足以证明该项存货实质上已经发生减值的情形。除此之外，制度中还明确指出：当企业存在以下一项或若干项情形的，应当将存货账面价值全部转入当期损益：①已霉烂变质的存货；②已过期且无转让价值的存货；③生产中已不再需要，并且已无使用价值和转让价值的存货；④其他足以证明已无使用价值和转让价值的存货。

（2）计提存货跌价准备的账务处理。期末存货采用成本与可变现净值孰低法计价时，应视具体情况进行有关的账务处理：①成本低于可变现净值。如果期末存货的成本低于可变现净值时，则不需要做账务处理，在资产负债表中存货仍按期末账面余额进行列示。②可变现净值低于成本。如果期末存货的可变现净值低于成本时，则必须在当期确认存货跌价损失，并进行有关的账务处理。具体做法是：每一会计期末，比较成本与可变现净值计算出应计提的存货跌价准备数额，然后与“存货跌价准备”账户的余额进行比较，若应提数大于已提数，应予以补提；反之，应冲销部分多提数。提取和补提存货跌价准备时，借记“管理费用”账户，贷记“存货跌价准备”账户；冲回或转销存货跌价损失时，做相反的会计分录。

八、存货的清查盘点

(一)存货数量的盘存方法

企业的存货数量要靠盘存来确定,盘存方法有永续盘存法和实地盘存法两种方法。在永续盘存法下,可以通过设置详细的存货明细分类账,逐日逐笔地记录存货收入的数量和金额、发出的数量(能否随时记录发出金额取决于发出存货的计价方法,下同),能够随时结出结余存货的数量、从账面求出期末结存金额,因此,可以用会计账簿监督存货的实际情况,充分发挥会计在保护财产安全方面的作用,是一种常用的盘存方法。只要具备条件的都必须采用,条件不够的,应创造条件采用。

在实地盘存法下,平时只记录存货收入的数量和金额,不记发出的数量和金额,期末靠实地盘点来确定存货的实际结存数量,并据以计算出期末存货的成本和当期发出存货的成本,因而无法用会计账簿监督存货的实际情况,不能发挥会计在保护财产安全方面的作用,只有小型企业、经营鲜活商品的零售企业等无法办理出库手续、商品质量不稳定的个别企业采用。实行实地盘存法的企业必须注意,除了要建立钱、物、账分管的内部控制制度外,还要加强各部门的经济责任考核,严格奖惩制度。

(二)存货清查结果的处理程序

存货清查结果的会计处理程序分为两个步骤:首先,在报请有关部门处理前,根据"存货盘点报告单",将盘盈或盘亏、毁损的存货,先作为待处理的财产溢余或损失处理,同时按盘盈或盘亏、毁损存货的实际成本调整存货的账面价值,使存货账实相符;在报请有关部门批准后,根据存货盘盈或盘亏、毁损的不同原因及处理意见,将待处理的财产溢余或损失分别结转到有关账户。

(三)存货清查的核算

为了核算和监督企业在存货清查中查明的各种财产物资的盘盈、盘亏和毁损及其处理情况,应设置"待处理财产损溢"账户。在本账户下,可设置"待处理固定资产损溢"和"待处理流动资产损溢"两个明细账户,进行明细分类核算。

1. 存货盘盈的核算

发生盘盈的存货,经查明是由于收发计量或核算上的误差等原因造成的,应及时办理存货入账的手续,调整存货账的实存数,按盘盈存货的计划成本或估计成本记入"待处理财产损溢——待处理流动资产损溢"账户。经有关部门批准后,再冲减管理费用。

2. 存货盘亏和毁损的核算

发生盘亏和毁损的存货,在报请批准以前,应按其成本(计划成本或实际成本)转入"待处理财产损溢——待处理流动资产损溢"账户。报请批准以后,再根据造成盘亏和毁损的原因,分别以下情况进行处理:属于自然损耗产生的定额内损耗,经批准后转作管理费用;属于计量收发差错和管理不善等原因造成的存货短缺或毁损,应先扣除残料价值、可以收回的保险赔偿和过失人的赔偿,然后将净损失计入管理费用;属于自然灾害或意外事故造成的存货毁损,应先扣除残料价值和可以收回的保险赔偿,然后将净损失转作营业外支出。

情境五 固定资产和无形资产业务会计制度设计

一、固定资产和无形资产的基本概念及特征

(一)固定资产业务的内容及其特点

固定资产是指使用期限较长,单位价值较高,并且在使用过程中能够保持原有实物形态的资产。从固定资产投资的角度看,与流动资产相比,它具有以下几个特点:

1. 盈利性较强

固定资产是企业生产经营的主要劳动资料,是企业创造财富不可或缺的手段。特别是在科学技术迅猛发展的今天,只有配置高效率的生产经营设备,使之与相应的流动资产相结合,才能生产出高效益的产品。

2. 风险性较大

固定资产价值的固定性、使用价值的专用性与新工艺、新技术的层出不穷和市场需求的多变性矛盾,在今天表现得越来越突出。这使得巨额固定资产投资面临着巨大的投资风险,这是风险之一;风险之二是,固定资产投资虽然较少发生,但投资具有不可分性,一项投资只有达到相当规模才能形成有效的生产能力,一旦后续投资跟不上,前期投资就会变成企业的沉重负担,甚至是毁灭性的灾难。

3. 占资产总额的比重大

在很多行业,固定资产金额在总资产中都占有较大的比重。随着社会生产力水平的不断提高和科学技术的迅猛发展,固定资产的单位价值和在企业整个资产中的比重越来越大,因而它对企业的财务状况和经营成果的影响也会越来越大。

4. 资金耗费的缓慢性与价值补偿的任意性

这主要表现在两个方面:一是固定资产的使用价值是逐渐地被消耗掉的,其周转期的长短取决于它的经济使用年限;二是固定资产的损耗价值的补偿是通过会计选用的折旧计算方法计算出来的,使用不同的计算方法,就会有不同甚至差异很大的计算结果,这直接影响着企业财务状况和经营成果的信息揭示。

(二)无形资产业务的内容及其特点

无形资产是指企业长期使用但不具有实物形态的资产。与有形资产相比,它具有三个基本特征:一是不具有实物形态;二是能够在多个会计期间为企业带来经济利益;三是能够提供的未来经济效益具有高度的不确定性。无形资产主要包括专利权、商标权、土地使用权、非专利技术和商誉等。

随着科学技术的发展,特别是知识经济时代的到来,无形资产在企业的经营管理中发挥着越来越大的作用,在资产负债表总额中所占的比重也会越来越大。

二、固定资产和无形资产业务会计制度设计的目标

(1)保证固定资产、无形资产取得的合理性。
(2)保证固定资产、无形资产计价的正确性。
(3)保证固定资产、无形资产的安全和完整。
(4)保证折旧、摊销方法的合理性与计算的准确性。

三、固定资产业务内部控制方法的设计

(一)固定资产业务的主要流程

固定资产业务的主要流程如图 13－4 所示。

(二)授权批准及岗位分工控制制度

1. 固定资产的授权批准制度

审批人应当根据固定资产业务授权批准制度的规定,在授权范围内进行审批,不得超越审批权限。应当对固定资产业务建立严格的授权批准制度,明确授权批准的方式、权限、程序、责任和相关控制措施,规定经办人的职责范围和工作要求。严禁未经授权的机构或人员办理固定资产业务。

经办人在职责范围内,按照审批人的批准意见办理固定资产业务。对于审批人超越授权范围审批的固定资产业务,经办人员有权拒绝办理,并及时向上级部门报告。

固定资产管理权限集中在股份公司,任何单位未经批准不得擅自进行固定资产购置、拆除、调出、出租、出借、转让、抵押、担保、捐赠等行为。

2. 固定资产业务的岗位分工制度

应当建立固定资产业务的岗位责任制,明确相关部门和岗位的职责、权限,确保办理固定资产业务的不相容岗位相互分离、制约和监督。同一部门或个人不得办理固定资产业务的全过程。

固定资产业务不相容岗位至少包括:固定资产投资预算的编制与审批,审批与执行;固定资产采购、验收与款项支付;固定资产处置的申请与审批,审批与执行;固定资产取得与处置业务的执行与相关会计记录。

(三)固定资产业务各环节的主要风险点及控制措施

1. 投资管理控制制度

固定资产投资是企业生存和发展的基本保证,是一个事关企业发展的战略问题。因此,在制定固定资产投资决策时,必须对决策制度、相应的筹资制度、外部法律法规的约束等固定资产投资制度进行安排,并对可利用资本的成本和规模、项目的盈利性、企业承担风险的意愿和能力等主要影响投资决策的变量进行分析,利用投资决策的基本模型、净现值(NPV)法与企业财富、NPV 的决策变量、资本限量下的项目决策等投资决策的价值判断方法,对固定资产投资的可行性进行研究、分析。

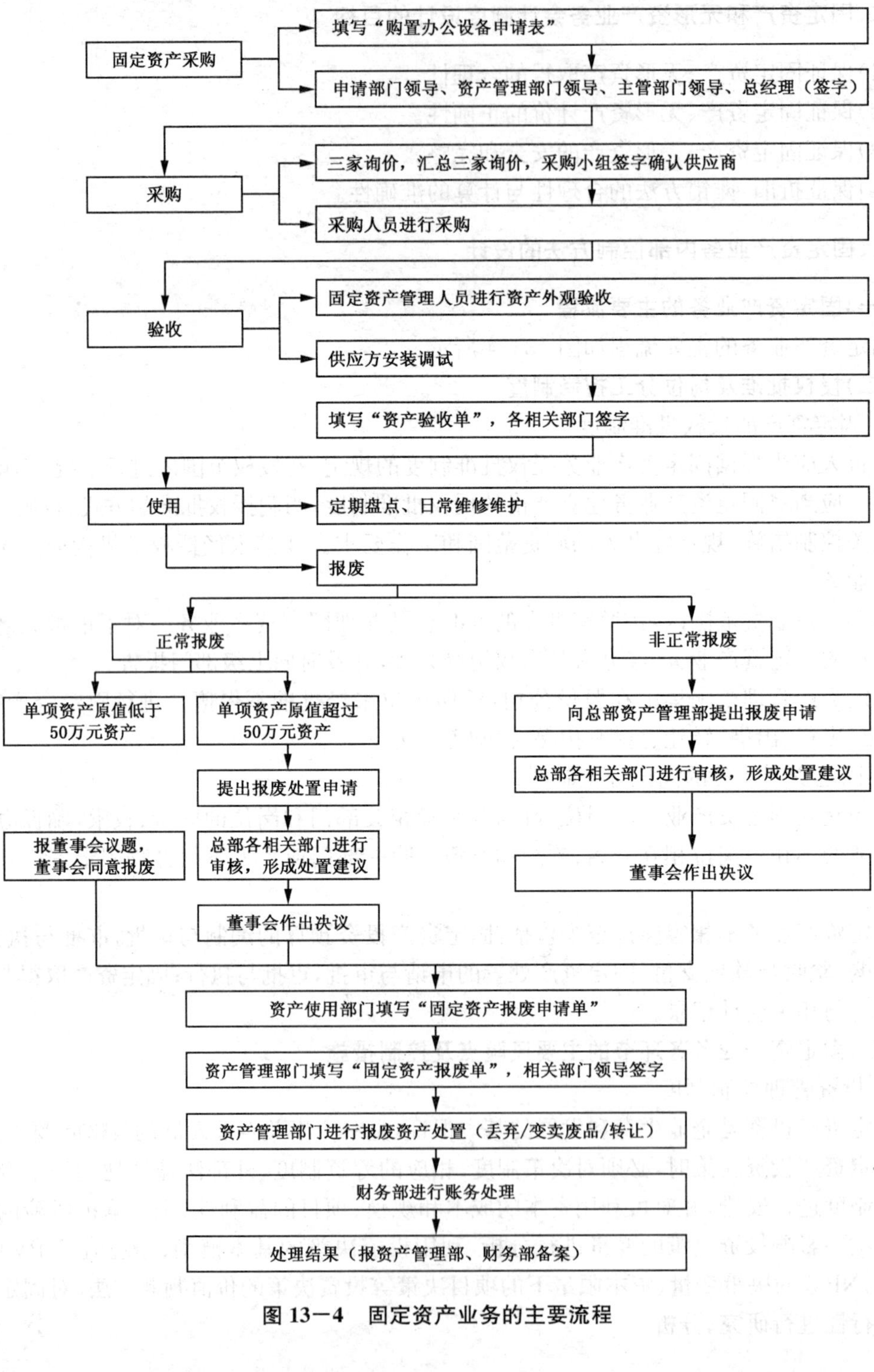

图 13—4　固定资产业务的主要流程

2. 固定资产取得和处置控制制度

对固定资产的验收投产、内部转移、调拨出租、报废清理、更新等固定资产的变动，要由有关部门提出报告，经审核批准后方可执行。会计部门对固定资产的增减变动必须及时进行相应的会计处理，并建立固定资产目录、明细分类账和卡片，做到账、卡、物相符。形成有专人负责的固定资产使用管理制度，对未使用、不需用或使用不当的固定资产及时提出处理措施；对清理报废的固定资产残值应及时入账，实物要妥善保管和统一处理。

3. 固定资产维修保养制度

对生产经营用的机器、汽车等易磨损、需定期保养的固定资产，按固定资产项目，逐个建立固定资产定期维修、保养记录，从而保证固定资产的正常运行，有效延长固定资产的使用寿命。

4. 固定资产折旧控制制度

企业根据经营管理的需要和固定资产的自身特征、使用情况选择恰当的折旧计算方法，正确计提固定资产折旧。

5. 固定资产保险制度

企业中的固定资产一般数量少，但价值量大，在企业的生产经营中占有重要地位。同时它也存在着自然灾害和意外事故造成损失的风险。由固定资产的重要地位和风险的不可控性决定，企业必须建立固定资产保险制度，由专门机构、专门人员负责保险的投保、赔付等运作。

6. 固定资产盘点控制制度

对固定资产定期进行清查盘点，并对清查盘点中发生的盘盈、盘亏、毁损等情况及时查明原因，分清责任，进行相应的会计处理。

(四)固定资产业务的主要单据

要保证固定资产各项控制制度的有效运行，必须首先设计出符合企业机构设置、人员分工等特点的固定资产业务处理程序，并建立规范的业务凭证和表格。这是保证落实固定资产各项管理制度和核算制度的前提。由于固定资产的购建、报废清理等业务的处理程序有的比较简单，有的在前面已经涉及(如固定资产的采购与前述的物资采购基本相同)，因而不再详述。这里只说明有关业务凭证的设计。固定资产业务的主要单据如表 13－13、表 13－14、表 13－15、表 13－16 所示。

表 13—13 固定资产申请表

申请日期： 年 月 日

<table>
<tr><td>申请公司</td><td colspan="2"></td><td colspan="2">部 门</td><td></td></tr>
<tr><td>申请人</td><td colspan="2"></td><td colspan="2">职 务</td><td></td></tr>
<tr><td>是否预算内采购</td><td colspan="2"></td><td colspan="2">设备总价</td><td></td></tr>
<tr><td>附 件</td><td colspan="5"></td></tr>
<tr><td>申请理由</td><td colspan="5"></td></tr>
<tr><td>设备名称</td><td>数量</td><td>规格配置</td><td>价值</td><td>使用人</td><td>岗位/职务</td></tr>
<tr><td></td><td></td><td></td><td></td><td></td><td></td></tr>
<tr><td></td><td></td><td></td><td></td><td></td><td></td></tr>
<tr><td></td><td></td><td></td><td></td><td></td><td></td></tr>
<tr><td></td><td></td><td></td><td></td><td></td><td></td></tr>
<tr><td></td><td></td><td></td><td></td><td></td><td></td></tr>
<tr><td>提议：</td><td colspan="5"></td></tr>
<tr><td>复核：</td><td colspan="5"></td></tr>
<tr><td>审批：</td><td colspan="5"></td></tr>
<tr><td colspan="6">集团信息部意见（非标准配置时填写）</td></tr>
<tr><td colspan="6"></td></tr>
<tr><td colspan="6">集团行政保障部意见</td></tr>
<tr><td colspan="6"></td></tr>
</table>

表 13－14　　**固定资产验收单**

<table>
<tr><td>采购部门</td><td colspan="3"></td><td rowspan="2">供货单位及电话</td><td rowspan="2" colspan="2"></td></tr>
<tr><td>到货时间</td><td colspan="3">年　　月　　日</td></tr>
<tr><td>使用部门</td><td colspan="3"></td><td>设备所在地点</td><td colspan="2"></td></tr>
<tr><td>设备名称</td><td>规格</td><td>数量</td><td>单价（元）</td><td>总价（元）</td><td>设备编号
（资产部门填写）</td><td>备注</td></tr>
<tr><td></td><td></td><td></td><td></td><td></td><td></td><td></td></tr>
<tr><td></td><td></td><td></td><td></td><td></td><td></td><td></td></tr>
<tr><td></td><td></td><td></td><td></td><td></td><td></td><td></td></tr>
<tr><td></td><td></td><td></td><td></td><td></td><td></td><td></td></tr>
<tr><td></td><td></td><td></td><td></td><td></td><td></td><td></td></tr>
<tr><td></td><td></td><td></td><td></td><td></td><td></td><td></td></tr>
<tr><td></td><td></td><td></td><td></td><td></td><td></td><td></td></tr>
<tr><td></td><td></td><td></td><td></td><td></td><td></td><td></td></tr>
<tr><td></td><td></td><td></td><td></td><td></td><td></td><td></td></tr>
<tr><td>合计数量</td><td colspan="2"></td><td colspan="2">合计总价</td><td colspan="2"></td></tr>
<tr><td>经手人
签字</td><td></td><td>验收人
签字</td><td colspan="2"></td><td>使用单位
负责人签字</td><td></td></tr>
<tr><td>资产管理
部门签字</td><td colspan="2"></td><td colspan="2">主管领导签字</td><td colspan="2"></td></tr>
</table>

第一联采购部门存查

说明：采购部门如实填写，设备编号由资产管理部门填写，若未填写，则表格视作无效；本表作为财务报账凭证，手续不齐全者，不予报账。

表 13－15 **固定资产报废申请单**

申请单位： 年 月 日 编号：

资产名称		购入日期		单价	
规格型号		供货单位		数量	
使用年限		资产位置		总价	
折旧率		净值		残值	
资产管理员申请		使用单位技术鉴定			
报废单位负责人意见		公司设备管理部门意见			
五金库回收意见					
公司生产设备副总审核					
财务管理核算		总经理审批			

制表人：

注：本表一式三份，分别由申请单位、公司固定资产管理部、财务部各存一联。

表 13—16　　　　　　　　　　　　　固定资产报废单

部门：　　　　　　　　　　　　　　　　年　　月　　日

固定资产名称		设备编号	
规格型号		原值	
使用部门		使用时间	
报废原因： 部门负责人签字： 部门盖章：			
鉴定意见： 鉴定人员签字：			
公司审批意见： 签字：			
备注： 经办人：			

注：本表一式三份，动力设备处、财务处、使用部门各存一份。

四、无形资产业务内部控制方法的设计

(一)无形资产业务的主要流程

无形资产业务的主要流程如图 13—5 所示。

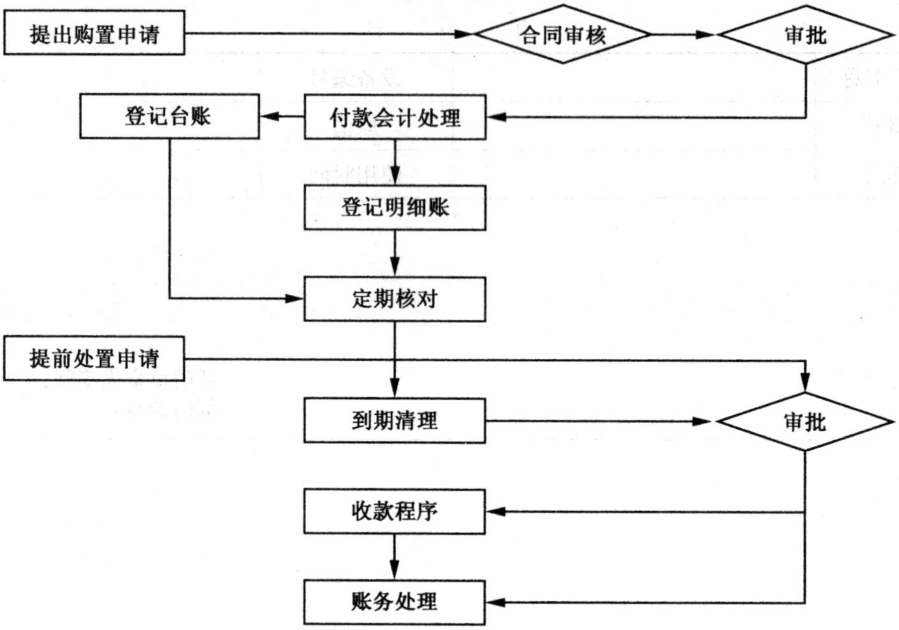

图 13—5　无形资产业务的主要流程

(二)授权批准及岗位分工控制制度

无形资产业务实行不兼容职务相互分离，即同一无形资产业务的审批、执行、记录和复核人员的职务相互分离。设立无形资产专门管理控制机构。无形资产专门管理控制机构对内部的开发、引进、投资进行总控制；引导无形资产实施、应用于无形资产生产经营管理活动中；协调与外部有关专业管理机关的关系；维护无形资产的安全完整；考核无形资产的投入产出状况和经济效益情况。专门管理控制机构在具体办理无形资产的研究与开发、购入或转让时，要经过主管所长的授权，并接受纪审监察法规处监督。根据授权编制无形资产购入或转让计划，经过主管所长审批后方可办理。被授权者应明确相关责任。

(三)无形资产业务各环节的主要风险点及控制措施

1. 支出预算控制制度

企业的无形资产有外购的，也有自创取得的，但无论通过哪种方式获取，都要花费一定的代价。同时，由于它具有提供未来经济效益的不确定性，在购置或自创无形资产时，必须经过认真调查研究，反复论证其可行性，并与相应的生产经营策略统筹安排，编制支出预算，防止盲目投资造成意外风险。

2. 审核入账控制制度

企业的无形资产，无论是专利权、商标权，还是专有技术、商誉，往往是企业自创的，其中有的在正式形成无形资产之前(如专利权、专有技术)发生的大量研究开发费用都已作为期间费用入账，正式取得时花费的直接费用反而很小；有的（如商标权）正式取得时花费很小，一般作为期间费用入账，但随着企业的持续经营，其价值反而迅速提高；也有的（如商誉）无法单独确认其形成成本，但可以为企业带来巨大利益。这些无形资产确认、计量的复杂性都要求会计核算必须按会计准则、制度的规范，结合企业自身特点，建立一套严格、规范的无形资产审核入账控制制度，正确划分有关支出的资本化与费用化界限，以保证可靠地提供企业财务信息，正确计算经营成果。

3. 保密控制制度

专有技术是一种技术秘密，它不受法律保护；专利权虽然与专有技术不同，法律保护其在有效年限内享有专利的独占权，但有时仍然会发生被侵权行为。因此，企业必须根据拥有的专有技术和专利权的自身特征，实施有效的包括人事控制、资料保密、配方垄断、法律相关保护等一系列有效措施，防止被泄密和被侵权。由于它直接影响着会计核算的准确性和提供财务信息的可靠性，因而也是会计核算非常关注的一项内部监控制度。

4. 摊销控制制度

一方面，无论是专利权、土地使用权、经营特许权，还是专有技术、商标权等，都会以各种方式表现出它的时效性，但这种时效性的表现又极其复杂；另一方面，这些无形资产的时效性有多长，对它的判断又决定了无形资产在各个期间的费用分摊金额，它直接影响着各个期间的财务状况和经营成果。因此，同无形资产的审核入账控制制度一样，企业必须按会计准则、制度的规范，结合企业各种无形资产的特点，建立一套严格、规范的无形资产摊销控制制度，以保证可靠地提供企业财务信息，正确计算财务成果。

五、固定资产业务核算方法的设计

(一)账户设置

1.“固定资产”账户

凡符合固定资产标准的资产均通过本账户核算，本账户只核算固定资产的原值。企业应按“固定资产登记簿”和“固定资产卡片”设置的固定资产类别、使用部门和每项固定资产设置明细账。经营租入的固定资产，应另设备查簿进行登记，不在本账户核算。

2.“在建工程”账户

凡为建造或修理固定资产而进行的各项建筑和安装工程，包括固定资产新建工程、改扩建工程、大修理工程、购入需安装的固定资产安装工程等所发生的实际支出，以及改扩建工程等转入的固定资产净值，均通过本账户核算。本账户应按工程项目设置明细账。

3.“工程物资”账户

本账户用于核算企业库存的用于建造或修理固定资产工程项目的各种物资的实际成本。本账户应按工程物资的类别、品种设置明细账。

4.“累计折旧”账户

为提供固定资产的原值信息，固定资产损耗的价值不直接冲减“固定资产”账户，而通过本账户来专门核算，它是“固定资产”账户的备抵账户。本账户只进行总分类核算，不进行明细分类核算。需要查明某项固定资产的已提折旧，可以根据固定资产卡片上所记载的该项固定资产原价、折旧率和实际使用年限等资料进行计算。

5.“固定资产清理”账户

因出售、转让、报废、毁损及对外捐赠而进行的固定资产处置，包括清理的固定资产净值及其清理过程中所发生的清理费用和清理收入等，均通过本账户核算。本账户应按被清理的固定资产设置明细账。

6.“固定资产减值准备”账户

它核算企业固定资产减值准备的提取、恢复等情况。本账户是固定资产净值的备抵账户。

7.“在建工程减值准备”账户

它核算企业在建工程减值准备的提取、恢复等情况。本账户是“在建工程”账户的备抵账户。

(二)固定资产取得的核算

(1)企业购入的固定资产，应按实际支付的买价、包装费、运输费、安装成本、缴纳的有关税金等借记“固定资产”账户。对于购入后需要安装的固定资产，应先通过“在建工程”账户归集成本，待交付使用后，转入“固定资产”账户。

(2)企业自行建造的固定资产，应按建造中实际发生的全部支出记账。

(3)接受投资者投入的固定资产，应按评估确认的原价作为固定资产的原始价值，按评估确认的净值作为实收资本，差额作为累计折旧。

(4)对于融资收入的固定资产，应按租赁协议确定的设备价款、发生的运输费、途中保险费、安装调试费等支出，借记“固定资产”账户。

(5)在原有固定资产的基础上进行改建、扩建的，应按原固定资产的价值，加上由于改、扩建而发生的支出，减去改、扩建过程中发生的变价收入记账。

(6)固定资产盘盈时，应按重置完全价值记账。

(7)对接受捐赠的固定资产，应按同类固定资产的市场价格，或根据所提供的有关凭据记账。接受捐赠固定资产时发生的各项费用，也应计入固定资产的原价。

(8)以非货币交易换入固定资产，在不涉及补价时，应按换出资产的账面价值加上应支付的相关税费作为入账价值。在非货币交易中收到补价时，按换出资产的账面价值加上应确认的收益和应支付的相关税费减去补价后的余额，作为入账价值；在非货币交易中支付补价时，按换出资产的账面价值加上支付的补价和应支付的相关税费，作为入账价值。

(9)企业接受的债务人以非现金资产抵偿债务方式取得的固定资产，或以应收债权换入的固定资产，按应收债权的账面价值加上应支付的相关税费作为入账价值。如果涉及补价的，应遵循以下原则确定固定资产的入账价值：收到补价的，应按应收债权的账面价值减去补价、应支付的相关税费作为入账价值；支付补价的，按应收债权的账面价值加上应支付的补价和相关税费作为入账价值。

（三）固定资产折旧的核算

1. 计提固定资产折旧的范围

确定固定资产折旧的范围，一是要从空间范围上确定哪些固定资产应计提折旧，哪些固定资产不应计提折旧；二是要从时间范围上确定应提折旧的固定资产什么时间开始计提折旧，什么时间停止计提折旧。

2. 固定资产折旧的计算方法

企业应当根据自身固定资产的性质和消耗方式，合理地预计固定资产使用年限、预计净残值，恰当地选用折旧计算方法。折旧的计算方法可以采用平均年限法、工作量法、年数总和法、双倍余额递减法等。折旧方法一经确定，不得随意变更。如确需变更，应在会计报表附注中予以说明。

3. 固定资产折旧的账务处理

固定资产按月计提折旧时，应根据"固定资产折旧计算分配表"列示的当月折旧额，按固定资产的服务对象，分别借记"制造费用""营业费用""管理费用"等账户，贷记"累计折旧"账户。

（四）固定资产修理的核算

为了保持固定资产的正常运转和使用，充分发挥其使用效能，企业必须有计划地进行修理。按其修理范围的大小、间隔时间的长短和修理费用的多少划分为大修理和中小修理两种。固定资产大修理的特点是修理范围大、间隔时间长、修理次数少和支出费用大，因此，对固定资产的大修理支出，会计处理上一般采用预提或待摊的方法。固定资产的中小修理的特点是修理范围小、间隔时间短、修理次数多、费用支出少。由于固定资产中小修理支付的费用少、经常发生并且比较均衡，故应在修理费用发生时直接记入"制造费用"或"管理费用"账户。如果各月发生的中小修理费用极不平衡，也可以比照大修理进行核算。

（五）固定资产减少的核算

（1）企业以固定资产对外投资时，应以投出固定资产的账面价值加上应支付的相关税费作为长期股权投资的入账价值，即按确定的长期股权投资的入账价值借记"长期股权投资"账户，按投出固定资产的已提折旧借记"累计折旧"账户，按该项固定资产已计提的减值准备借记"固定资产减值准备"账户，按投出固定资产的账面原价贷记"固定资产"账户，按应支付的相关税费贷记"银行存款""应交税费"等账户。

（2）对盘亏的固定资产，应首先注销固定资产的原值和已提折旧，并将净值借记"待处理财产损溢——待处理固定资产损溢"账户；待批准处理后，再将其转入"营业外支出"等有关账户。

（3）对于那些不适用或不需用的固定资产，可以出售转让；对于由于使用磨损而到期报废，或由于技术进步等原因提前报废，或由于自然灾害等非常损失而发生毁损的固定资产要进行清理。固定资产清理的核算分为以下几个步骤：将固定资产的净值转入清理；记录发生的清理费用；记录应缴纳的营业税金；记录出售及残料收入；记录应由保险公司或过失人赔偿的损失；结转固定资产清理损益。

（4）企业对外捐赠固定资产时，只需将"固定资产"和"累计折旧"账户注销，并将固定资产净值或"固定资产清理"账户余额转入"营业外支出"即可。

(5)企业以非货币性交易换出固定资产时，应注销换出的固定资产的原值、已提折旧和已计提的固定资产减值准备，将固定资产账面价值转入"固定资产清理"账户，资产交换过程中支付或收到的补价应分别记入"固定资产清理"账户的借方或贷方，"固定资产清理"账户的余额根据换入资产的具体情况分别转入"库存商品"或"固定资产"等账户。

(6)企业以固定资产抵偿债务时，首先，应注销其原值、已提折旧和已计提的固定资产减值准备，将固定资产账面价值转入"固定资产清理"账户。其次，对转出固定资产中发生的相关税费，应借记"固定资产清理"账户，贷记"银行存款"账户。最后，按债务的账面余额，借记"应付账款"等账户；按固定资产账面价值加上相关的税费，贷记"固定资产清理"账户；按其差额，借记"营业外支出——债务重组损失"账户，或贷记"资本公积"账户。

(六)固定资产和在建工程减值准备的核算

为了真实反映固定资产、在建工程的价值，企业应于期末或者至少年末，对固定资产、在建工程逐项进行检查，根据谨慎性原则的要求，按照固定资产、在建工程账面价值和可收回金额孰低计量，合理预计可能发生的损失，并计入当期损益。

企业期末应将固定资产、在建工程的可收回金额与其账面净值逐项比较，如果其可收回金额大于其账面净值，不做任何处理；如果其可收回金额小于账面价值，应按所确定的减值数额，借记"营业外支出"账户，贷记"固定资产减值准备"或"在建工程减值准备"账户；如果已计提减值准备的价值又得以恢复，应借记"固定资产减值准备"或"在建工程减值准备"账户，贷记"营业外支出"账户。

六、无形资产业务核算方法的设计

(一)无形资产取得的核算

企业对于无形资产的取得、摊销、转让等应通过"无形资产"账户进行核算。为详细提供各种无形资产信息，该账户一般按无形资产的类别设置明细账。无形资产的取得主要有以下几种途径：

(1)企业购入的无形资产以实际支付的价款(买价、手续费及相关费用)作为入账价值。

(2)企业接受投资者投入的无形资产，应按投资各方确认的价值作为入账价值；但企业为首次发行股票而接受投资者投入的无形资产，应以该无形资产在投资方的账面价值作为入账价值。

(3)如果以非货币交易方式换入无形资产中不涉及补价，应按换出资产的账面价值加上支付的相关税费，作为换入无形资产的入账价值。如果以非货币交易方式换入无形资产中涉及补价，则应分别支付补价和收到补价进行处理：支付补价的，应以换出资产的账面价值加上支付的相关税费和补价，作为换入无形资产的入账价值；收到补价的，应按换出资产的账面价值加上应确认的收益和应支付的相关税费、减去补价后的余额，作为换入无形资产的入账价值。

(4)接受捐赠取得的无形资产，捐赠方提供了有关凭据的，应按凭据上标明的金额加上应支付的相关税费作为无形资产的入账价值；捐赠方没有提供有关凭据的，应按以下顺序确定无形资产的入账价值：同类或类似无形资产存在活跃市场的，应按参照同类或类似无形资产的市场价格估计的金额，加上应支付的相关税费作为无形资产的入账价值；同类或类似无形资产不存在活跃市场的，应按接受捐赠无形资产的预计未来现金流量现值作为无形资产的入账价值。

(5)如果以债务重组方式取得无形资产且不涉及补价，应按重组债权的账面价值加上支付的相关税费，作为取得的无形资产的入账价值。如果以债务重组方式取得无形资产且涉及补价，则应分别支付补价和收到补价进行处理：支付补价的，应以重组债权的账面价值加上支付的相关税费和补价，作为取得无形资产的入账价值。收到补价的，应以重组债权的账面价值加上支付的相关税费减去补价后的余额，作为取得无形资产的入账价值。

(6)企业在自行开发无形资产过程中的研究与开发费用，应在发生时计入当期损益；依法申请取得时发生的注册费、律师费等费用，应作为依法申请取得的无形资产的入账价值。

(二)无形资产摊销的核算

按《企业会计制度》的规定，无形资产的摊销期限应按如下原则确定：合同规定了受益年限但法律没有规定有效年限的，摊销年限不应超过受益年限。合同没有规定受益年限但法律规定了有效年限的，摊销年限不应超过有效年限。合同规定了受益年限，法律也规定了有效年限的，摊销年限不应超过受益年限和有效年限两者之中较短者。合同没有规定受益年限，法律也没有规定有效年限的，按不超过10年的期限摊销。无形资产摊销年限一经确定，不能随意变更。如果由于客观经济环境改变确实需要变更摊销年限的，应将变更作为会计估计变更处理。我国会计实务中采用了平均摊销法，即将无形资产的成本自取得当月起在预计使用期限内平均摊销。无形资产摊销的价值一方面应直接冲减无形资产的账面价值，另一方面应计入当期管理费用。摊销时借记“管理费用”账户，贷记“无形资产”账户。

(三)无形资产处置的核算

(1)企业出售无形资产，应将所得价款与该无形资产账面价值及支付的相关税费之间的差额记入“营业外收入”或“营业外支出”账户。

(2)企业的无形资产出租不需注销无形资产的账面价值，只需将出租过程中发生的相关收入记入“其他业务收入”账户，将相关费用记入“其他业务支出”账户。

(3)如果无形资产不能为企业带来经济利益，则应将其予以转销，将该无形资产的账面价值全部转入当期的“管理费用”账户。

(4)企业以无形资产对外投资，应以无形资产的账面价值为基础，加上相关税费作为长期股权投资的入账价值。

(四)无形资产期末计价的核算

期末，企业的无形资产应当按照账面价值与可收回金额孰低计量，可收回金额低于账面价值的差额应计提无形资产减值准备。企业计提的无形资产减值准备应通过“无形资产减值准备”账户核算。该账户是“无形资产”账户的备抵账户，应按无形资产的项目设置明细账户，详细反映各项无形资产的减值情况。计提时，借记“营业外支出”账户，贷记“无形资产减值准备”账户。

模块小结

本模块按采购、存货、固定资产业务环节分别阐述了企业采购、存货、固定资产内部控制制度的设计方法。针对采购、存货、固定资产业务的特点，提出了其会计制度设计的目标。为实现采购、存货、固定资产业务会计制度设计的目标，必须建立相应的规范科学的内部控制制度。这些制度的有效贯彻依赖于规范的单据和业务凭证流转程序的设计。

模块训练

一、单项选择题

1. 存货采购的请购单编制程序是(　　)。

A. 存货使用部门向存货保管部门提出使用需要量，保管部门根据现有存货的库存量计算出请购量后，编制请购单

B. 保管部门根据现有存货的库存量计算出请购量后，编制请购单

C. 存货使用部门根据使用需要量，编制请购单

D. 存货使用部门根据使用需要量，并经资金管理部门确认后，编制请购单

2. 企业销售闲置设备、削价处理积压的存货，必须经行政领导特别批准后才能处理，这是(　　)方式的体现。

A. 授权控制　　B. 预算控制　　C. 账簿控制　　D. 岗位轮换控制

3. 固定资产的采购和承建要求应由(　　)提出，其他部门无权首先提出要求。

A. 使用部门　　B. 采购部门　　C. 建设部门　　D. 管理部门

二、多项选择题

1. 采购业务内部控制制度的内容包括(　　)。

A. 职务分离制度　　B. 请购单控制制度

C. 订货控制制度　　D. 验收及付款控制制度

2. 在固定资产业务的控制制度设计过程中，应做到(　　)。

A. 资产请购或建造的审批人应同资产的请购或建造要求者分离

B. 资本预算的复核审批人应独立于资本预算的编制人

C. 固定资产的验收人应同采购或承建人以及款项支付人分离

D. 资产的盘查工作不能只由使用人员、保管人员负责

三、判断题

1. 验收要根据订购单确定购买的品种、数量、质量是否符合要求。验收后合格，填一式多联连续编号的验收单，有验收单就要登记入账。(　　)

2. 合同管理就是要跟踪和监督其实施过程，以便在出现问题时能够立即采取措施加以解决。(　　)

四、案例分析题

【案例一】

某公司材料采购业务内部控制制度可表述如下：

1. 首先由仓库根据库存和生产需要提出材料采购业务申请，填写一份“请购单”。“请购单”交供销科批复。

2. 供销科根据以前制订的采购计划，对“请购单”进行审批。如符合计划，便组织采购；否则，请示公司总经理批准。

3. 决定采购的材料，由供销科填写一式两联的“订购单”，其中一联供销科留存；另一联由采购交供销单位。采购员凭“订购单”与供货单位签订供货合同。

4. 供货合同的正本留供销科并与“订购单”核对；供货合同的副本分别转交仓库和财务科，以备查。

5. 采购来的材料运抵仓库，由仓库保管员验收入库。验收时，将运抵的材料与采购合同副本、供货单位发来的“发运单”相互核对。然后填写一式三份的“验收单”，一联仓库留存，作为登记材料明细账的依据；一联转送供销科；一联转送财务科。

6. 供销科收到"验收单"后，将验收单与采购合同的副本、供货单位发来的发票、其他银行结算凭证相核对，以确定此采购业务的完成情况。

7. 财务科接到后，由主管材料核算的会计，将验收单与采购合同副本、供货单位发来的发票和其他银行结算凭证相核对，以是否相符作为是否支付货款的依据。

8. 应支付货款的，由会计开出付款凭证，交出纳员办理付款手续。

9. 出纳员付款后，在进货发票上盖“付讫”章，再转交会计记账。

10. 财务科的材料明细账，定期与仓库的材料明细账核对。

该采购业务内部控制制度是否存在问题？如果存在，请说明理由。

【案例二】

某公司仓库保管员负责登记存货明细账，以便对仓库中所有存货项目的收、发、存进行永续记录。当收到验收部门送交的存货和验收单后，根据验收单登记存货领料单，平时，各车间或其他部门如果需要领取原材料，都可以填写领料单，仓库保管员根据领料单发出原材料。公司的辅助材料用量很少，因此领取辅助材料时，没有要求使用领料单。各车间经常有辅助材料剩余，这些材料由车间自行保管，无须通知仓库，如果仓库保管员有时间，偶尔也会对存货进行实地盘点。

你认为上述的内部控制有什么弱点？针对该公司存货循环上的弱点，提出改进建议。

【案例三】

身为国有企业工作人员，利用职务上的便利，骗取国有财产 64 余万元，面对法院的终审判决，被告人归某不得不低下头，吞下自己“精心隐藏”7 年的苦果，等待他的将是 15 年的牢狱生活。50 岁的归某是原上海协同技术工程公司轻纺工程部经理。2000 年 11 月，山东某公司向公司求购精疏机一套，但当时公司没有购买此类机械的配额，头脑活络的归某想出一个好办法，利用其他公司的配额到上海纺机总厂定购。随后，归某将本公司的 45 万余元划入纺机总厂。然而，2001 年年初，他代表公司到纺机总厂核账时发现，纺机总厂财务出错：把已提走的设备，当作其他公司购买，而他划入的 45 万余元却变为公司的预付款。于是，一场偷梁换柱的把戏开始上演。2001 年 3 月至 4 月，归某派人到纺机总厂以公司的名义购买混条机等价值 60 余万元的设备。因为有了 45 万余元的“预付款”，归某仅向纺机总厂支付了 15 万元。随后，他找到了亲戚经营的某纺织器材公司，开出了公司以 67 万元的价格购得这批设备的发票。而公司不知内情，支付了全部购货款，归某从中得利 52 万元。同年 7 月至 10 月期间，归某又以相同手段骗得公司 11 万余元，占为已有。2001 年年底，归某终于梦想成真，开办了自己的公司——中岛纺织机械成套设备公司，并担任法定代理人。2008 年上半年，纺机总厂发现 45 万元被骗，向公安机关报案，归某随后被捕。法院认定归某贪污公款 64 万余元，构成贪污罪，判处归某有期徒刑 15 年。

分别分析上海协同技术工程公司和上海纺织总厂内部控制可能存在的缺陷。

参考文献

[1]周亚荣.会计制度设计[M].武汉:武汉人民大学出版社,2010.

[2]高丽萍.企业会计制度设计[M].北京:高等教育出版社,2011.

[3]颉茂华.企业财务会计制度设计:理论、实务、案例[M].北京:北京大学出版社,2011.

[4]牛慧.会计制度设计[M].北京:中国人民大学出版社,2012.